भारत की विदेश नीति

भारत की विदेश नीति

आशुतोष कुमार

प्रशांत पब्लिशिंग हाउस

प्रथम प्रकाशन–2018

प्रकाशक
प्रशांत पब्लिशिंग हाउस
सी–34, 28 फुटा रोड़ गली न. 3
वेस्ट करावल नगर
दिल्ली–110094
मो : 9810396373, 8826258746
email : prashantpublishinghouse@gmail.com
www.pphbooks.co.in

ISBN :978-81-934253-7-4

मुद्रक
रोशन आफसेट प्रिंटर्स दिल्ली

अनुक्रम

भूमिका

किसी देश की विदेश नीति, जिसे विदेशी संबंधों की नीति भी कहा जाता है, अपने राष्ट्रीय हितों की रक्षा करने के लिए और अंतराष्ट्रीय संबधों के वातावरण में अपने लक्ष्यों को प्राप्त करने के लिए राज्य द्वारा चुनी गई स्वहितकारी रणनीतियों का समूह होती है।

किसी देश की विदेश नीति दूसरे देशों के साथ आर्थिक, राजनैतिक, सामाजिक तथा सैनिक विषयों पर पालन की जाने वाली नीतियों का एक समुच्चय है। वैश्वीकरण और अंतराष्ट्रीय गतिविधियों में बढ़ते गहन स्तर की वजह से अब राज्यों को गैर–राज्य अभिनेताओं के साथ भी सहभागिता करनी पड़ेगी। इस पुस्तक की भाषा सरल है।

1

विदेश नीति क्या है?

किसी देश की विदेश नीति, जिसे विदेशी संबंधों की नीति भी कहा जाता है, अपने राष्ट्रीय हितों की रक्षा करने के लिए और अंतराष्ट्रीय संबधों के वातावरण में अपने लक्ष्यों को प्राप्त करने के लिए राज्य द्वारा चुनी गई स्वहितकारी रणनीतियों का समूह होती है। किसी देश की विदेश नीति दूसरे देशों के साथ आर्थिक, राजनैतिक, सामाजिक तथा सैनिक विषयों पर पालन की जाने वाली नीतियों का एक समुच्चय है। वैश्वीकरण और अंतराष्ट्रीय गतिविधियों में बढ़ते गहन स्तर की वजह से अब राज्यों को गैर–राज्य अभिनेताओं के साथ भी सहभागिता करनी पड़ेगी।

परिचय

किसी भी देश की विदेश नीति मुख्य रूप से कुछ सिद्धान्तों, हितों एवं उद्देश्यों का समूह होता है जिनके माध्यम से वह राज्य दूसरे राष्ट्रों के साथ संबंध स्थापित करके उन सिद्धान्तों की पूर्ति हेतु कार्यरत रहता है। इसी प्रकार प्रत्येक राज्यों की अपनी विदेश नीति होती है जिसके माध्यम से वे अंतराष्ट्रीय स्तर पर अपने संबंधों का निरूपण करते है। विशेष रूप से सर्वप्रथम मॉडलस्की ने इसको परिभाषित करते हुए कहा

था कि विदेश नीति समुदायों द्वारा विकसित उन क्रियाओं की व्यवस्था है जिसके द्वारा एक राज्य दूसरे राज्यों के व्यवहार को बदलने तथा उनकी गतिविधियों को अंतराष्ट्रीय वातावरण में ढ़ालने की कोशिश करता है।

परन्तु विदेश नीति की इस प्रकार की परिभाषा को अति सरलीकरण माना जाएगा क्योंकि विदेश नीति का उद्देश्य मात्र दूसरों के व्यवहार का परिवर्तन मात्र नहीं हो सकता है। अपितु इसके माध्यम से दूसरे राज्यों की गतिविधियों का नियंत्रण करना भी अति आवश्यक होता है। इस प्रकार विदेश नीति में परिवर्तन के साथ–साथ कई बार निरंतरता की आवश्यकता भी होती है। क्योंकि विदेशी नीति परिवर्तन एवं यथास्थिति दोनों प्रकार की नीतियों का समन्वय होता है। बल्कि फेलिम्स ग्रास तो इससे भी एक कदम आगे निकल जाते हैं जब वे कहते है कि कई बार किसी राज्य के साथ कोई संबंध न होना या उसके बारे में कोई निश्चित नीति न होना भी विदेश नीति कहलाता है।

इस प्रकार विदेश नीति के सकारात्मक एवं नकारात्मक दोनों पहलू होते है। यह सकारात्मक रूप में जब होती है जब वह दूसरे राज्यों के व्यवहार का प्रयास करती है तथा नकारात्मक रूप में तब होती है जब वह दूसरे राज्यों के व्यवहार को परिवार्तित करने का प्रयास करती है।

अतः विदेश नीति उन सिद्धान्तों, हितो व उद्देश्यों के प्रति वचनबद्धता है जिनके द्वारा एक राज्य दूसरे राज्यों के साथ अंतराष्ट्रीय सन्दर्भ में अपने संबंधों का निर्वाह करता है। इस संदर्भ में विदेश नीति पर निर्णय लेने के साथ–साथ इसका अन्य राज्यों के साथ संबधों का वहन करना भी अति महत्त्वपूर्ण हो जाता है। लेकिन इस प्रकार के व्यवहार के समय राज्य को अपने लाभ–हानि अर्थात् संसाधन एवं जोखिम दोनों का मूल्यांकन भी कर लेना चाहिए।

इस संदर्भ में एक महत्त्वपूर्ण बात यह है कि विदेश नीति एवं राष्ट्रीय हितों के बीच एक गहन संबंध होता है। राष्ट्रहित विभिन्न संदर्भो में विदेश

नीति हेतु आवश्यक भूमिका निभाते हैं– प्रथम, ये विदेश नीति को अंतराष्ट्रीय वातावरण के संदर्भ में सामान्य अभिविन्यास प्रदान करते है। द्वितीय, ये निकट भविष्य की स्थिति में विदेश नीति को नियंत्रण करने वाले मापदण्डों का विकल्प प्रदान करते हैं।

तृतीय, राष्ट्रीय हित विदेश नीति को निरंतरता प्रदान करते हैं। चतुर्थ, इन्ही के आधार पर विदेश नीति बदलते हुए अतंराष्ट्रीय स्वरूप में अपने आपको ढ़ालने में सक्षम हो सकती है। पंचम, राष्ट्रीय हित विदेश नीति को मजबूत आधार प्रदान करते हैं क्योंकि ये समाज के समन्वित एवं सर्वसम्मति पर आधारित मूल्यों की अभिव्यक्ति होते हैं। अन्ततः ये विदेशी नीति हेतु दिशा निर्देशन का कार्य करते हैं।

2
भारत की विदेश नीति

कोई भी देश अलग–अलग होकर या पूरी तरह आत्मनिर्भर होकर नहीं रह सकता। विभिन्न देशों की विविध प्रकार की जरूरतों की पूर्ति के लिए उनमें पारस्परिक अंतर्निर्भरता उन्हें एक–दूसरे के नजदीक लाती है और इससे सहयोग एवं मतभेद की ताकतों को भी बल मिलता है।

विदेश नीति के निर्धारक तत्व

एक देश की विदेश नीति को निर्धारित एवं प्रभावित करने वाले कारक हैं–भू–रणनीतिक अवस्थिति, सैन्य क्षमता, आर्थिक शक्ति, एवं सरकार का स्वरूप। दूसरी तरफ विदेश नीति संबंधी निर्णय वैश्विक एवं आंतरिक प्रभावों द्वारा निर्धारित होते हैं।

भू–राजनीति

एकदेश की अवस्थिति एवं भौतिक स्थलाकृति उस राज्य की विदेश नीति पर बेहद महत्वपूर्ण प्रभाव डालती है। प्राकृतिक सीमाओं की उपस्थिति एक देश को सुरक्षा का भाव प्रदान करती है जो शांतिपूर्ण समय में घरेलू विकास पर ध्यान दे सकता है। अधिकतर देशों के लिए द्विपीयता संभव नहीं है जैसाकि उनकी सीमा से कई देश लगे होते हैं

और उनके पास अंतराष्ट्रीय मामलों से असंलग्न रहने का विकल्प नहीं होता है।

सैन्य क्षमता

मतभेदों में बल प्रयोग अंतिम तौर पर किया जाता है, लेकिन जिस देश के पास भारी एवं सुसज्जित सैन्य बल होता है उसे विश्व स्तर पर अन्य खिलाड़ियों से अधिक सम्मान प्राप्त होता है। इस प्रकार सैन्य क्षमता विदेश नीति निर्णय का एक कारक है। एक सैन्य रूप से सशक्त देश इस दृष्टिकोण से अक्षम देशों की अपेक्षा विश्वासपूर्ण एवं कठोर निर्णय ले सकता है।

आर्थिक शक्ति

आज, पूर्व की अपेक्षा, आर्थिक प्रगति का स्तरएकदेश को इसके विदेश नीति निर्णयों में बेहद प्रभावी बनाती है। आज कोई देश बेहद कमजोर अपनी सैन्य क्षमता की वजह से नहीं अपितु आर्थिक कमजोरी के कारण कहा या माना जाता है।

अमीर देश सीमा पार भी अपने हित रखते हैं, और अपने राष्ट्र की बेहतरी के लिए उनका संरक्षण करते हैं। इस बात का कोई आशय नहीं है कि जो देश औद्योगिक रूप से अग्रणी है और अंतराष्ट्रीय व्यापार में प्रभुत्व रखता है, आवश्यक रूप से सैन्य तौर पर भी सशक्त हो (सैन्य शक्ति अधिकांशतः आर्थिक क्षमताओं पर निर्भर करती है)।

सरकार का स्वरूप

सरकार का स्वरूप प्रायः विदेश नीति परद को सीमित करता है जिसमें बल प्रयोग धमकी के लिए प्रयोग किया जाता है या वास्तविक तौर पर किया जाता है, शामिल है। लोकतांत्रिक व्यवस्था में, जनमत, दवाव समूहों एवं जनसंचार की नीति–निर्माण प्रक्रिया में एक बड़ी भूमिका होती है। लोकतांत्रिक राज्यों में, निर्वाचन व्यवस्था भी विदेश नीति निर्णयों में प्रभाव रखती है, जैसाकि नेता सामान्यतया ऐसे निर्णय लेंगे

जिससे लोग उनसे दूर नहीं। एक निरंकुश व्यवस्था में अधिकतर निर्णय शासक के अनुसार होते हैं, वे ऐसी नीतियां बनाते हैं या निर्णय लेते हैं जैस–वे राज्य के हित में सही समझते हैं।

आतंरिक बाध्यताएं

न केवल अंतराष्ट्रीय घटनाएं अपितु घरेलू घटनाक्रम भी विदेश नीति के स्रोत के तौर पर कार्य करता है। ऐसे कई उदाहरण हैं जब शासकों ने विदेश में घरेलू उद्देश्यों की पूर्ति के लिए कठोर एवं सशक्त विदेश नीति संबंधी निर्णय लिए हैं। उदाहरणार्थ, देश में निर्वाचन परिणामों को प्रभावित करने या फिर देश को नाजुक आर्थिक हालत से लोगों का ध्यान हटाने के लिए ऐसा किया गया है। यह युद्ध का विचलन सिद्धांत है।

नीतिगत विषय

भारत की विदेश नीति उत्तरोत्तर प्रगति की घरेलू प्राथमिकताओं को एकीकृत करती है जिसमें सामाजिक तथा आर्थिक विकास भी समाहित है। साथ ही भारतीय विदेश नीति वैश्विक चुनौतियों का भी सामना करती है जिसमें अंतराष्ट्रीय आतंकवाद, जलवायु परिवर्तन, ऊर्जा सुरक्षा अथवा समूह में हथियारों के नष्ट किये जाने की सहमति, समुद्री सुरक्षा, अंतराष्ट्रीय संगठनों का सुधार शामिल है।

जबकि हम अपने घरेलू लक्ष्यों को प्राप्त करने के लिए प्रयास करते हैं, हमें वैश्विक मामलों में तेजी से बदलते परिवेश एवं अपनी सुरक्षा तथा आर्थिक वास्तुशास्त्र के साथ अपने बेहतर तारतम्य को भी सुनिश्चित करना होगा जिससे भारत के हितों की रक्षा हो सके।

अत्यन्त जटिल पड़ोस की स्थिति को देखते हुए अपनी पहली प्राथमिकता के रूप में भारत ने राजनीतिक रूप से स्थिर तया आर्थिक रूप से सुरक्षित परिधि का ध्यान रखा है। पड़ोसी देशों के साथ उसके रिश्ते इस दृढ़–निश्चय के साथ रुके हुए हैं। भारत की पड़ोसी नीति अपने पड़ोसी देशों के मध्य उपमहाद्वीप के लाभ के लिए परस्पर संपर्क नेटवर्क,

व्यापार तथा निवेश में वृद्धि करने तथा भारत की तीव्र आर्थिक वृद्धि को अपने पड़ोसी देशों के मध्य साझा करने पर जोर देती है।

भारत की विदेश नीति समानता, स्वतंत्रता एवं बंधुत्व के लोकतांत्रिक सिद्धांतों पर आधारित है। विदेश नीति निर्धारण का उद्देश्य अपने पड़ोसियों तथा शेष विश्व के साथ शांतिपूर्ण संबंधोंको सुनिश्चित करना है और अंतराष्ट्रीय मामलों पर निर्णय लेने की स्वायत्तता की सुरक्षित करना है। हमारी विदेश नीति के मूलभूत सिद्धांत हैं–

- सामाजिक–आर्थिक विकास एवं राजनीतिक स्थिरता जैसे– राष्ट्रीय हितों को प्रोत्साहित करना
- राष्ट्रीय सुरक्षा की रक्षा करना
- विभिन्न देशों के बीच शांति, मित्रता, सद् इच्छा एवं सहयोग को बढ़ावा देना।
- साम्राज्यवाद, उपनिवेशवाद एवं निरंकुश शक्तियों का प्रतिरोध करना एवं अन्य देशों के आंतरिक मामलों में विश्व के सर्वाधिक शक्तिशाली देशों द्वारा हस्तक्षेपका विरोध करना
- राष्ट्रों के बीच विवादों के शांतिपूर्ण समाधान को प्रोत्साहित करना
- शस्त्रीकरण का विरोध करना एवं निःशस्त्रीकरण अभियान का समर्थन करना
- मानवाधिकारों का सम्मानकरना एवं जाति, प्रजाति, रंग, नस्ल, घर्म इत्यादि पर आधारित। भेदभाव एवं असमानताओं का विरोध करना
- पंचशील एवं गुटनिरपेक्ष सिद्धांतों को प्रोत्साहित करना।

पंचशील

वर्ष 1954 में भारत के प्रधानमंत्री पंडित जवाहर लाल नेहरू एवं चीन के प्रधानमंत्री चाऊ–एन–लाई के मध्य तिब्बत की संधि के दौरान

शांतिपूर्ण सहअस्तित्व के पांच सिद्धांतों पर सहमति हुई जिन्हें पंचशील के नाम से जाना जाता है–

- एक–दूसरे की क्षेत्रीय अखंडता एवं संप्रभुता का पारस्परिक सम्मान करना
- पारस्परिक आक्रमण न करना
- एक–दूसरे के आंतरिक मामलों में आपसी हस्तक्षेप न करना
- समानता एवं पारस्परिक लाभ
- शांतिपूर्ण सह–अस्तित्व

गुटनिरपेक्षता

अन्य देशों के अतिरिक मामलों में अहस्तक्षेप का सिद्धांत और स्वयं की संप्रभुता को बनाए रखने की अवधारणा गुटनिरपेक्षता में निहित है। गुटनिरपेक्षता दो शक्ति ध्रुवों के बीच विवाद में किसी के भी साथ स्वयं के जुड़ने के एक राज्य के निषेध की नीति है। गुटनिरपेक्ष शक्तियों (प्रथम गुटनिरपेक्ष आंदोलन या एनएएम के शिखर सम्मेलन) की कांफ्रेंस 1961 में बेलग्रेड़ में आयोजित हुई जिसमें 36 भूमध्यसागरीय देशों और एफ्रो एशियाई देशों ने भाग लिया।

नेहरू ने इसमें गुटनिरपेक्षता को स्पष्ट किया जिसमें उन्होंने बताया कि यह विश्व के अत्यधिक शक्तिशाली शक्ति गुटों के साथ न जुड़ने की नीति है। यह शांतिपूर्ण सौहार्द बढ़ाने की पक्षधारिता नीति है। नेहरू ने गुटनिरपेक्षता को भारतीय विदेश नीति की एक विशेषता बनाया।

गुजराल सिद्धांत

भारत में वर्ष 1996–97 के दौरान गठबंधन सरकार के प्रधानमंत्री रहे श्री इन्द्र कुमार गुजराल ने पड़ोसी देशों को विश्वास में लेने की विदेश नीति पर कार्य किया ताकि इनके भारत को लेकर शक को दूर किया जा सके और देश को इनका सहयोग प्राप्त हो सके। इसके अंतर्गत इन्होंने

पड़ोसी देशों को एकतरफा वित्तीय मदद, व्यापार में छूट एवं गैर–रणनीतिक मुद्दों पर सहायता देने की नीति अपनाई। इस प्रकार विश्वास के सुदृढ़ होने एवं मधुर एवं प्रगाढ़ संबंध बनने की नीति को गुजराल सिद्धांत कहा जाता है।

विगत् वर्षों के दौरान भारतीय विदेश नीति

भारत की स्वतंत्रता प्राप्तिसे अबतक के 66 वर्षों में सम्पूर्ण विश्वव्यवस्था ने एक नवीन स्वरूप ग्रहण कर लिया है। विश्व व्यवस्था के नवीन ढांचे में खुद को समायोजित करने की प्रक्रिया के अधीन भारत ने भी अपनी विदेश नीति को पर्याप्त लचीला एवं अनुकूलनशील स्वरूप प्रदान करने का प्रयास किया है।

स्वतंत्रता प्राप्ति के उपरांत भारतीय विदेश नीति के मुख्य सिद्धांतों के रूप में गुटनिरपेक्षता, शांतिपूर्ण सह अस्तित्व, पंचशील, साम्राज्यवाद एवं रंगभेद–विरोध तथा संयुक्त राष्ट्र संघ का समर्थन, आदि को अपनाया गया।

भारत अपने चारों ओर शांतिपूर्ण माहौल बनाने के प्रयास करता है और अपने विस्तारित पास–पड़ोस में बेहतर मेल–जोल के लिए काम करता है।

भारत की विदेशी नीति में इस बात की अच्छी तरह समझा गया है कि जलवायु परिवर्तन, ऊर्जा और खाद्य सुरक्षा जैसे मुद्दे भारत के रूपांतरण के लिए अत्यंत महत्वपूर्ण हैं और उनके समाधान के लिए वैश्विक सहयोग अनिवार्य है। जवाहरलाल नेहरू के प्रधानमत्रित्व काल (1947–64) में भारत गुटनिरपेक्ष आंदोलन के अग्रणी के रूप में प्रतिष्ठित हुआ। निःशस्त्रीकरण की अपीलों तथा साम्राज्यवाद व रंगभेद विरोधी दृष्टिकोण ने भारत की एक विश्वव्यापी पहचान दी, किंतु, पड़ोसी देशों के संदर्भ में भारत की विदेश नीति असफल सिद्ध हुई तथा भारत को चीन व पाकिस्तान के आक्रमणों का सामना करना पड़ा।

लालबहादुर शास्त्री के काल (1964–66) में पड़ोसी देशों तथा दक्षिण–पूर्व एशिया के देशों से संबंध घनिष्ठ बनाने की पहल की गयी। भारत–पाक युद्ध (1965)में पाकिस्तान को बुरी तरह पराजित किया गया किंतु शांतिपूर्ण एवं मित्रवत संबंध स्थापित करने की सैद्धांतिक प्रतिबद्धता के कारण ताशकंद समझौते को स्वीकार कर लिया गया।

इंदिरा गांधी के कार्यकालों (1966–77 एवं 1980–84) में भारत की विदेश नीति की कुछ नवीन विशेषताएं–लचीलापन, यथार्थ व आदर्श का समन्वय, राष्ट्रीय हितों पर बल, आर्थिक सहयोग का महत्व तथा विशेषज्ञों की मुख्य भूमिका आदि–उभरकर सामने आयीं। भारत–सोवियत संघ मैत्री संधि, शिमला समझौता तथा परमाणु विस्फोट भारतीय विदेश नीति की महत्वपूर्ण सफलताएं थीं।

जनता सरकार (1977–79) द्वारा विदेश नीति के स्वरूप में निरंतरता को बरकरार रखा गया तथा पड़ोसी देशों से आत्मीय संबंध बनाने हेतु गंभीर प्रयास किये गये।

राजीव गांधी के काल (1984–89) में विदेश नीति के चार मुख्य तत्वों–निःशस्त्रीकरण, उपनिवेशवाद–उन्मूलन, विकास तथा शांति की कूटनीति–पर सर्वाधिक जोर दिया गया। क्षेत्रीय सहयोग के उद्देश्य से सार्क का निर्माण किया गया, जिसमें राजीव गांधी की भूमिका महत्वपूर्ण थी। श्रीलंका में शांति सेना भेजना विदेश नीति की असफलता का एक उदाहरण मन जाता है।

वी.पी.सिंह एवं चंद्रशेखर के नेतृत्व वाली, राजनीतिक समर्थन की दृष्टि से कमजोर सरकारों द्वारा विदेश नीति के क्षेत्र में कोई बुनियादी परिवर्तन नहीं किया गया।

पी.वी. नरसिंहराव के प्रधानमंत्रत्व काल (1991–96) के आरम्भ में ही अंतराष्ट्रीय संबंधों एवं कूटनीतिक समीकरणों में आमूलचूल परिवर्तन आ चुका था। शीतयुद्ध की समाप्ति, सोवियत संघ का विघटन तथा खाड़ी युद्ध में अमेरिका की विजय ने विश्व व्यवस्था के स्वरूप को एक

ध्रुवीयता की ओर मोड़ दिया था। तत्कालीन विश्व परिदृश्य में गुटनिरपेक्ष आंदोलन नेतृत्वहीनता की स्थिति में पहुंच चुका था। साथ ही भारत में भी एक गंभीर आर्थिक संकट की स्थिति विद्यमान थी।

शुरुआती उलझनों के बाद प्रधानमंत्री द्वारा स्वयं विदेशी नीति के संचालन का उत्तरदायित्व ग्रहण कर लिया गया सुरक्षा परिषद में भारत की सदस्यता के दावे को मजबूती देने, सार्क के अधीन साप्टा समझौते को सम्पन्न कराने, जी–15 के शिखर सम्मेलन के आयोजन द्वारा उत्तर–दक्षिण वार्ता पर जोर देने तथा भारत के आर्थिक सुधार एवं उदारीकरण कार्यक्रम में विदेशी सहयोग व पूंजी निवेश सुनिश्चित करने जैसे कार्यों द्वारा विदेश नीति को नये परिवेश के अनुकूल ढालने का प्रयास किया गया। इसी काल में विदेश नीति को मूल्यों व नैतिकता की बजाय आर्थिक पहलुओं पर अधिक केंद्रित किया गया।

1996–97 के राजनीतिक अस्थिरता के दौर में एच.डी. देवगौड़ा तथा इंद्रकुमार गुजराल के नेतृत्व में दो गठबंधन सरकारें बनी, जो अल्पकालिक कार्यकाल में विदेश नीति की ओर अधिक ध्यान नहीं दे सकीं। हालांकि गुजराल सरकार के समय पड़ोसी देशों के साथ नये सिरे से (पुराने विवादों को भूलकर) संबंधों को सुधारने या स्थापित करने की पहल की गयी। इस प्रक्रिया में राज्य सरकारों का सहयोग भी हासिल किया गया।

अटल बिहारी वाजपेयी के नेतृत्व वाली गठबंधन सरकार ने सत्तारूढ़ होने के कुछ समय बाद ही मई 1998 में परमाणु बम परीक्षण सम्पन्न किये, जिससे अंतराष्ट्रीय राजनीति में भारत पूरी तरह अलग–थलग पड़ गया और गुटनिरपेक्षता, शांतिपूर्ण सह–अस्तित्व एवं निःशस्त्रीकरण के सिद्धांतों के आधार पर निर्मित विदेश नीति के मूल उद्देश्यों को बिखरा हुआ मान लिया गया।

विश्व के अधिकांश देशों द्वारा भारत की आलोचना की गई तथा भारत को जारी सहायता व अनुदान रोक दिये गये। अमेरिका द्वारा भारत

पर कई प्रकार के आर्थिक प्रतिबंध आरोपित किये गये। उक्त परमाणु परीक्षणों ने पड़ोसी देशों को भी भारत को वास्तविक मंशा के प्रति शंकालु बना दिया था।

पाकिस्तान ने कुछ दिन बाद ही परमाणु बम परीक्षण सम्पन्न करके भारत के सामने खुली चुनौती प्रस्तुत कर दी। भारतीय राजनयिकों द्वारा चीन को सबसे बड़ा शत्रु घोषित करने सम्बन्धी व्यक्तव्यों पर चीन द्वारा कड़ा रोष प्रकट किया गया तथा प्रतिक्रिया स्वरूप भारत को चीन के एक बड़े भू–भाग पर कब्जा जमाये रखने का दोषी ठहराया गया।

रूस, जापान, जर्मनी, फ्रांस जैसे मित्र देशों ने भी भारत के प्रति नाराजगी प्रकट की। अंतराष्ट्रीय आलोचना, आर्थिक प्रतिबंधों, पड़ोसी देशों के साथ तनाव के वातावरण में भारतीय विदेश नीति के समक्ष कई चुनौतियां विद्यमान थीं। इन चुनौतियों से निबटने के उद्देश्य से वाजपेयी सरकार द्वारा विदेश नीति का पुनर्मूल्यांकन करते हुए भारत की अंतराष्ट्रीय छवि को पुनः मुखरित करने के प्रयास आरंभ किये गये।

इन प्रयासों को सफलता मिली तथा शनैः शनैः भारत के विश्व की महाशक्तियों के साथ तो अच्छे संबंध बने ही साथ ही अपने पड़ोसी देश पाकिस्तान के साथ भी संबंधों में गुणोत्तर सुधार हुआ। कुछ ही समय पश्चात् भारतीय अर्थव्यवस्था विश्व की अग्रणी अर्थव्यवस्थाओं में शामिल हो गई, जिससे वैश्विक परिदृश्य में भारत का कद और ऊंचा हुआ। इसके अतिरिक्त विश्व के कई राष्ट्रों ने संयुक्त राष्ट्र सुरक्षा परिषद में भारत की स्थायी सदस्यता हेतु दावेदारी को अपना पुरजोर समर्थन प्रदान करने का आश्वासन भी दिया।

मई 2004 में संयुक्त प्रगतिशील, गठबंधन सरकार सत्ता में आई। कांग्रेस नीत सरकार के प्रमुख डॉ. मनमोहन सिंह बनाये गये। डॉ. सिंह ने वाजपेयी काल के दौरान पड़ोसी देशों, विशेषतः पाकिस्तान, के साथ सुधरे संबंधों को और अधिक सुधारने का प्रयत्न किया।

इसके अतिरिक्त अमेरिकी राष्ट्रपति जॉर्ज डब्ल्यू. बुश एवं वर्तमान

राष्ट्रपति बराक ओबामा की सफल भारत यात्रा विश्व की महाशक्ति के साथ भारत के प्रगाढ़ होते संबंधों की द्योतक है।

उल्लेखनीय है कि वर्ष 2009–2014 तक के लिए भी डॉ. मनमोहन सिंह की अध्यक्षता में संयुक्त प्रगतिशील गठबंधन की सरकार बनी जिसमें भारतीय विदेश नीति को पूर्ववत् आगे बढ़ाया जा रहा है।

3

भारत की विदेश नीतिः गुटनिरपेक्षता एवं पंचशील

भारतीय विदेश नीति के मौलिक सिद्धांत भली–भांति परिभाषित हैं तथा ये आज भी लगभग वहीं हैं जिनका भारत की अंतिम सरकार के प्रधान के रूप में 1946 में पंडित नेहरू ने वर्णन किया था।

इनमें निरंतरता इसलिए बनी रही क्योंकि कुछ क्रांतिकारी घटनाओं के होते हुए भी वातावरण की मुख्य मांगे, अर्थात् विश्व शांति तथा सुरक्षा की रक्षा या उपनिवेशवाद तथा नस्ली भेदभाव की समाप्ति, आपसी असहयोग तथा मित्रता के बंधनों को सुदृढ़ बनाने की आवश्यकता शक्ति राजनीति, शीत युद्ध से अलग रहने की आवश्यकता तथा संयुक्त राष्ट्र को सुदृढ़ करने की आवश्यकता आज भी उतनी ही वैध मानी जाती है जितनी कि 1946 में थी।

तथापि भारतीय विदेश नीति के प्रारंभिक वर्षों में अपनाए गए उद्देश्य तथा सिद्धांत काफी स्पष्ट हो गए हैं परंतु स्थिति में परिवर्तन तथा सूक्ष्म पुनर्व्याख्याएं भी हुई हैं। इन सिद्धांतों को सर्वप्रथम पंडित नेहरू ने बनाया तथा परिकल्पित किया।

भारत की विदेश नीति की मूल बातों का समावेश हमारे संविधान के अनुच्छेद 51 में कर दिया गया है जिसके अनुसार राज्य अंतराष्ट्रीय शांति और सुरक्षा को बढ़ावा देगा, राज्य राष्ट्रों के मध्य न्याय और सम्मानपूर्वक संबंधों को बनाए रखने का प्रयास करेगा, राज्य अंतराष्ट्रीय कानूनों तथा संधियों का सम्मान करेगा तथा राज्य अंतराष्ट्रीय झाड़ों को पंच फैसलों द्वार निपटाने की रीति को बढ़ावा देगा। कुल मिलाकर भारत की विदेश नीति के प्रमुख आदर्श निम्नलिखित है–

भारतीय विदेश नीति अपने आप में स्वतंत्र है, भारत दो बड़ी शक्तियों में से किसी के गुट में शामिल नहीं है। पर ऐसा मानना सही नहीं कि भारत की विदेशी नीति "तटस्थ" है। वस्तुतः अंतराष्ट्रीय मुद्दों पर भारत कभी "तटस्थ" नहीं रहा बल्कि इसके गुण और दोष के आधार पर विभिन्न अंतराष्ट्रीय मंचों से अपनी सम्मति स्पष्ट रूप से व्यक्त करता रहा है।

भारत कभी भी द्विपक्षीय या बहुपक्षीय सैन्य संधि के पक्ष में नहीं रह है। विश्व की समस्याओं को सुलझाने में सैन्य शक्ति की भूमिका का भारत ने हमेशा विरोध किया है। भारत ने सभी देशों से मित्रता बनाये रखने की कोशिश की। उल्लेखनीय है कि भारत ने अमरीकी गुट (पूंजीवादी व्यवस्था) और सोवियत गुट (साम्यवादी व्यवस्था) के देशों से बिना किसी भेदभाव के मित्रता की।

भारत ने कभी भी एक देश को दूसरे देश से लड़ाने की नीति पर अमल नहीं किया। भारत में सरकार का ढांचा लोकतांत्रिक है। लेकिन विदेश नीति के मामले में भारत न पश्चिमी लोकतांत्रिक देशों से अधिक जुड़ा और न ही साम्यवादी देशों से इस कारण दूर हुआ।

भारत बहुत दिनों तक ब्रिटेन का उपनिवेश रहा, इसने स्वतंत्रता प्राप्ति के बाद से ही उपनिवेशवाद विरोधी नीति का अनुगमन किया। विश्व के मानचित्र पर भारत के एक स्वतंत्र शक्ति के रूप में उभरने के साथ ही एशिया–अफ्रीका–लातिनी अमरीका के देशों में उपनिवेशों के

स्वतंत्र होने का सिलसिला शुरू हुआ। भारत की आजादी के बाद श्रीलंका बर्मा और इंडोनेशिया आजाद हुए। इसके बाद भारत ने विभिन्न अंतराष्ट्रीय मंचों से उपनिवेशवाद के खिलाफ बोलकर अफ्रीकी देशों की स्वतंत्रता में महत्वपूर्ण भूमिका निभाई।

भारत ने अपनी विदेश नीति के अंतर्गत नस्लवाद विरोधी नारा बुलंद किया। उल्लेखनीय है कि गांधी जी ने 19वीं शताब्दी के आरंभ में दक्षिण अफ्रीका में नस्लवाद के खिलाफ संघर्ष किया था। भारत इस विचार का समर्थक रहा है कि अस्त्रों की होड़ और सैन्य संधियों को रोके बिना विश्व–शांति कायम करना असंभव है। भारत निश्स्त्रीकरण को विश्व शांति की कुंजी मानता है।

इसके अतिरिक्त निःशस्त्रीकरण से अस्त्रों पर खर्च की जाने वाली विशाल राशि की बचत होगी और इस राशि का उपयोग गरीब देशों के विकास के लिए किया जा सकता है।

भारत की विदेश नीति की प्रमुख विशेषताएं

सितंबर 1946 में अंतरिम सरकार की स्थापना के बाद से ही भारतीय विदेश नीति विकसित होने लगी। पं. नेहरू ने स्पष्ट कहा कि स्वतंत्र भारत अंतराष्ट्रीय क्षेत्र में एक स्वतंत्र नीति का अवलम्बन करेगा और किसी गुट में सम्मिलित नहीं होगा।

भारत विश्व के किसी भी भाग में उपनिवेशवाद और प्रजातीय सहयोग बढ़ाने पर भी जोर देगा। यदि स्वाधीन भारत की विदेश नीति का समीक्षात्मक विश्लेषण करें तो निम्नलिखित विशेषताएं हमारे सामने प्रकट होती हैं।

शांति की विदेश नीति

शांति की विदेश नीति सदैव ही विश्व शांति की समर्थक रही है। भारत ने प्रारंभ से ही यह महसूस किया है कि युद्ध और संघर्ष नवोदित भारत के आर्थिक और राजनीतिक विकास को अवरुद्ध करने वाला है।

अगस्त 1954 में पणिक्कर ने कहा था– भारत को इस बात की बड़ी चिंता है कि उसकी प्रगति को तथा सामान्य रूप से मानव–जाति की उन्नति को संकट में डालने वाला कोई युद्ध न हो।" 1956 के स्वेज नहर के संकट के कारण भारत की आर्थिक योजनाएं अत्यधिक प्रभावित हुई।

मैत्री और शांतिपूर्ण सह–अस्तित्व की नीति

भारत की विदेशी नीति मैत्री और सह–अस्तित्व पर जोर देती है। यदि सह–अस्तित्व को स्वीकार नहीं किया जाता तो आणविक शस्त्रों से समूची दुनिया का ही विनाश हो जाएगा। इसी कारण भारत ने अधिक से अधिक देशों के साथ मैत्री संधियां और व्यापारिक समझौते किए।

पंचशील सिद्धांत

'पंचशील' के पांच सिद्धांतों का प्रतिपालन भी भारत की शांतिप्रियता का द्योतक है। 1954 के बाद से भारत की विदेश नीति को 'पंचशील' के सिद्धांतों ने एक नई दिशा प्रदान की। पंचशील से अभिप्राय है– आचरण के पांच सिद्धांत।

जिस प्रकार बौद्ध धर्म में ये व्रत एक व्यक्ति के लिए होते हैं उसी प्रकार आधुनिक पंचशील के सिद्धांतों द्वारा राष्ट्रों के लिए दूसरे के साथ आचरण के सम्बंध निश्चित किए गए हैं। ये सिद्धांत निम्नलिखित प्रकार से हैं–

एक–दूसरे की प्रादेशिक अखण्डता और सर्वोच्च सत्ता के लिए पारस्परिक सम्मान की भावनाअनाक्रमणएक–दूसरे के आंतरिक मामलों में हस्तक्षेप न करनासमानता एवं पारस्परिक लाभ, तथा शांतिपूर्ण सह–अस्तित्व

'पंचशील' के इन सिद्धांतों का प्रतिपादन सर्वप्रथम 29 अप्रैल, 1954 को तिब्बत के सम्बंध में भारत और चीन के बीच हुए एक समझौते में किया गया था। 28 जून, 1954 को चीन के प्रधानमंत्री चाऊ–एन–लाई तथा भारत के प्रधानमंत्री नेहरू ने पंचशील में अपने विश्वास को दोहराया। इसके उपरांत एशिया के प्रायः सभी देशों ने 'पंचशील' के सिद्धांतों को

स्वीकार कर लिया। अप्रैल 1955 में बाण्डुग सम्मेलन में पंचशील के इन सिद्धांतों को पुनः विस्तृत रूप दिया गया। बाण्डुंग सम्मेलन के बाद विश्व के अधिसंख्य राष्ट्रों ने पंचशील सिद्धांत को मान्यता दी और उसमें आस्था प्रकट की।

पंचशील के सिद्धांत अंतराष्ट्रीय सम्बंधों के लिए निःसंदेह आदर्श भूमिका का निर्माण करते हैं। पंचशील के सिद्धांत आपसी विश्वासों के सिद्धांत हैं। पं. नेहरू ने स्पष्ट कहा था कि– यदि इन सिद्धांतों को सभी देश मान्यता दे दें तो आधुनिक विश्व की अनेक समस्याओं का निदान मिल जाएगा।

पंचशील के सिद्धांत आदर्श हैं जिन्हें यथार्थ जीवन में उतारा जाना चाहिए। इनसे हमें नैतिक शक्ति मिलती है और नैतिकता के बल पर हम न्याय और आक्रमण का प्रतिकार कर सकते हैं। आलोचकों का कहना है की भारत–चीन संबंधों की पृष्ठभूमि में 'पंचशील' एक अत्यंत असफल सिद्धांत साबित हुआ।

इसके द्वारा भारत ने तिब्बत में चीन की सर्वोत्तम सत्ता को स्वीकार करके तिब्बत की स्वायत्तता के अपहरण में चीन का समर्थन किया था। इसकी आलोचना करते हुए आचार्य पलानी ने कहा था कि "यह महान सिद्धांत पापपूर्ण परिस्थितियों की उपज है क्योंकि यह आध्यात्मिक और सांस्कृतिक रूप से हमारे साथ सम्बद्ध एक प्राचीन राष्ट्र के विनाश पर हमारे स्वीकृति पाने के लिए प्रतिपादित किया गया था।

साम्राज्यवाद तथा उपनिवेशवाद का विरोधः ब्रिटिश साम्राज्यवाद के अधीन दासता में पिसने के बाद भारत की साम्राज्यवाद, उपनिवेशवाद तथा नस्लवाद के अमानवीय, अनुदारवादी, तथा उच्च स्तरीय शोषण प्रवृति का पूर्णतया आभास है। भारत की आजादी की लड़ाई वास्तव में साम्राज्यवाद के विरुद्ध लड़ाई थी। विश्व के किसी भी भाग में साम्राज्यवाद का अस्तित्व भारत को अस्वीकार्य है। भारत के लिए साम्राज्यवाद के विरुद्ध संघर्ष जीवन मृत्यु का प्रश्न है।

ऐसे सभी देश जो कभी न कभी साम्राज्यवाद के शिकार थे जैसे इंडोनेशिया, लीबिया, ट्यूनीशिया, अल्जीरिया, मोरक्को, अंगोला, नामीबिया आदि सभी की भारत ने उपनिवेशीय शासन से छुटकारा पाने के लिए किए जाने वाले संघर्ष में पूर्ण रूप से सहायता की है।

1947 के बाद से भारत, साम्राज्यवाद तथा नवउपनिवेशवाद की शक्तियों (जो नये राष्ट्रों की स्वतंत्रता को विभिन्न अप्रत्यक्ष तथा सूक्ष्म तरीकों से सीमित कर रहे हैं) के विरुद्ध एशियाई, अफ्रीकी तथा लातीनी अमरीकी राष्ट्रों की एकता बनाने के लिए महत्वपूर्ण भूमिका निभा रहा है। एशियाई सम्बंध कान्फ्रेंस, 1955 के बांदुग सम्मेलन, गुटनिरपेक्ष राष्ट्रों के सम्मेलनों में, संयुक्त राष्ट्र संघ की मह्रासभा की बैठकों में तथा वास्तव में सभी अंतराष्ट्रीय सम्मेलनों में, भारत ने इन बुराइयों के विरुद्ध सदा ही आवाज उठाई है।

अफ्रीकी–एशियाई एकता की दृढ़ता बल्कि, साम्राज्यवाद, उपनिवेशवाद तथा नव–उपनिवेशवाद के विरुद्ध सम्पूर्ण तीसरे विश्व की एकता आज भी भारतीय विदेश नीति के मूल सिद्धांत हैं। उपनिवेशीय तथा साम्राज्यवादी शक्तियों की ओर से घोर विरोध के बावजूद भारत साम्राज्यवाद, उपनिवेशवाद तथा नव–उपनिवेशवादी शक्तियों के विरुद्ध संघर्ष का समर्थन करता रहा है। तथा ऐसा करने के लिए दृढ़ निश्चयी है। इस सम्बंध में शक्तिशाली भूमिका निभाने के लिए भारत दक्षिण–दक्षिण सहयोग के विकास का प्रबल समर्थक रहा है।

संयुक्त राष्ट्र तथा विश्व शांति के लिए समर्थन

भारत संयुक्त राष्ट्र के मूल सदस्यों में से एक है। भारत ने सानफ्रांसिस्को सम्मेलन में भाग लिया था तथा संयुक्त राष्ट्र के चार्टर पर हस्ताक्षर किए थे। तब से लेकर आज तक भारत ने सयुंक्त राष्ट्र तथा दूसरी अंतराष्ट्रीय संस्थाओं के क्रियाकलापों का समर्थन किया है तथा इनमें सक्रियता से भाग लिया है।

संयुक्त राष्ट्र की विचारधारा का समर्थन करने तथा इसके

क्रिया–कलापों में सक्रियता सकारात्मक तथा रचनात्मक रूप से भाग लेना भारतीय विदेश नीति का महत्वपूर्ण सिद्धांत रहा है। भारत मह्यसभा का एक सक्रिय सदस्य रहा है तथा यह सुरक्षा परिषद् में कई बार अस्थाई सदस्य बना है।

बहुत सी अंतराष्ट्रीय एजेंसियों के क्षेत्रीय कार्यालय भारत में स्थित है। भारत ऐसी दूसरी संस्थाओं के कार्यक्रमों में सक्रियता से जुड़ा हुआ है। भारत सदा ही लोगों के सामाजिक तथा आर्थिक कल्याण के लिए संयुक्त राष्ट्र के निर्देशों का पालन करता रहा है तथा हर अंतराष्ट्रीय प्रायोजित वर्षों तथा कार्यक्रमों को लागू करने के यथासम्भव प्रयत्न करता है। इसलिए संयुक्त राष्ट्र की कार्यप्रणाली का समर्थन करना तथा इसमें सक्रियता से भाग लेना भारतीय विदेश नीति का महत्वपूर्ण सिद्धांत है।

गुटनिरपेक्ष नीतिः द्वितीय विश्व युद्ध के उपरांत विश्व राजनीति का दो ध्रुवों में विभाजन हो चुका था। साम्यवादी सोवियत संघ और पूंजीवादी अमेरिका द्वारा संसार के नवस्वतंत्र देशों को अपने–अपने गुटों में शामिल करने तथा इन देशों की शासन प्रणालियों को अपनी विचार धाराओं के अनुकूल ढालने के भरसक प्रयास किये जा रहे थे।

ऐसे विश्व परिदृश्य में भारत ने विश्व राजनीति में अपनी पृथक पहचान एवं स्वतंत्र अस्तित्व बनाये रखने के उद्देश्य से गुटनिरपेक्षता नीति का अनुपालन किया। गुटनिरपेक्षता को अपनाये जाने के कारण निम्नलिखित प्रकार से हैं–

भारत किसी गुट में शामिल होकर विश्व में अनावश्यक तनावपूर्ण स्थिति पैदा करने का इच्छुक नहीं था। भारत किसी भी गुट के विचार धारायी प्रभाव से ग्रस्त होना नहीं चाहता था। किसी भी गुट में शामिल होने पर भारत की शासनप्रणाली एवं नीतियों पर उस गुट विशेष के नेतृत्व का दृष्टिकोण हावी हो जाता। भारत की भौगोलिक सीमाएं साम्यवादी देशों से जुड़ीं थीं, अतः पश्चिमी देशों के गुट में शामिल होना

अदूरदर्शी कदम होता। दूसरी ओर साम्यवादी गुट में शामिल होने पर भारत को विशाल पश्चिमी आर्थिक व तकनीकी सहायता से वंचित होना पड़ता। नवस्वतंत्र भारत को आर्थिक विकास हेतु दोनों गुटों से समग्र तकनीकी एवं आर्थिक सहायता की जरूरत थी, जिसे गुटनिरपेक्ष रहकर ही प्राप्त किया जा' सकता था।

गुटनिरपेक्षता का सिद्धांत भारत की मिश्रित एवं सर्वमान्य संस्कृति के अनुरूप था। भारत के दक्षिणपंथी तथा वामपंथी दलों के विदेश–नीति से जुड़े आपसी मतभेदों को समाप्त करने का सर्वमान्य सूत्र, गुटनिरपेक्षता सिद्धांत को ही स्वीकार किया गया। गुटनिरपेक्षता स्वतंत्रता संघर्ष के दौरान घोषित आदशों एवं मान्यताओं का पोषण करती थी। यह गांधीवादी विचारधारा के सर्वाधिक निकट थी।

इस प्रकार उपर्युक्त कारणों से भारत ने गुटनिरपेक्षता के सिद्धांत को अपने विश्व राजनीतिक व्यवहार का प्रमुख मापदंड बनाया।

भारत की गुटनिरपेक्षता के प्रमुख लक्ष्य

स्वतंत्रता आंदोलन के समय से ही भारतीय नेताओं पर कुछ मान्यताओं का स्पष्ट प्रभाव पड़ चुका था। ये मान्यताएं थीं– राजनीति एवं सत्ता का आदर्शवादी दृष्टिकोण, एशियावाद, पश्चिमी लोकतांत्रिक प्रणाली तथा साम्यवाद का सैद्धांतिक रूप से खंडन और अंतराष्ट्रीय सम्बंधों के आदर्शवादी दृष्टिकोण को मान्यता।

इन मान्यताओं के प्रत्यक्ष प्रभाव के आलोक में ही भारत की गुटनिरपेक्षता नीति के लक्ष्य निर्धारित किये गये। ये लक्ष्य इस प्रकार थे–

अंतराष्ट्रीय शांति व सुरक्षा को कायम रखना और उसका संवर्धन करना। उपनिवेशों के लोगों के आत्मनिर्णय अधिकार को बढ़ावा देना।

समानता पर आधारित विश्व समुदाय की स्थापना तथा रंगभेद का विराध। आणविक निरस्त्रीकरण तथा नवीन आर्थिक व्यवस्था की स्थापना। अफ्रीका और एशिया के देशों का समर्थन।

अंतराष्ट्रीय विवादों तथा संघर्षों के शांतिपूर्ण निपटारे का समर्थन। संयुक्त राष्ट्र व्यवस्था के अंतर्गत ही उपर्युक्त लक्ष्यों की सिद्धि करना।

गुटनिरपेक्षता का तात्पर्य

द्वितीय विश्वयुद्ध के बाद विश्व के नवस्वतंत्र देशों द्वारा अपनायी गयी गुटों से अलग रहने की नीति को 1940 व 50 के दशकों में विद्वानों द्वारा कई नाम दिये गये, जैसे– अप्रतिबद्धता, अहस्तक्षेप, तटस्थता, तटस्थतावाद, सकारात्मक तटस्थता, स्वतंत्र एवं सक्रीयनीति, शांतिपूर्ण सक्रीय सह–अस्तित्व इत्यादि।

जवाहरलाल नेहरू द्वारा मई 1950 में ही इस नीति को व्यक्त करने के लिए गुटनिरपेक्षता शब्द का प्रयोग किया गया था। उसके बाद इस नाम का प्रयोग भारत एवं विदेश में व्यापक रूप से प्रचलित हो गया।

यह आश्चर्यजनक तथ्य है कि गुटनिरपेक्ष देशों के प्रथम सम्मेलन (बेलग्रेड, 1 सितंबर 1961) में भी इन देशों की नीति को गुटनिरपेक्षता शब्द द्वारा व्यक्त नहीं किया गया।

वास्तव में गुटनिरपेक्षता शब्द किसी बौद्धिक या शैक्षिक सिद्धांत पर कार्य है। गुटनिरपेक्षता की कुछ प्रमुख परिभाषाएँ निम्न हैं–

'फोंटाना डिक्शनरी ऑफ मॉडर्न थॉट के अनुसार "शीतयुद्ध की स्थिति में दो परस्पर विरोधी मुख्य शक्तिसमूहों में से किसी का भी पक्ष लेने से इनकार करना। तटस्थता की अपेक्षा गुटनिरपेक्षता कम अलगाववादी थी और ये द्विध्रुवीयता को खुले सैनिक संघर्ष में बदलने से रोकने हेतु किये जाने वाले सामूहिक हस्तक्षेप की धारणा से जुड़ी हुई थी।

"जवाहरलाल नेहरू के अनुसार "गुटनिरपेक्षता का अर्थ है, सैनिक गुटों से अपने आपको अलग रखने का किसी देश द्वारा प्रयत्न करना। इसका अर्थ है– जहां तक हो सके, तथ्यों को सैन्य दृष्टि से न देखना। हालांकि कभी–कभी ऐसा करना पड़ता है परन्तु हमारा दृष्टिकोण स्वतंत्र होना चाहिए और वह अन्य देशों के साथ मैत्रीपूर्ण सम्बंधों की स्थापना

में सहायक होना चाहिए। "ए.अप्पादोराई ने गुटनिरपेक्षता की सबसे उपयुक्त परिभाषा दी, उनके अनुसार "गुटनिरपेक्षता का अर्थ है– शांति कायम रखना। शांतिपूर्ण तरीकों जैसे वार्ता, जांच, मध्यस्थता, समझौता एवं न्यायनिर्णय की दिशा में प्रयत्न', किसी भी पक्ष की आक्रमणकारी के रूप में भर्त्सना करने में तब तक संकोच करना, जब तक तथ्यों की अंतराष्ट्रीय जांच द्वारा आक्रमण निर्विवाद रूप से सिद्ध न हो जाये। दोनों पक्षों की सदाशयता पर तब तक विश्वास रखना जब तक इसके विपरीत कोई बात सिद्ध न हो जाये तथा वार्ता की संभावना की पूरी खोज करना एवं कम से कम युद्ध को स्थान विशेष तक सीमित रखना– यही भारत का दृष्टिकोण है।"

गुटनिरपेक्षता की विशेषताएं

गुटनिरपेक्षता की मुख्य विशेषताएं हैं–

शीतयुद्ध का विरोध सैन्य एवं सुरक्षा गठबंधनों का विरोध शक्ति राजनीति से निर्लिप्तता स्वतंत्र विदेश नीति का समर्थन शांतिपूर्ण सहअस्तित्व तथा अहस्तक्षेप अलगाववाद की बजाय क्रियाशीलता की नीतिय कूटनीतिक साधन या वैधानिक स्थिति नहीं गुटनिरपेक्ष देशों की गुटबंदी नहीं। विकास के लिए आपसी सहयोग की नीतियनव उपनिवेशवाद का विरोध।

जवाहरलाल नेहरू काल में गुटनिपेक्षता की नीति, 1947–64 श्रृींतसंस

प्रारंभिक वर्षों (1947–50) में भारत की गुटनिरपेक्षता नीति अस्पष्ट रही। इस समय में भारत का झुकाव पश्चिमी गुट की तरफ था। पश्चिमी शिक्षा प्रणाली का प्रभाव, ब्रिटिश बाजार की अर्थव्यवस्था को कायम रखने का निर्णय, देश की सेनाओं पर ब्रिटिश निरीक्षण तथा तकनीकी एवं आर्थिक सहायता की जरूरतों इत्यादि ने भारत की पश्चिमी देशों पर निर्भरता को बढ़ा दिया था। इसी निर्भरता के कारण भारत ने पश्चिमी जर्मनी को अपनी मान्यता प्रदान की लेकिन पूर्वी जर्मनी को नहीं। कोरिया युद्ध (1952–53) में भी भारत ने पश्चिमी देशों का समर्थन करते हुए उत्तर

कोरिया को आक्रामक घोषित कर दिया। 1953 में स्टालिन की मृत्यु के बाद भारत के प्रति सोवियत दृष्टिकोण काफी उदार हो गया था जिसके फलस्वरूप भारत की सोवियत संघ से निकटता में वृद्धि होने लगी।

1954 की पाकिस्तान–अमरीका संधि के अनुसार अमरीका द्वारा पाकिस्तान को बड़े पैमाने पर हथियार उपलब्ध कराने तथा गोआ के प्रश्न पर पुर्तगाल का समर्थन करने के कारण भारत और अमरीका के सम्बंधों में कटुता पैदा में समर्थन किया जाने लगा था। भारतीय प्रधानमंत्री ने रूस की सद्भावना यात्रा भी की।

रूस से व्यापार एवं आर्थिक सम्बंधों में वृद्धि होने लगी। रूस ने भारत के भिलाई इस्पात कारखाने हेतु आर्थिक एवं तकनीकी सहायता प्रदान की। 1956 में स्वेज नहर मामले में भारत ने रूस का समर्थन करते हुए फ्रांस और ब्रिटेन द्वारा मिस्र पर आक्रमण करने की निंदा की। 1955 में हंगरी के मामले में भी भारत ने रूस का समर्थन किया।

1957 के बाद आर्थिक संकट, विदेशी मुद्रा की कमी तथा खाद्यान्न के अभाव जैसे मुद्दों ने भारत के दृष्टिकोण को पुनः पश्चिमी देशों की तरफ झुका दिया। नेहरू द्वारा अमेरिका की सद्भावना यात्रा की गयी तथा भारत ने पश्चिमी साम्राज्यवाद विरोध के अपने स्वर को धीमा कर लिया।

1962 में भारत पर चीन द्वारा आक्रमण कर दिया गया जिससे भारतीय गुटनिरपेक्षता नीति को कड़ी परीक्षा से गुजरना पड़ा। युद्ध में भारत को दोनों गुटों की सहायता प्राप्त हुई। वर्ष 1963 में भारत और अमरीका के मध्य अणुऊर्जा के असैनिक उपयोग के सम्बंध में एक समझौते पर हस्ताक्षर हुए।

नवंबर 1964 में मझगांव बंदरगाह के पुनर्निर्माण तथा लिएंडर वाढ के युद्धपोतों के निर्माण के विषय में भारत और ब्रिटेन के मध्य एक सुरक्षा संधि सम्पन्न की गई। जून 1964 में भारत के राष्ट्रपति राधाकृष्णन ने अमरीका की यात्रा की तथा दोनों देशों के मध्य दक्षिण एशियाई क्षेत्र में

चीनी आक्रामक गतिविधियों के निरोधक उपायों पर चर्चा की गई। मास्को के साथ बातचीत में भी भारत ने क्षेत्रीय विवादों के शांतिपूर्ण समाधान में अपनी प्रतिबद्धता दोहराई।

इसके अतिरिक्त संपूर्ण नेहरू युग में निरस्त्रीकरण के प्रश्न, फारमूसा जलडम–मध्य का संघर्ष (1955), हिंद–चीन से संबंधित जेनेवा सम्मेलन (1954), बांडुग सम्मेलन (1955) तथा बेलग्रेड सम्मेलन जैसे महत्वपूर्ण अंतराष्ट्रीय मामलों में भारत द्वारा सक्रिय भूमिका निभाई गयी।

अणुपरीक्षणों पर प्रतिबंध लगाने का प्रश्न 1959 में भारत द्वारा सामान्य सभा की विषय सूची में रखा गया। अपनी नीतियों और प्रयासों के फलस्वरूप भारत को एशिया एवं अफ्रीका के नवोदित राष्ट्रों को महाशक्तियों की शक्ति राजनीति से अलग रखने में पर्याप्त सफलता प्राप्त हुई। वर्ष 1950 में नेहरू द्वारा दावा किया गया कि "दिल्ली पिछले वर्षों में विश्व मैत्री और शांति का केंद्र बन गया है।"

मूल्यांकन

भारत की गुटनिरपेक्षता की नीति पूर्णतः नेहरू के दृष्टिकोण और अंतःप्रज्ञा पर आधारित थी। इसी कारण गुटनिरपेक्षता को सुसंगत एवं बोधगम्य नीति का रूप देने में कठिनाई पैदा हुई। नेहरू द्वारा गुटनिरपेक्षता को विदेशनीति का साधन तथा लक्ष्य–दोनों, एक साथ मान लेना एक गंभीर भूल थी।

गुटनिरपेक्षता भारतीय विदेश नीति की आधारशिला है तथा उसका किसी भी परिस्थिति में परित्याग नहीं किया जा सकता, यह मान लेना आत्मघाती था। परिस्थितियों को ध्यान में रखकर गुटनिरपेक्षता के प्रति विभिन्न दृष्टिकोणों को अपनाया जाना अधिक युक्तिसंगत साबित हो सकता था। इसी प्रकार गुटनिरपेक्षता की नैतिकता से सम्बद्ध मानना असंगत था। वास्तव में गुटनिरपेक्षता सिद्धांत नैतिक दृष्टि से निष्क्रिय था। आवश्यकता पड़ने पर उसके स्वरूप में परिवर्तन किया जा सकता था और राष्ट्रीय हितों की प्राप्ति के लिए उसका परित्याग भी किया जा

सकता था। चीनी आक्रमण से पहले भारत द्वारा विदेशी सहायता अस्वीकार करने तथा बाद में उसे स्वीकार करने पर, भारत की गुटनिरपेक्षता सिद्धांत पर सदैव अटल रहने की घोषणा का उपहास हुआ।

नेहरू द्वारा विवादों के शांतिपूर्ण निपटारे पर जोर देना तथा आणविक शस्त्रो के निर्माण व परीक्षण की सदा के लिए निंदा करना भी दुर्भाग्यपूर्ण था। 1962 के भारत–चीन युद्ध में पराजित होने के बाद गुटनिरपेक्षता की नीति की कड़ी आलोचना की गई।

आलोचकों का मानना था कि गुटनिरपेक्षता की नीति के तहत राष्ट्रीय हितों की घोर अपेक्षा की गयी तथा देश की प्रतिरक्षा हेतु आवश्यक तैयारियों के महत्व को नजरंदाज किया गया। भारत यदि पश्चिमी गुट में शामिल होता तो चीन भारत पर आक्रमण करने का साहस भी नहीं जुटा सकता था। भारत–चीन युद्ध के समय उन एशियाई–अफ्रीकी देशों द्वारा भी भारत की सहायता नहीं की गई, जिनके हितों की सुरक्षा के लिए भारत गुटनिरपेक्षता सिद्धांत के माध्यम से निरंतर प्रयत्नशील रहा था। पश्चिमी देशों से सहायता स्वीकार करना भी भारत की निर्गुट नीति का उल्लंघन माना गया और इसे 'पथ विचलन' या "भारत की सैद्धांतिक नारेबाजी का खोखलापन की संज्ञा दी गयी। इस प्रकार भारत की गुटनिरपेक्षता ने भारत के शत्रुओं और मित्रों–दोनों को ही भ्रमित किया। यह भारत के राष्ट्रीय हितों की सुरक्षा करने में भी असफल सिद्ध हुई।

इन सब आलोचनाओं के बावजूद नेहरू काल में गुटनिरपेक्षता के सार व लक्ष्यों को सुरक्षित रखने में काफी सीमा तक सफलता प्राप्त हुई।

गुटनिरपेक्ष नीति के अनुपालन द्वारा ही भारत को तृतीय विश्व के नेतृत्वकर्ता का प्रभावपूर्ण दर्जा हासिल हुआ जो आर्थिक एवं सैन्य रूप से कमजोर एक नवस्वतंत्र देश के लिए अत्यंत महत्वपूर्ण बात थी। निरस्त्रीकरण, गठबंधनहीनता, विकासशील देशों की आर्थिक जरूरतों को स्वीकार करने वाली विश्व प्रणाली की स्थापना तथा इन देशों में पूंजी तथा तकनीकी निवेश के प्रति भारतीय दृष्टिकोण को व्यापक रूप में स्वीकार किया गया।

1955 में 'मेनचेस्टर गार्जियन' ने भी लिखा था कि "जब तटस्थ भाव से समय का इतिहास लिखा जायेगा, तब कदाचित यह देखकर आश्चर्य होगा कि अंतिम विनाश, जिसका सभी को भय है, के निवारण में भारत ने अक्सर कितनी उपयोगी भूमिका निभाई है।"

भारत–चीन युद्ध में विदेशी सहायता के औचित्य को सिद्ध करते हुए नेहरू ने कहा था कि "चीन का मुकाबला करने के लिए भारत ने जो भी शस्त्रास्त्र सहायता ली है, उसके साथ किसी प्रकार की शर्त नहीं जुड़ी है और बिना शर्त सहायता लेना गुटनिरपेक्षता नीति से अलग हटना नहीं कहा जा सकता।"

भारत की गुटनिरपेक्षता नीति के प्रति प्रतिबद्धता के कारण ही उसे भारत–चीन युद्ध में अमेरिका और सोवियत संघ दोनों की सहायता प्राप्त हो सकी। भारत द्वारा गुटनिरपेक्षता का परित्याग कर अमरीकी गुट में शामिल हो जाने पर भारत–चीन सीमा संघर्ष भी शीत युद्ध का एक अंग बन जाता। इसीलिए नेहरू ने स्पष्ट किया था कि भारत अपनी राष्ट्रीय अखंडता की रक्षा के लिए विदेशी मदद लेने के बावजूद गुटनिरपेक्षता की नीति का त्याग नहीं करेगा।

भारत ने चीन के साथ उन विषयों पर सहानुभूति दर्शायी जिनका सम्बंध सीमा विवादों से नहीं था। भारत की इस नीति की कोलम्बो सम्मेलन के देशों तथा अमरीका व अन्य देशों द्वारा भी सराहना की गई। भारत में वामपंथियों तथा स्वतंत्र पार्टी दोनों ने भारत की चीन सम्बन्धी नीति का विरोध किया, जो गुटनिरपेक्षता नीति की सफलता का द्योतक था। इस प्रकार नेहरू युग में भारत की गुटनिरपेक्षता नीति सफलता एवं असफलता के विभिन्न चरणों से होकर गुजरी।

गुटनिरपेक्ष देशों का प्रथम सम्मेलन गुटनिरपेक्ष आंदोलन को सबसे पहले 1955 में बांडुंग (इंडोनेशिया) में सम्पन्न 29 अफ्रीकी–एशियाई देशों के सम्मेलन में स्पष्ट स्वरूप प्रदान किया गया। इस सम्मेलन में भारत के जवाहरलाल नेहरू, मिस्र के गामेल अब्दुल नासिर तथा

यूगोस्लाविया के मार्शल टीटो द्वारा उपनिवेशवाद की समाप्ति हेतु गुटनिरपेक्ष देशों के संयुक्त प्रयासों की जरूरत पर बल दिया गया।

जून 1961 में 21 देशों का तैयारी सम्मेलन सम्पन्न हुआ जिसमें प्रथम सम्मेलन की अस्थायी विषय–सूची तथा सदस्यता आमंत्रण से जुड़े कुछ मानदंड तय किये गये। सितंबर 1961 में गुटनिरपेक्ष देशों के प्रथम सम्मेलन का आयोजन बेलग्रेड (यूगोस्लाविया) में किया गया। इस सम्मेलन में 25 अफ्रीकी–एशियाई देशों तथा एक यूरोपीय देश ने भी भाग लिया।

तीन लैटिन अमरीका के देशों ने पर्यवेक्षकों के रूप में भागीदारी की। इस सम्मेलन में एक 27 सूत्रीय घोषणापत्र को स्वीकार किया गया। सम्मेलन में विश्व के सभी भागों में हर प्रकार की उपनिवेशवादी, साम्राज्यवादी, नवउपनिवेशवादी तथा नस्लवादी प्रवृत्तियों की बड़ी निंदा की गई।

इसमें अल्जीरिया, अंगोला, कांगो, ट्यूनीशिया आदि देशों में चल रहे स्वतंत्रता संघर्षों का पुरजोर समर्थन किया गया। सम्मेलन में विकासशील देशों के व्यापार विकास हेतु उचित दशाओं की जरूरत पर बल दिया गया। सम्मेलन द्वारा संपूर्ण निशस्त्रीकरण की अपील भी जारी की गयी।

निष्कर्ष रूप में गुटनिरपेक्ष देशों ने सभी अल्पविकसित एवं विकासशील देशों के सामाजिक, आर्थिक और सांस्कृतिक विकास का अह्वान किया। इस प्रकार प्रथम सम्मेलन के घोषणापत्र ने नवस्वतंत्र राष्ट्रों के मध्य गुटनिरपेक्षता की अवधारणा को व्यापक लोकप्रिय बना दिया, जिसके परिणामस्वरूप दूसरे गुटनिरपेक्ष सम्मेलन (1964, काहिरा) में सदस्यों की संख्या बढ़कर 47 (11 पर्यवेक्षकों के अलावा) हो गयी।

4

भारतीय विदेश नीति : एक अवलोकन

सन् 1950 के दशक के अंत तक भारतीय विदेश नीति और राजन अंतराष्ट्रीय मंच पर असाधारण रूप से सक्रिय और प्रभावशाली रहे थे। भारत नवोदित राज्य था और उसके आर्थिक और सैनिक संसाधन बड़ी शक्तियों की तुलना में नगण्य थे, तब भी गुटनिरपेक्षता का विकल्प सुझा कर भारत ने अफ्रीका और एशिया के देशों के बीच अपनी अलग खास पहचान बना ली थी।

नेहरू–युगीन भारत साम्राज्यवाद और उपनिवेशवाद के विरुद्ध तीसरी दुनिया के संघर्ष में सहज भाव से नेता और पथ प्रदर्शक के रूप में प्रकट हो चुका था। आज आजादी के 65 वर्ष बाद हमारी स्थिति बहुत बदल गयी है।

नेतृत्व–क्षमता की बात तो छोड़िए, इक्कीसवीं शताब्दी के पहले दशक के अंत के बाद का भारत खुद अपनी संप्रभुता और एकता–अखंडता की रक्षा करने में असमर्थ लगता है।

इसका दोष सिर्फ अप्रत्याशित रूप से बदले हुए अंतराष्ट्रीय परिवेश को नहीं दिया जा सकता।

विदेश नीति की असमर्थता और कुंठित राजन का योगदान भी इसमें कम नहीं। सबसे पहले यह याद रखने की जरूरत है कि भारतीय विदेश नीति का श्रीहीन होना किसी एक व्यक्ति विशेष के निकम्मेपन के कारण या किसी एक घटना दुर्घटना का परिणाम नहीं है। विचारधारा का अभाव और राष्ट्रहित को दूरदर्शी ढंग से परिभाषित करने के बाद कुछ मूल्यों को सामने रख कर लक्ष्य निर्धारित करने की चुनौती से मुंह चुराने के कारण ही यह दुर्दशा हुई है।

जब से हमारी सरकार ने आंख मूंद कर आर्थिक सुधारों को अपनाया है और यह मान लिया है कि भूमंडलीकरण का कोई विकल्प नहीं है, तभी से समाजवादी अर्थात् समता–पोषक सपनों को तिलांजलि दे दी गयी है और भारतीय विदेश नीति अपने पथ से बुरी तरह भटक गयी है।

आजादी के ठीक बाद से ही भारत ने आर्थिक विकास का जो तरीका अपनाया, वह सोवियत संघ के मॉडल पर आधारित केंद्रीय नियोजित विकास वाला था। भले ही मिश्रित अर्थव्यवस्था के नाम पर नेहरू की सरकार ने इसमें महत्वपूर्ण संशोधन किया और निजी क्षेत्र की भूमिका को कुछ नियंत्रणों के बाद स्वीकार किया, लेकिन कुल मिलाकर हमारी अर्थव्यवस्था और राजनीति का रुझान समता–पोषक समाजवादी ही रहा।

यह रेखांकित करना जरूरी है कि भारत के संदर्भ में समाजवाद का अर्थ किसी भी तरह का साम्यवाद नहीं लगाया जाना चाहिए। नेहरू भले ही अंग्रेजी मिजाज के अंग्रेजपरस्त फेबियन सोशलिस्ट रहे हों, आम हिंदुस्तानी की नजर में समाजवाद का मतलब गरीबों की हिमायत करने वाली नीतियां ही थीं। यह स्थिति कमोबेश इंदिरा गांधी के शासनकाल में भी बनी रही। भले ही एकछत्र निरंकुश शासन की महत्वाकांक्षा के कारण उन्होंने अनेक लोक–लुभावन नारे और नीतियां प्रस्तावित कीं, लेकिन इस बात से इनकार नहीं किया जा सकता कि बैंकों का राष्ट्रीयकरण हो या रजवाड़ों और शाही थैलियों का उन्मूलन, उनकी सरकार साफ–साफ

वंचितों और उत्पीड़ितों के पक्ष में अपने को प्रतिष्ठित करने में लगी रही। इसे मात्र संयोग नहीं समझा जाना चाहिए कि श्रीमती गांधी के शासनकाल में ही भारत की विदेश नीति सर्वाधिक स्वाधीन रही और हमारा राजनय काफी असरदार।

सन् 1971 में बांग्लादेश का उदय हो या सन् 1974 में पोखरण में आण्विक विस्फोट, अमेरिका जैसी– महाशक्ति के निरंतर बढ़ते दबाव का उन्होंने बखूबी सामना किया। यह बात भुलाई नहीं जा सकती कि भले ही सोवियत संघ के साथ इस पूरे दौर में भारत के रिश्ते घनिष्ठ मैत्री वाले रहे, इस दोस्ती की वजह से भारत ने कभी विकल्प चुनने की अपनी स्वाधीनता को बंधक नहीं बनने दिया।

तत्कालीन सोवियत संघ और चीन के बीच संबंध तनावग्रस्त रहने के बावजूद हमने अपने संबंध क्रमशः सामान्य किये। इस बात को भी नजर–अंदाज नहीं किया जा सकता कि उन दिनों भी अंतराष्ट्रीय परिदृश्य बेहद संकटग्रस्त था।

दक्षिण–पूर्व एशिया में वियतनाम युद्ध चरम सीमा पर पहुंच चुका था और मध्य पूर्व का संकट कम विकट नहीं था। देश की आंतरिक स्थिति भी सन् 1969–71 के बीच नक्सलवादी विद्रोह के कारण और बाद में खालिस्तानी अलगाववाद के कारण जोखिमों से भरपूर थी।

कुछ लोगों को आज भी यह बात याद होगी कि उत्तर–पूर्वी राज्यों में बगावत पूरे उफान पर थी और एक बार जब इंदिरा गांधी मिजोरम में एक जनसभा को संबोधित कर रही थीं, गोली–बारी निरंतर जारी रही थी।

इस पृष्ठभूमि को ध्यान में रखते हुए यह बात भी समझी जा सकती है कि विदेश नीति और राजन के क्षेत्र में तत्कालीन उपलब्धियां कितनी महत्वपूर्ण थीं। अफगानिस्तान पर सोवियत कब्जा था और विश्व भारत के अपवाद को छोड़ उस महाशक्ति के खिलाफ खड़ा था। इन्हीं वर्षों में भारत ने फिलिस्तीनियों के साथ भाईचारा सार्थक ढंग से निभाया और

यासिर अराफात और फीदेल कास्त्रो दोनों ही के साथ इंदिरा गांधी के रिश्ते आत्मीय और भारतीय राष्ट्रीय हितों के लिए लाभदायक रहे। इतिहास के इन पन्नों को इस घड़ी पलटना बेहद जरूरी है ताकि विदेश नीति और राजनय के क्षेत्र में विचारधारा और मूल्यों के सर्वोपरि महत्व को ठीक से समझा जा सके।

इसके अभाव में समसामयिक भारतीय विदेश नीति और राजनय का मूल्यांकन असंभव है। राजीव गांधी के कार्यकाल में बदलाव शुरू हो चुका था। भले ही आज कुछ लोग इसका पूरा श्रेय गद्दीनशीन मनमोहन सिंह और कभी उनके संरक्षक रहे नरसिंह राव को ही देना चाहते हैं, इस बात की अनदेखी नहीं की जा सकती कि भारत को इक्कीसवीं सदी में ले जाने और इस देश में कॉरपोरेट तबके को महत्वपूर्ण भूमिका सौंपने वाली परियोजना की रूपरेखा राजीव के काल में ही तैयार की गयी थी।

यहां जोड़ने की जरूरत है कि इसके बावजूद राजीव के शासनकाल में विदेश नीति को भारत के राष्ट्रहित पर ही रखने का भरसक प्रयत्न किया गया। इसके कारण कभी–कभी भारतीय राजनय स्वरूप पड़ोसियों को उग्र, विस्तारवादी और आक्रामक तक नजर आने लगा था। श्रीलंका में पहले लिट्टे का प्रशिक्षण, फिर आईपीकेएफ दस्ते का भेजा जाना, नेपाल की नाकेबंदी, मालदीव में हस्तक्षेप इसी का उदाहरण है।

राजीव को इस बात को पूरा एहसास था कि स्वदेश में वे निश्चंत शासन तभी कर सकते हैं जब अंतराष्ट्रीय परिवेश अनुकूल हो। उन्होंने अपने नाना और माता के पदचिह्नों का अनुसरण इसीलिए किया कि अफ्रीका और एशिया की एक जैसी समस्याओं से जूझते देशों का संयुक्त मोर्चा कमजोर न होने पाये।

इसीलिए उन्होंने 'अफ्रीका फंड' की स्थापना की घोषणा की और छह राष्ट्रीय संवाद द्वारा नाभिकीय ऊर्जा विषयक अंतराष्ट्रीय व्यवस्था को समतापूर्ण बनाने का प्रयास भी किया।

दुर्भाग्य से बोफोर्स घोटाले में बदनाम और पंगु होने के बाद राजीव

को पदत्याग करना पड़ा और इसके बाद देश में अस्थिर मौकापरस्त सरकारों का एक ऐसा दौर शुरू हुआ जिसमें विदेश नीति और राजनय की निरंतर उपेक्षा होती रही। कहने को इंदर कुमार गुजराल विदेश नीति के विशेषज्ञ और वामपंथ– साम्यवादी विचारधारा के समर्थक थे, लेकिन वास्तव में वे जमाने की चाल के साथ चलने वाले सहयात्री भर थे।

विचारधारा उनके संदर्भ में हाथी के दिखावटी दांत जैसा ही मामला रही। जब भाजपा के नेतृत्व वाली एनडीए सरकार ने केंद्र में सत्ता संभाली, तभी से अमेरिका के साथ संबंधों को सुधारने की प्रक्रिया तेज हो गयी। आज भले ही इसका पूरा श्रेय जसवंत सिंह अकेला लेना चाहते हों, लेकिन यह याद दिलाना बेहद जरूरी है कि अमेरिका के प्रति झुकाव और आर्थिक सुधारों को लागू कराने के काम नरसिंह राव ने ही शुरू कर दिया था।

एक बार आर्थिक हितों का संयोग हो जाने के बाद सामरिक समीकरण खुद–ब–खुद बदलने लगे। यह भी साफ करने की आवश्यकता है कि जब हम आर्थिक हितों की बात करते हैं तो तात्पर्य भारत के आम आदमी के हित नहीं, बल्कि ताकतवर उद्यमियों के तबके के हितों से हैं। भूमंडलीकरण का तर्क जिन हितों के साम्य की बात करता है, उनके बारे में भी यह बात लागू होती है।

इसी सबका नतीजा है कि आज भारत की विदेश नीति या तो गतिरोध से ग्रस्त, लाचार या एक ऐसे भंवर में फंसी दिखलाई देती है जो उसे रसातल के गर्त तक ही पहुंचा सकती है। आज भारत बहुत सारे फैसले अमेरिकी विदेश विभाग के दबाव में लेता नजर आता है। यह बात सिर्फ ईरान–बनाम इजरायल तक सीमित नहीं।

फिलिस्तीनियों को हम पूरी तरह भुला चुके हैं और अफ्रीका महाद्वीप भी हमें नक्शे में दिखलाई देना बंद हो चुका है। अमेरिकियों के अफगानिस्तान से बेआबरू होकर वापस लौटने के बाद उनके हितों की रखवाली के लिए उस जानलेवा दलदल में धंसने–फंसने के लिए आज भारत उतावला हो रहा है।

अमेरिकी नेताओं और खाद्य विश्लेषकों ने भारत को एक घातक मरीचिका में फंसा दिया है। हमें यह बताया जा रहा है कि हम एक उदीयमान शक्ति हैं और हमें बड़ी शक्ति बनने की अपनी महत्वाकांक्षा के अनुरूप जिम्मेदारी और खर्च का बोझ स्वीकार करना ही होगा।

अफ–पाक मोर्चे पर भारत की गर्दन में फंदा पहनाने के लिए तो भारत अमेरिका को उदीयमान शक्ति नजर आता है, लेकिन सुरक्षा परिषद में स्थायी सदस्यता या परमाणविक हथियारों के स्वामित्व के संदर्भ में भारत की टेक्नोलॉजी के हर प्रयास को बाधित करने के हर संभव प्रयास करता रहा है।

इसी का नतीजा है कि भूमंडलीकरण के बहाने अपना माल तो अमेरिका भारत के बाजारों में भेजता रहा है और अब खुदरा व्यापार पर कब्जा करना चाहता है, लेकिन भारतीय उत्पाद सेवाओं और कारीगरों इंजीनियरों पर कड़े नाजायज प्रतिबंध लगाने का कोई मौका नहीं छोड़ता। यह बात अमेरिका तक ही सीमित नहीं।

चीन ने (जो खुद भूमंडलीकरणवादी व्यवस्था का कट्टर विरोधी है) अनायास भारत का पहले नंबर का आर्थिक साझेदार बनने में सफलता हासिल कर ली है। आज स्थिति यह है कि हमारे प्रधानमंत्री यह फरमाने लगे हैं कि यदि चीन हमारी सीमा का अतिक्रमण करता भी है तो इसे ठंडे दिमाग से विचारकर अनावश्यक तूल नहीं देना चाहिए क्योंकि उस देश के साथ हमारे आर्थिक रिश्ते सीमा विवाद से कहीं अधिक महत्वपूर्ण हो चुके हैं।

भारत ने पूरब की ओर देखने की जब पहल की थी, आज उसकी किसी को याद नहीं रह गयी है। और न ही उस गैस–तेल पाइप लाइन की, जिसके बारे में कभी यह कहा जाता था कि जब यह आजरबाइजान–ईरान से बरास्ता अफगानिस्तान–पाकिस्तान भारत तक पहुंचेगी, तो हमारी ऊर्जा सुरक्षा सुदूर भविष्य तक सुरक्षित हो जायेगी। इसी के लिए साइबेरिया में साखालिन में अरबों डॉलर का निवेश भारत सरकार ने ओएनजीसी के जरिये किया था।

जबसे मनमोहन सिंह ने अपनी सरकार दांव पर लगा कर अमेरिकी सरकार के साथ परमाणविक ऊर्जा के शांतिपूर्ण उपयोग वाले करार पर हस्ताक्षर किये, तभी से हमारा ऊर्जा राजनय भी मृतप्राय हो गया है। जब अमेरिका अपने सामरिक हितों के दबाव में अच्छे और बुरे तालिबान में फर्क करने लगता है, तब अचानक हिंदुस्तान को अपने अकेले छूट जाने का एहसास होता है।

यह बात जाहिर होती है कि अमेरिका ने दहशतगर्दी के खिलाफ जो जंग छेड़ने का ऐलान किया था उसकी असलियत क्या थी? यानी आर्थिक विकास का पूंजीवादी रास्ता चुनने के बाद भी हम अमेरिका के सहोदर–सगे, अपने नहीं बन सके।

हमारे जैसा गरीब देश वास्तव में पूंजीवादी हो भी कैसे सकता है? देश में संपन्न तबका बहुत सीमित शासक वर्ग ही है। वर्तमान विदेश नीति और आंतरिक नीतियां व्यापक राष्ट्रहित में नहीं समझी जा सकतीं। यह सिर्फ अदूरदर्शी ही नहीं, तात्कालिक दृष्टि से भी सफल नहीं हो सकती। पड़ोस की तमाम हलचल को अनदेखा कर हमारी विचारधारा के बोझ से मुक्त नीति निर्धारकों की निगाहें दूरस्थ क्षितिज पर ही टिकी रहती हैं।

नेपाल, बांगलादेश, म्यांमार या मालदीव, सभी जगह भारतीय विदेश नीति तथा राजनय लकवाग्रस्त दिखाई दे रहा है। भारत की संप्रभुता का जिस तरह अवमूल्यन हुआ है वह भी शर्मनाक है। नॉर्वे में भारतीय दंपती से उनके बच्चे छीनना हो या इटली के जहाज पर सवार निशानेबाजों द्वारा केरल के मछुआरों को मार गिराना, सब यही दर्शाते हैं कि ढुलमुल, मौकापरस्त आचरण के क्या दुष्परिणाम होते हैं।

इसके पहले भी ऑस्ट्रेलिया में या ब्रिटेन में नस्लवादी हिंसा के शिकार भारतीय नागरिकों को न्याय दिलाने में हमारी सरकार असमर्थ रही। यह स्थिति अकस्मात पैदा नहीं हुई है। इसके लिए सर्वोच्च नेतृत्व की उदासीनता और पेशेवर राजनयिकों की बिरादरी में रीढ़ की हड्डी का अभाव जिम्मेदार है।

5
भारत की विदेश नीति की दशा

विदेश नीति किसी भी राष्ट्र का वैश्विक मंचों पर एक आधार तय करती है, अर्थात आपका स्वरुप किस प्रकार का हो, ठीक इसी आधार पर आपकी नीतियां किन उद्देश्यों को ध्यान में रखकर कार्य कर रही है तय करता है।

विदेश नीति अंतराष्ट्रीय परिदृश्य पर एक पहचान बनाती है। ठीक इसी अनुरुप विश्व के अन्य देश आपसे विभिन्न प्रकार के राजनयिक, सामरिक, कूटनीतिक, वाणिज्यिक–व्यापारिक संबंध बनाने की पहल करते हैं।

जहाँ तक वर्तमान में भारत की विदेश नीति का सवाल है, तो निश्चित तौर पर अगर देखा जाऐ तो कोई स्पष्ट, पारदर्शी, उद्देश्यपरक रणनीति देखने को नहीं मिल रही है।

आजादी के बाद के आरम्भिक दौर से भारत की विदेश नीति की दशा–दिशा का अवलोकन करें तो आज की तुलना मे स्थिति बेहतर एवं स्पष्ट थी।

पंडित जवाहर लाल नेहरु ने उस समय भारत की विदेश नीति को

लेकर एक स्पष्ट रणनीति बनाई थी। यह बात सत्य है कि समय–समय पर वैश्विक नीतियां बदलती रहती हैं ठीक इसी अनुरुप हर देश सामरिक जरुरत के हिसाब से अपनी–अपनी कूटनीति या विदेश नीति तय करते हैं।

नेहरु जी के कार्यकाल में विश्व में कूटनीतिक, सामरिक वातावरण में दो ध्रुविय व्यवस्था कार्य कर रही थी। वह शीतयुद्ध का दौर था। उस समय साम्यवादी सेंयुक्त रशिया के नेतृत्व में एक गुट था तो पूँजीवादी अमेरिका के नेतृत्व में दूसरा गुट। उस समय विश्व के अधिकांश राष्ट्र चाहे विकसित हों या विकासशील, गरीब हों या अमीर किसी ना किसी राजनीतिक, कूटनीतिक उद्देश्य के कारण किसी ना किसी गुट में अवश्य सम्मलित थे। भारत को अपनी आरम्भिक आजादी के दौरान ही अपने दो निकटतम पड़ोसी चीन एवं पाकिस्तान के साथ युद्ध करना पड़ा। इस दौरान भारत को बहुत कुछ सीखने को मिला सुरक्षा से लेकर विदेश नीति तक।

लगभग 60 के दशक में वैश्विक परिवेश में असमंजसता की स्थिति को ध्यान में रखते हुऐ उस समय मार्शल टीटो जैसे विचारकों के साथ मिलकर नेहरु जी के नेतृत्व में गुटनिरपेक्षता की नीति अपनाई गई।

इस नीति के तहत ऐसे राष्ट्र सम्मिलित हुए जो ना तो साम्यवादी गुट के पक्षधर थे और ना ही पूँजीवादी गुट के समर्थक। ठीक इसी अनुरुप भारत की विदेश नीति कार्य करने लगी।

इंदिरा गाँधी के कार्यकाल से ही गुटनिरपेक्षता की नीति में थोड़ा सा ही सही बदलाव देखने को मिलने लगा। उस समय कुछ ऐसी राजनीतिक, राजनयिक घटनाऐं घटी जैसै– 1971 में पूर्वी पाकिस्तान का बंगला देश के रुप में एक राष्ट्र का बनना और इस पर उस दौरान विभिन्न देशों से मिले राजनयिक सहयोग।

फिर मध्यपूर्व में विशेषकर इजराइल–फिलिस्तीन संघर्ष को लेकर भारत का स्पष्ट दृष्टिकोण। इस मसले पर भारत प्रारम्भ से ही फिलिस्तीन

राष्ट्र का समर्थक रहा है। 1967 में इजराइल द्वारा फिलिस्तीन के विभिन्न ठिकानों जैसे– गाजा पट्टी, येरुशलम, पश्चिमी क्षेत्र आदि पर जबरन कब्जा करना। भारत ने इस मुद्दे पर इजराइल का खुलकर विरोध किया जो अमेरिका का सबसे बड़ा हितैषी था और वर्तमान में आज भी है।

फिर समय–समय पर विभिन्न मसलों को लेकर रशिया जैसे– विभिन्न देशों का समर्थन, कहीं ना कहीं यह सारी गतिविधियाँ भारत की गुटनिरपेक्ष नीति को प्रभावित करती रही है। लेकिन इंदिरा गाँधी के कार्य काल में या कहें 70 से लेकर 90 के दशक तक भारत की विदेश नीति ज्यादा सबल एवं मजबूत दिखती थी।

1974 में पोखरण में भारत का पहला परमाणु परीक्षण तथा इसके बाद विश्व के मजबूत राष्ट्र अमेरिका के नेतृत्व में विभिन्न राष्ट्रों द्वारा भारत पर विभिन्न प्रकार का आर्थिक, वाणिज्यिक प्रतिबन्ध, उसके बाद भी भारत का इस विपरीत परिस्थिति में मजबूती के साथ खड़ा रहना, अपने आप में भारत की सशक्त विदेश नीति की कहानी कहता है।

90 के दशक में खाड़ी युद्ध के मुद्दे पर भारत ने अपना स्पष्ट दृष्टिकोण प्रस्तुत किया था, तथा अमेरिका द्वारा इराक में हमले को गैरलोकतांत्रिक करार दिया था। 1990 के बाद से जब रशिया विभिन्न राष्ट्रों में विभक्त हुआ तो अमेरिका के नेतृत्व में पूरे विश्व में एक ध्रुवीय व्यवस्था कार्य करने लगी, जो आज तक कायम है।

भले ही यह संभावना व्यक्त की जा रही हो कि उदारीकरण, वैश्वीकरण के कारण अब पूरा विश्व बहुध्रुवीय व्यस्था में तबदील हो जाऐगा। 1990 से ही हमने उदारीकरण की नीति अपनाई। अपने बजार विदेशी निवेशकों के लिए खोल दिए, ठीक इसी अनुरुप हमने अपनी आर्थिक नीति तय की।

इसी आधार पर विदेश नीति को भी अमली जामा पहनाया। एक ओर हमें जरुरत थी संसाधन, विदेशी निवेश, देश की आर्थिक संमृद्धि की वहीं दूसरी ओर विश्व के अन्य खासकर विकसित देशों को जरुरत थी

एक बड़े एवं सस्ते बाजार की जो उन्हें भारत के रुप में मिला। धीरे–धीरे ये राष्ट्र अपने आर्थिक हितों के साथ–साथ अपने कूटनीतिक हित भी भारत पर थोपने लगे।

चाहे इसके पीछे जो भी कारण रहा हो, भारत ने हाँ–ना कहते हुए अंततः इसे स्वीकार किया। मनमोहन सिंह के पहले कार्यकाल मे भारत ने अमेरिकी दबाव मे आकर असैन्य परमाणु सहयोग संधि को पारित किया।

आज भारत की कूटनीतिक स्थिति किस मुकाम पर देखने को मिल रही है? सार्क देशों के सगठन के तहत आने वाले निकटतम पड़ोसी देश के संदर्भ में बात करें तो कहीं भी हम एक सफल नेतृत्व कर्ता के रुप में नहीं दिखाई पड़ रहे हैं। पाकिस्तान जो भारत का शुरु से ही विरोधी रहा है और आज भी है, इनमें कभी–कभी वाणिज्य व्यापार के मसले पर सहमति दिखती है।

चीन हमारा सबसे बड़ा प्रतिद्वंदी है, वह हमारी कूटनीति को बहुत हद तक कमजोर कर चुका है। नेपाल से लेकर वर्मा तक हम कहीं भी कूटनीति स्तर पर एक सार्थक मूमिका में नजर नहीं आ रहे हैं।

बंग्लादेश जिसका उदय भारत के सहयोग से हुआ, वहाँ भी सत्ता परिवर्तन के साथ भारत के प्रति कूटनीतिक भूमिका बदलती रहती है। हाल में मालदीव में हुए सत्ता परिवर्तन को लेकर भारत की असमंजसता की स्थति चिंता जनक है।

श्रीलंका जो पहले भारत के काफी करीब था, जहाँ भारत की कूटनीतिक भूमिका काफी महत्वपूर्ण मानी जाती थी आज स्थिति ठीक इसके विपरीत है। सबसे आश्चर्य की बात है कि अब हमारी कूटनीति पर देश की आंतरिक राजनीतिक मजबूरी हावी होती देखी जा रही। जैसे श्रीलंका में तमीलों की स्वायत्ता के मामलों को लेकर।

अब हम सभी अंदाजा लगा सकते हैं कि जब अपने पड़ोसी राष्ट्रों

के बीच यह स्थिति है तो विश्व में कैसी स्थिति होगी। आज जिस प्रकार से वैश्विक मंच पर ईरान, सीरिया, इजराइल को लेकर गतिरोध की स्थिति बनी हुई है पर इस मसले पर आज भी भारत अनिर्णय, अदूरदर्शिता की स्थिति में मूक बना बैठा है। ऐसा क्यों? ईरान के मसले पर में कभी समर्थन करते दिखता है तो कभी विरोध, सिर्फ अमेरिकी दबाव में।

अगर एक प्रकार से कहा जाए कि भारत की विदेश नीति दबाव की स्थिति में है चाहे कारण जो भी रहा हो, वर्तमान परिस्थिति को देखते हुए, सही प्रतीत होता है।

मसला चाहे आतंकवाद का हो, वैश्विक व्यापार का हो, पर्यावरण संतुलन का हो या फिर मानवाधिकार का हो। हम नेतृत्व कर्ता की भूमिका में नजर नहीं आते हैं। उदाहरण के तौर पर लैटिन अमेरिकी देश वैनेजुऐला, क्यूबा आदि को ही लें, जो एक समय अमेरिका के नापाक इरादों का प्रमुख स्थल हुआ करता था।

आज वहाँ से उसकी जड़ें समाप्त हो चुकी हैं। लेकिन लैटिन अमेरिकी राष्ट्र ने खुलकर अमेरिकी नीति का विरोध कर अपनी सामरिक जरुरतों के आधार पर अपनी विदेश नीति तय की है। फिर हम क्यों नहीं!

अगर आतंकवाद से लड़ने की बात हो तो हम दूसरों का मुँह देखते हैं। आर्थिक नीतियां तय करना हो तो दूसरा देश हम पर प्रत्यक्ष या परोक्ष रुप से दबाव बनाए रखता है।

किस राष्ट्र के साथ किस प्रकार का कूटनीतिक संबंध कायम करना है दूसरा साधन संपन्न देश हमें राह बताता है। हाल के ईरान के मसलों को लें।

ईरान से तेल आयात करने के मुद्दे पर अमेरिका लगातार दबाव बनाए बैठा है। आज की परिस्थिति में हम गुटनिरपेक्षता की नीति से बिल्कुल विमुख हो चुके हैं।

आज जिस प्रकार से वैश्विक वातावरण में विभिन्न विषयों को लेकर

हलचल की स्थिति देखने को मिल रही है, जरुरत है वैश्विक नेतृत्व की। भारत में वो क्षमता है वो ताकत है नेतृत्वकर्ता की भूमिका अदा करने की।

बशर्ते पहले भारत अपनी नीतियां, लक्ष्यों के प्रति सशक्त दिखे, सबों को एकजुट रखने की क्षमता के साथ–साथ विदेश नीति को लेकर राजनीतिक क्षमता दिखाने की कोशिश करे। तभी अंतराष्ट्रीय मंच पर हम अपनी एक अलग पहचान स्थापित कर पाऐंगे।

6
विदेश–नीति की महत्ता

आधुनिक विश्व में राष्ट्रीय की अपेक्षा अंतराष्ट्रीय गतिविधियों को अधिक महत्व दिया जा रहा है। विश्व भर के 150 राष्ट्रों में किसी न किसी प्रकार का पारस्परिक संबंध अवश्य होना चाहिए।

निःसंदेह किसी भी राष्ट्र के प्रशासन में घरेलू विषयों का महत्व है परन्तु एक सुदृढ़, शक्तिशाली राष्ट्र बनने की इच्छा रखने के लिए दूसरे राष्ट्र से सम्बन्ध बनाना भी उतना ही महत्वपूर्ण है। विज्ञान, तकनीक द्वारा यातायात के माध्यमों से समस्त विश्व के देश एक दूसरे के निकट आ गए हैं।

तीव्र वेग से चलने वाले वायुयानों ने विभिन्न राष्ट्रों के मध्य की दूरी मिटा दी है। राजनैतिक दृष्टि से भी भिन्न–भिन्न राष्ट्रों को संगठित किए जाने का प्रयास हो रहा है। संयुक्त राष्ट्र संघ और अन्य राष्ट्रीय, अंतराष्ट्रीय संस्थाएं राष्ट्रों के पारस्परिक संबंधों में महत्वपूर्ण योगदान दे रही हैं।

अंतराष्ट्रीय मामलों में रुचि और सक्रिय भूमिका निभाने वाले राष्ट्र विश्व में अपने प्रयासों के लिए प्रशंसा के पात्र बनते है। भारत पिछले कुछ दशकों से विश्व के विभिन्न विषयों में क्रियात्मक भूमिका निभा रहा है।

स्वतंत्रता से पूर्व भी श्री जवाहर लाल नेहरू ने विश्व स्तर के अनेक विवाद तथा उपनिवेशवाद, पूंजीवाद, प्राचीन राजनैतिक प्रणालियों के बहिष्कार संबंधी आंदोलन में सक्रिय भूमिका निभाई थी।

उनके लेखों, कथनों का उस समय के आन्दोलनों पर गहन प्रभाव पड़ा था। उनके लेखों ने केवल भारतीय युवकों को बल्कि समस्त एशिया के युवकों को भी अन्याय के विरुद्ध आवाज उठाने के लिए प्रेरित किया था। दक्षिण–पूर्वी एशिया और अफ्रीका के स्वतंत्रता आन्दोलनों का विशेष श्रेय उनको ही जाता है। उपनिवेशवादी शक्तियाँ उन्हें अपनी उन्नति का एक गंभीर खतरा मानती थी।

विन्देश नीति से तात्पर्य उन कार्य प्रणालियों और निर्णयों से है, जो राष्ट्रीय घटनाओं और राष्ट्रीय महत्व के विषयों पर एक राष्ट्र निर्धारित करता है। इनसे संबंधों की प्रगाढ़ता और राष्ट्रों में पारस्परिक सहयोग की भावना में प्रगति होती है।

गृह–नीति की अपेक्षा विदेशी नीति को अधिक महत्ता दी गई है। इसलिए नही कि यह विदेशी राजनीति के विशेषज्ञों द्वारा स्पष्ट की जाती है, बल्कि इसलिए कि राष्ट्रीय हित और प्रतिष्ठा के लिए विभिन्न देशों की वर्तमान सामाजिक राजनैतिक स्थिति और युद्ध नीति तथा परिवर्तनकारी क्रियाओं की समझ आवश्यक है। विदेशी मामलों के संबंध में निर्णय लेने की प्रक्रिया अत्यंत जटिल और बहुमुखी होती है।

इनके संबंध में देश के राजनयिकों का नजरिया साफ एवं स्पष्ट होना चाहिए तभी वे निर्णय ले सकते हैं अथवा प्रतिक्रया व्यक्त कर सकते है। उनके निर्णयों की न्यायोचितता का समर्थन सम्पूर्ण राष्ट्र द्वारा किया जाना चाहिए। विदेश नीति निर्माता का कार्य केवल राष्ट्रीय लक्ष्य का चयन ही नहीं बल्कि नीति निर्माण और लक्ष्य तक पहुँचने के लिए नीतियों का कार्यान्वयन भी है।

विदेश नीति से संबंधित आधारभूत तत्वों की चर्चा करने के उपरांत भारत जैसे– विकासशील देश के उदाहरण से इसकी महत्ता को सिद्ध

किया जा सकता है। भारत की जनसंख्या विश्व की जनसंख्या का सातवाँ भाग है। यद्यपि यह देश वित्तीय दृष्टि से निर्धन तथा आर्थिक और वैज्ञानिक दृष्टि से अविकसित है, परन्तु विभिन्न अंतराष्ट्रीय विषयों पर सक्रिय भूमिका निभाने की इसकी परम्परा अत्यंत प्राचीन है।

पुराने समय से ही भारत में अनेक शांति आंदोलन की उत्पत्ति हुई है यद्यपि भारतीय लोगों के शांति प्रिय स्वभाव के कारण उन्हें कई बार विदेशी आक्रमणों का सामना भी करना पड़ा है।

भारतीय संस्कृति अंहिसा के सिद्धांतों पर आधारित हैं। राष्ट्र को ऐसे नेतृत्व की उगवश्यकता रहती है जो विदेशों में अपने देश की स्पष्ट छवि और उत्तम प्रभाव को बनाए रखने में सफल हो सके।

निःसंदेह विदेशी और घरेलू विषयों को एक समान नहीं समझा जा सकता। राष्ट्र का नेतृत्व इस ढंग से होना चाहिए ताकि दोनों प्रकार के विषय अच्छी तरह से निभाए जा सकें। देश की आंतरिक दृढ़ता अन्य देशों के साथ सामंजस्यपूर्ण संबंधों पर आधारित होती है।

उसकी आंतरिक दृढ़ता का प्रभाव बाह्म संसार पर पड़ना चाहिए, अन्यथा वह अपने आंतरिक मामलों में दूसरे देशों के साथ सहयोग और समर्थन संबंध में आश्वस्त नहीं हो सकता है। इसलिए किसी देश में सरकार का दायित्व केवल आंतरिक प्रशासन ही नहीं बल्कि विदेशी मामलों में सक्रिय भागीदारी भी है।

अंतराष्ट्रीय स्तर पर विभिन्न राष्ट्रों में प्रतिस्पर्धा होती है। प्रत्येक राष्ट्र दूसरे को अपना विरोधी समझता है। परन्तु राष्ट्रों के मतभेद का प्रमुख कारण उनके सिद्धांतों, नीतियों में अन्तर होना है।

राष्ट्रीय विषयों की अपेक्षा अंतराष्ट्रीय विषयों में बढ़–चढ़ कर भाग लेने का महत्व अधिक है क्योंकि जब एक नेता किसी विशेष अंतराष्ट्रीय स्थिति में अपने विचार प्रकट करता है तो उसके निर्णय को तब अंतराष्ट्रीय दृष्टिकोण से परखा जाता है।

अन्य राष्ट्र उसके साथ सहमत भी हो सकते है और असहमत भी। अपने राष्ट्रों का विदेशी नीतियों के संबंध शानदार और सफलतापूर्वक नेतृत्व करने वाले महान नेताओं ने विश्व के इतिहास में अपना विशेष स्थान बनाया है। विज्ञान, तकनीक के वर्तमान विकास से लगभग सभी राष्ट्र एक दूसरे पर निर्भर हो गए है।

श्रम विभाजन, विभिन्न राष्ट्रीय स्रोतों के विषय में अंतराष्ट्रीय सहयोग को प्रोत्साहन मिला है। विश्व के किसी भी देश को पूर्णतः आत्म निर्भर नही कहा जा सकता है। यहाँ तक कि सबसे धनी देश भी अनेक आवश्यक वस्तुओं, सामग्रियों और आध्यात्मिक रूप से अन्य देशों पर निर्भर होता है।

अंतराष्ट्रीय विषयों पर किसी देश की अग्रणीयता का सीधा संबंध उसकी विदेश–नीति के उद्देश्यों से होता है। सामान्यतः उनके उद्देश्य राष्ट्रीय हित से जुड़े होते हैं। लेकिन ये राष्ट्रीय हित इतने संकीर्ण नहीं होते है कि अन्य देश उन्हें निजी स्वार्थ से प्रेरित मानें।

प्रत्येक नीति की अपनी एक कूटनीति होती है। हमारे राष्ट्रीय हित अंतराष्ट्रीय सहमति और पारस्परिक सद्भावना पर आधारित होने चाहिए। विदेश नीति के संबंध में अन्य देशों के संदेह की संभावना नहीं होनी चाहिए। उचित विदेश नीति के द्वारा आपसी सौहार्द और सहयोग के वातावरण का निर्माण होता है।

भारत की विदेश नीति के निर्माण में जितना योगदान पं. नेहरू का है, उतना किसी और का नही है। उन्होंने स्वतंत्रता के पूर्व ही भारत की विदेश नीति के मूल सिद्धांत निर्धारित किए थे, जो स्वतंत्रता के बाद अब असाधारण रूप से सफल है। इन सिद्धांतो के बल पर ही भारत विश्व के मामले में महत्वपूर्ण भूमिका बुना सका है। भारत ने निशस्त्रीकरण की नीति अपनाकर विश्व में प्रशंसा प्राप्त की। आज न केवल विश्व के लगभग 100 देश निशस्त्रीकरण गुट में शामिल है, बल्कि अमरीका और सोवियत संघ जैसी महाशक्तियों के सम्मुख भारत एक नवीन राह दिखाने में भी सफल रहा है ।

एक प्रजातांत्रिक देश की विदेश नीति को जनता का समर्थन प्राप्त होना आवश्यक है। वह दृढ़ समर्थन जिसे झूठे प्रचार, तथ्यों आदि से नष्ट नहीं किया जा सकें। जनता द्वारा मान्य प्रतिनिधियाँ की सहमति से ही विदेश नीति तैयार की जानी चाहिए।

किसी देश की विदेश नीति राष्ट्र–कल्याण पर आधारित होनी चाहिए। वह कार्यपालिका अथवा न्यायपालिका के प्रभुत्व से मुक्त होनी चाहिए। उन देशों के साथ हमारे संबंध अच्छे होने चाहिए जिससे हमारी आवश्यकताएँ पूरी हो सकें। इस प्रकार आज के युग में विदेश नीति की महत्ता बहुत अधिक है।

7

राष्ट्रहित और विदेश नीति की सिद्धांत

रानिगरुट आंदोलन के हिमायती देश को 'ब्रिक्स' जैसे देशों के छोटे समूहों में विदेश नीति के पत्ते बांटते देखना रणनीतिक रूप से चाहे जितना तार्किक या जरूरी लगे पर ऐतिहासिक रूप से थोड़ा चौंकाता तो जरूर है।

आज भारत के महज पाकिस्तान या चीन से नहीं बल्कि श्रीलंका, नेपाल, बांग्लादेश आदि पड़ोसी देशों के साथ भी संबंध खासे उलझे हुए हैं।

अफगानिस्तान और म्यांमार जैसे देशों की हिमायत में अगर वह खड़ा दिखता भी है तो अंतराष्ट्रीय रंगमंच पर उसकी नीतिगत स्वीकृति अस्वीकृति अब तक विवादित है।

सोवियत रूस के विघटन के बाद कथित रूप से जरूर अमेरिका भारत के काफी करीब आया पर अमेरिकी विदेश नीति का जिस तरह का तालमेल ब्रिटेन जैसे देशों के साथ है, अपने देश के साथ कभी बन ही नहीं पाया।

इसके उलट ईरान जैसे मुद्दे पर दोनों तकरीबन आज आमने–सामने

खड़े हैं। आज जबकि आर्थिक हित को राष्ट्रहित की पहली शर्त मान लिया गया है, दुनियाभर में देशों के रिश्ते इसी आधार पर तय हो रहे हैं। इन तमाम संदभरे को सामने रखते हुए इस बार के हस्तक्षेप में हम भारत की विदेश नीति में बची धार के साथ उसकी दिशा और चुनौतियों पर एक जरूरी बहस छेड़ रहे हैं।

राष्ट्रहित के बारे में यह कहावत मशहूर है कि किसी भी राज्य के शत्रु या मित्र स्थायी नहीं होते सिर्फ उसके हित शात होते हैं। इस स्थापना को बिना सोचे–समझे वेदवाक्य मान लेना घातक हो सकता है।

यह बात भारत की आजादी से लेकर आज तक उसके पड़ोसी देशों एवं महाशक्तियों के साथ संबंधों के संदर्भ में साफ झलकती है। पर बात आगे बढ़ाने से पहले यह साफ करना बेहद जरूरी है कि राष्ट्रहित परिभाषित कैसे होते हैं और यह काम कौन करता है? राष्ट्र राज्य की अवधारणा वेस्टफालिया की संधि के बाद कोई तीन सौ साल पहले यूरोप में प्रकट हुई।

इस वक्त तक दैवी जन्मजात अधिकार से शासन करने वाले राजा के स्वार्थ ही राष्ट्रहित का पर्याय समझे जाते थे। अमेरिकी तथा फ्रांसीसी क्रांतियों के बाद ही जनता के हित राष्ट्रहित में शामिल किए जाने लगे। इसके बाद ही राज्य की भौगोलिक एकता–अखंडता को बुनियादी राष्ट्रहित का दर्जा मिला।

बिना अनावश्यक विस्तार के यह बात रेखांकित की जा सकती है कि संप्रभुता को राष्ट्र राज्य की पहचान इसलिए समझा गया कि अपने क्षेत्र में मनचाही नीतियों को लागू करने की स्वाधीनता को इसके अभाव में भोगा नहीं जा सकता।

अर्थात राष्ट्रहित की चर्चा मात्र विदेश नीति के संदर्भ में करना नादानी है। विशिष्ट सांस्कृतिक पहचान, आर्थिक व्यवस्था, राजनीतिक प्रणाली जैसी आंतरिक नीति के विषयों की सुरक्षा के लिए ही विदेश नीति का नियोजन–क्रियान्वयन होता है।

सत्ता परिवर्तन से बदलता है हित ....

विदेश नीति को स्वायत्त उद्यम कतई नहीं समझा जा सकता। न ही यह हठ पालना तर्कसंगत है कि केवल सामरिक–सैनिक मुद्दे ही प्राथमिक राष्ट्रहित होते हैं।

चूंकि राष्ट्रहित को परिभाषित करने तथा इसके विश्लेषण का काम शासक तबके के साथ जुड़ा श्रेष्ठि वर्ग करता है, किसी भी देशकाल में इसी वर्ग के स्वाथरे के अनुरूप राष्ट्रहित प्रतिष्ठित किए जाते हैं। ऊपर से चाहे जो भी मुलम्मा चढ़ाया जाए। यह सुझाना गलत नहीं कि इसीलिए शासक वर्ग के बदलने के साथ राष्ट्रहित भी अनिवार्यतः बदलता है।

भारत के विभाजन के पहले और इसके बाद कैसे राष्ट्रहित जस का तस रह सकता था? इसी तरह, अंतराष्ट्रीय परिवेश भी राष्ट्रहित को प्रभावित करता है। शीतयुद्ध का सूत्रपात, तनाव शैथिल्य, शीतयुद्ध का अंत, सोवियत संघ का विघटन–विखंडन, यूरोपीय समुदाय का उदय जैसी घटनाओं ने भारत समेत सभी देशों की विदेश नीति को दिशा तथा गति बदलने के लिए मजबूर किया है। इसे नकारा नहीं जा सकता।

जब असं गत हो गई गुटनिरपेक्ष नीति पिछले 60–65 वर्षो में भारतीय विदेश नीति की सबसे बड़ी विवशता यह रही है कि त्वरित आर्थिक विकास के साथ सामाजिक न्याय का संतुलन बैठाने के लिए उसने आजादी के बाद जिस गुटनिरपेक्ष विदेश नीति का अनुसरण किया था, वह नेहरू युग की समाप्ति के पहले ही संगत या सार्थक नहीं रह गई थी।

पंचशील की असफलता 1960–62 तक सामने आ चुकी थी। चीन के साथ सीमा युद्ध के बाद इस भरम को बनाए रखना नामुमकिन हो गया कि नेहरू का विदशर्न बदलते अंतराष्ट्रीय परिप्रेक्ष्य में किसी काम का नहीं रह गया था।

बांडुंग के खुमार को बचाए रखना भी संभव नहीं था। 1965 में

पाकिस्तान के साथ समर में भारतीय फौज ने अपना खोया आत्मसम्मान भले ही वापस हासिल कर लियाय इससे भारतीय राष्ट्रहित के संरक्षण–संवर्धन का काम अनायास सहज नहीं हो गया।

इंदिरा गांधी अन्न संकट तथा अभाव से जूझती रहीं और जिस समय वियतनाम मुक्ति संग्राम गरमा रहा था तथा मध्यपूर्व में संकट विकट बन रहा था, भारतीय विदेश नीति उसे किसी भी तरह प्रभावित करने की हालत में न थी।

बांग्लादेश के उदय के बाद ही भारत ने खुद को दक्षिण एशिया की प्रमुख ताकत के रूप में पेश करने की विसनीय सामर्थ्य जुटाई। पोखरण–एक के एटमी विस्फोट ने इस छवि को पुष्ट किया। तब तक भारत हरित क्रांति के कारण खाद्यान्नों के मामले में आत्मनिर्भर बन चुका था। इसके साथ यह जोड़ने की जरूरत है कि गुटनिरपेक्षता की स्मृति ही शेष रही थी।

सोवियत संघ के साथ विशेष मैत्री संधि पर हस्ताक्षर करने के बाद भारत निश्चय ही अमेरिका के प्रतिपक्षी खेमे में शामिल हो गया था। इसी दशक में चीन के साथ राजनयिक संबंधों का सामान्यीकरण शुरू हुआ। लगने लगा कि अब भारत अपने आकार तथा आबादी के अनुरूप पद–प्रतिष्ठा प्राप्त कर सकेगा।

घरों में उलझे रहे, दुनिया तेजी से बदलती रही........

दुर्भाग्य से, आंतरिक राजनीतिक घटनाक्रमों ने विदेश नीति के पथ को बाधित किया। इंदिरा गांधी की वंशवादी, पुत्रमोह ग्रस्त नीतियों के विरोध में जनाक्रोश मुखर हुआ, जिसने व्यापक बगावत का रूप धारण कर लिया।

उनकी चुनावी जीत को अदालत ने खारिज कर दिया और वह आपातकाल की घोषणा के लिए विवश हुई। इसी समय पाकिस्तान तथा जम्मू–कश्मीर राज्य में अलगाववादी आतंकवाद ने सिर उठाया।

भारत इनका मुकाबला करने में इस कदर फंसा रहा कि बाहरी

दुनिया की लेने की मोहलत उसे नहीं मिल सकी। दुनिया तेजी से बदल रही थी। अमेरिका, रूस, चीन सभी का कायाकल्प हो रहा था। पड़ोस में भी नाटकीय बदलाव नजर आने लगे थे।

रूस की हालत खस्ता थी और चीन ने माओ का पथ तज आर्थिक विकास का संशोधित कमोबेश पूंजीवादी विकल्प स्वीकार कर लिया था। पाकिस्तान में जनरल जिया ने कट्टरपंथी इस्लाम को सरकारी संरक्षण दे कर पनपाना आरंभ कर दिया था।

लिट्टे का राक्षसी रूप जगजाहिर होना बचा था पर श्रीलंका को तहस–नहस करने वाले गृहयुद्ध के बादल मंडराने लगे थे। नेपाल में कुनबापरस्त उत्पीड़क राजशाही के खिलाफ माओवादी विद्रोह का विस्फोट एक चिंगारी की प्रतीक्षा कर रहा था। बांग्लादेश में जिन सैनिकों ने तख्तापलट कर शेख मुजीब की हत्या की थी उनके संरक्षक फौजी तानशाह सत्तारूढ़ थे। कुल मिलाकर भारत के राष्ट्रहित बुरी तरह जोखिम ग्रस्त थे।

उदारीकरण के बाद पश्चिम की तरफ झुकी विदेश नीति ......

राजीव गांधी अपनी मां की हत्या के बाद प्रचंड बहुमत से विजयी हो प्रधानमंत्री बने थे। उनसे यह आशा की जाती थी कि वह भारत की जड़ विदेश नीति को गतिशील बनाएंगे। देश नौजवान नेता की रहनुमाई में आत्मविास से भरा था। विडंबना यह रही कि बोफोर्स तोपों की दलाली के आरोपों से उनकी सरकार जल्दी ही पंगु बन गई।

श्रीलंका में शांतिसेना भेजने की अदूरदर्शिता शीघ्र ही उद्घाटित हो गई और अंततः इसकी कीमत राजीव गांधी ने अपनी जान से चुकाई।

आम चुनावों में कांग्रेस की हार ने साझा सरकारों के अस्थिर दौर का सूत्रपात किया और जनता सरकार की याद ताजा करा दी जब विदेश नीति को महत्त्वहीन समझा जाता था। जब पीवी नरसिंह राव ने सत्ता ग्रहण की तब उनकी सरकार अल्पमत में थी। बहुमत जुटाने के उनके

बदनाम प्रयास बहुचर्चित हैं। अतः यहां उनको दोहराने की जरूरत नहीं। हां, विदेश नीति के संदर्भ में इतना याद रखने की जरूरत है कि आर्थिक उदारीकरण का विकल्प चुनने के बाद से भारत का झुकाव पश्चिम तथा खासकर अमेरिका की तरफ हो गया। समाजवाद को तिलांजलि दे दी गई। एनडीए सरकार ने इस बदलाव का अनुमोदन किया और विदेश मंत्री जसवंत सिंह के कार्यकाल में अमेरिका के साथ घनिष्ठता तेजी से पारदर्शी ढंग से बढ़ी।

अमेरिका को तरजीह तो पड़ोसियों को क्यों नहीं?

आज जब मनमोहन सिंह परमाणु ऊर्जा के शांतिपूर्ण उपयोग के लिए अमेरिका के साथ करार करते हैं और इस् संधि की खातिर अपनी सरकार तक को दांव पर लगा देते हैं, तब यही बात प्रमाणित होती है कि राष्ट्रहित परिवर्तनशील ही होते हैं, शात नहीं।

सोचने की असली बात यह है कि क्या यह परिवर्तन मात्र अमेरिका तक सीमित रहना चाहिए या अन्य देशों के साथय खास कर पड़ोसियों के मामले में विचारणीय नहीं होना चाहिए? जब पाकिस्तान में बेनजीर भुट्टो–आसिफ अली जरदारी–नवाज शरीफ की संभावनाएं चुक रह थीं, जनरल परवेज मुशर्रफ का वजन असर घट रहा था तब क्यों हमारे विदेश नीति के नियोजक उदासीन या हतप्रभ बैठे रहे।

नेपाल, बांग्लादेश, श्रीलंका, म्यांमार सर्वत्र एक जैसी उदासीनता के दशर्न होते रह हैं। क्यों हम आज अमेरिकी चश्मे से ही ईरान, इस्रइल या रूस तथा चीन तक को देख–परख रहे हैं? अफगानिस्तान में हमारे क्या हित हैं? यह समझने के लिए हमें किसी उपदेशक–पथप्रदशर्क की दरकार नहीं होनी चाहिए। इसका कारण राष्ट्रहित के बारे में रूढ़िवादी–पौराणिक सोच का गुलाम होना चाहिए।

विशिष्ट सांस्कृतिक पहचान, आर्थिक व्यवस्था, राजनीतिक पण्राली जैसी आंतरिक नीति के विषयों की सुरक्षा के लिए ही विदेश नीति का नियोजन–क्रियान्वयन होता है। विदेश नीति को स्वायत्त उद्यम कतई नहीं

समझा जा सकता। न ही यह हठ पालना तर्कसंगत है कि केवल सामरिक–सैनिक मुद्दे ही प्राथमिक राष्ट्रहित होते हैं। आज जब मनमोहन सिंह परमाणु ऊर्जा के शांतिपूर्ण उपयोग के लिए अमेरिका के साथ करार करते हैं और इस संधि की खातिर अपनी सरकार तक को दांव पर लगा देते हैं, तब यही बात प्रमाणित होती है कि राष्ट्रहित परिवर्तनशील ही होते हैं, शात नहीं।

सोचने की बात यह है कि क्या यह परिवर्तन मात्र अमेरिका तक सीमित रहना चाहिए या अन्य देशों के साथ खास कर पड़ोसियों के मामले में विचारणीय नहीं होना चाहिए?

8

विदेश नीति में नए आयाम

हाल में बेंगलूरू में संपन्न हुई भाजपा की राष्ट्रीय कार्यकारिणी की बैठक में भारतीय विदेश नीति को लेकर एक महत्वपूर्ण प्रस्ताव को स्वीकार किया गया। भारत के वाह्य हितों और उसके गंभीर विश्लेषण की दिशा में यह अपनी तरह का प्रथम विस्तृत विवरण है। यह एक ऐसा कदम है जिसे अब तक न तो प्रधानमंत्री की तरफ से और न ही विदेश मंत्रालय संभालने वाले मंत्रियों की तरफ से उठाया गया।

मोदी सरकार ने अपनी विदेश नीति को लेकर एक व्यापक दृष्टिकोण का लेखा–जोखा पेश किया है। हालांकि राष्ट्रपति ने पारंपरिक रूप से संसद में अपने अभिभाषण में इसका संकेत दिया था कि सरकार दुनिया के देशों के साथ अपने संबंधों और वार्ताओं से क्या कुछ हासिल करने की इच्छा रखती है, लेकिन राष्ट्रीय कार्यकारिणी की बैठक में स्वीकार किए गए प्रस्ताव से भारतीय कूटनीति के संबंध में मोदी सरकार की गतिशीलता का पता चलता है।

मोदी ने अपने शपथ ग्रहण समारोह में पाकिस्तान के प्रधानमंत्री नवाज शरीफ समेत सार्क देशों के शासनाध्यक्षों को आमंत्रित कर अपनी भावी दिशा का संकेत दिया था। यह एक साहसिक और दूरदर्शी कदम

था जिसकी व्यापक तौर पर प्रशंसा की गई। अपने शुरुआती कदम के बाद से ही मोदी राष्ट्रीय हितों को प्रोत्साहित करने और उसे आगे बढ़ाने के लिए दुनिया के प्रमुख नेताओं के साथ तेजी से वार्ता प्रक्रिया को आगे बढ़ाने के काम में लगे हुए हैं। यह भी विशेष रूप से ध्यान दिए जाने योग्य है कि मोदी ने पड़ोसी देशों के साथ संबंधों को मजबूत बनाने पर विशेष जोर दिया है।

भारतीय नेताओं की कूटनीति का अंतिम परीक्षण इस बात में निहित है कि हम अपने पड़ोसी देशों को आश्वस्त कर सकें कि भारत के साथ उनके हितों का कहीं कोई टकराव नहीं होने वाला है। इस प्रक्रिया में पाकिस्तान को अपवाद के तौर पर छोड़कर मोदी को सफलता हासिल हुई है।

अंतराष्ट्रीय सम्मेलनों में मोदी की भागीदारी भी प्रभावशाली रही है फिर चाहे वह ब्रिक्स देशों के सम्मेलन की बात हो या फिर आसियान अथवा जी–20 देशों की बैठक की। राष्ट्रीय कार्यकारिणी की बैठक में पांच मुख्य सिद्धांतों–पंचामृत को भारतीय विदेश नीति के आधार स्तंभ के तौर पर पेश किया गया है।

यह पांच सूत्र सम्मान, संवाद, समृद्धि, सुरक्षा और सभ्यता–संस्कृति हैं। संभवतः यह एक ऐसी कोशिश है जो जवाहरलाल नेहरू और दूसरे अन्य गुटनिरपेक्ष देशों के नेताओं से भाजपा के दृष्टिकोण को अलग करती है। नेहरू और अन्य लोगों ने पंचशील के सिद्धांत को विदेश नीति का महत्वपूर्ण आधार बनाया था।

यह सिद्धांत तत्कालीन समय के लिहाज से उपयुक्त था जो कि दूसरे देशों के आंतरिक मामलों में हस्तक्षेप न करने पर बल देता था। उपनिवेशवाद के दौर से बाहर निकल रही दुनिया के देशों के लिए यह नीति एक आवश्यकता थी। यह आज के दौर में भी प्रासंगिक है जब उन्नत और शक्तिशाली देश विकासशील देशों के मामले में हस्तक्षेप की नीतियों का इस्तेमाल करते हैं।

पंचामृत और पंचशील के कुछ सिद्धांत आपस में गुंथे हुए हैं। यह बात विशेष रूप से सम्मान की नीति को लेकर लागू होती है। पंचामृत में सुरक्षा और समृद्धि मूलभूत आधारबिंदु हैं। इनके बिना न तो सम्मान और न ही संवाद संभव हो सकता है।

इसी तरह संकीर्ण और पृथकता के नजरिये से प्रेरित सभ्यता और समृद्धि भारतीय विदेश नीति के हितों का संवर्द्धन नहीं कर सकती। मोदी ने दुनिया के कुछ प्रमुख नेताओं को भगवद्गीता जैसी अमर आध्यात्मिक पुस्तक भेंट देकर अच्छा काम किया, लेकिन इसके साथ ही यह भी आवश्यक है कि भारतीय संस्कृति का एक समग्र नजरिया भी प्रतिध्वनित हो जो कि भारत की महानता को दर्शाने वाला होना चाहिए।

प्रस्ताव में इस बात का भी उल्लेख किया गया है कि भारत दुनिया के लोकतांत्रिक देशों के लिए ध्रुव तारा की तरह है। लोकतांत्रिक देशों के संदर्भ में यह सच भी है और इन सबकी नजर हमारी राजनीतिक प्रणाली और बेहतरी की ओर है।

9

विदेश व्यापार नीति

विदेश व्यापार नीति भारत सरकार के वाणिज्य एवं उद्योग मंत्रालय द्वारा निर्धारित की जाती है। भारत की नई विदेश व्यापार नीति 2015–2020 की घोषणा भी हो गई है।

इसके अंतर्गत दो नई योजनाओं भारत से वस्तु निर्यात योजना और भारत से सेवा निर्यात योजना का शुभारम्भ भी किया गया है।

वाणिज्य एवं उद्योग मंत्री श्रीमती निर्मला सीतारमण ने विज्ञान भवन में विदेश व्यापार नीति 2015–2020 पेश की थी।

इस नई पंचवर्षीय विदेश व्यापार नीति में वस्तुओं एवं सेवाओं का निर्यात बढ़ाने के साथ–साथ रोजगार सृजन करने और प्रधानमंत्री के 'मेक इन इंडिया' विजन को ध्यान में रखते हुए देश में मूल्य वर्द्धन को नई गति प्रदान करने की रूपरेखा का जिक्र किया गया है।

नई नीति में विनिर्माण एवं सेवा दोनों ही क्षेत्रों को समर्थन देने पर ध्यान केन्द्रित किया गया है। वहीं, नई नीति में कारोबार करने को और आसान बनाने पर विशेष जोर दिया गया है।

दो नई योजनाएँ

नई विदेश व्यापार नीति 2015–2020 पेश करने के साथ–साथ एक एफटीपी वक्तव्य भी जारी किया गया है, जिसमें भारत की विदेश व्यापार नीति को रेखांकित करने वाले विजन, लक्ष्यों एवं उद्देश्यों को विस्तार से बताया गया है।

एफटीपी (विदेश व्यापार नीति) वक्तव्य में आने वाले वर्षों के दौरान भारत के वैश्विक करार समझौते का खाका भी पेश किया गया है।

'एफटीपी 2015–2020' में पहले से लागू कई योजनाओं के स्थान पर दो नई योजनाओं भारत से वस्तु निर्यात योजना (एमईआईएस) और भारत से सेवा निर्यात योजना (एसईआईएस) की शुरुआत की गई है।

भारत से वस्तु निर्यात योजना का उद्देश्य विशेष बाजारों को विशेष वस्तुओं का निर्यात करना है, जबकि एसईआईएस का उद्देश्य अधिसूचित सेवाओं का निर्यात बढ़ाना है। इसके तहत पात्रता और उपयोग के लिए अलग–अलग शर्तें रखी गई हैं।

इन योजनाओं के तहत जारी की जाने वाली किसी भी स्क्रिप (पावती–पत्र) के लिए कोई शर्त नहीं रखी गई है।

भारत से वस्तु निर्यात योजना और एसईआईएस के तहत जारी की जाने वाली ड्यूटी क्रेडिट स्क्रिप और इन स्क्रिप के एवज में आयात की जाने वाली वस्तु पूरी तरह से हस्तांतरण योग्य हैं।

भारत से वस्तु निर्यात योजना के तहत इनाम देने के लिए देशों को तीन समूहों में श्रेणीबद्ध किया गया है। भारत से वस्तु निर्यात योजना के तहत इनाम की दरें 2 से लेकर 5 फीसदी तक हैं।

एसईआईएस के तहत चुनिंदा सेवाओं को तीन प्रतिशत और पाँच प्रतिशत की दर पर पुरूस्कृत किया जाएगा।

पूंजीगत सामान खरीदने के उपाय

ईपीसीजी योजना के तहत स्वदेशी निर्माताओं से ही पूंजीगत सामान खरीदने के उपाय किए गए हैं। इसके तहत विशेष निर्यात प्रतिबद्धता को घटाकर सामान्य निर्यात प्रतिबद्धता के 75 फीसदी के स्तर पर ला दिया गया है।

इससे घरेलू पूंजीगत सामान निर्माण उद्योग को बढ़ावा मिलेगा। इस तरह के लचीलेपन से निर्यातकों को स्थानीय एवं वैश्विक दोनों ही तरह की खपत के लिए अपनी उत्पादक क्षमताओं को विकसित करने में मदद मिलेगी। रक्षा एवं हाईटेक उत्पादों के निर्यात को नई गति प्रदान करने के भी उपाय किए गए हैं।

इसके साथ ही हथकरघा उत्पादों एवं किताबों, चमड़े के जूते–चप्पल और खिलौनों के ई–कॉमर्स निर्यात को भी भारत से वस्तु निर्यात योजना का लाभ (25 हजार रुपये तक के मूल्यन के लिए) दिया जायेगा।

नई नीति के उल्लेखनीय तथ्य

भारत से वस्तु निर्यात योजना के तहत पांच विभिन्न योजनाओं (फोकस उत्पाद योजना, बाजार लिंक्ड् फोकस उत्पाद योजना, फोकस बाजार योजना, कृषि अवसंरचना प्रोत्साहन पावती–पत्र, वीकेजीजेवाई का विलय करके एक नई योजना शुरू की गई है।

भारत से सेवित योजना को प्रस्थापित करके 'भारतीय सेवा निर्यात योजना' (एसईआईएस) आरंभ की गई है।

'भारत से सेवा निर्यात योजना' 'भारतीय सेवा प्रदाताओं' के स्थान पर भारत में स्थित सेवा प्रदाताओं पर लागू होगी।

इन योजनाओं ('भारत से वस्तु निर्यात योजना' और 'भारत से सेवा निर्यात योजना') के तहत जारी की जाने वाली किसी भी स्क्रिप (पावती–पत्र) के लिए कोई शर्त नहीं रखी गई है।

इन दोनों योजनाओं के तहत जारी की जाने वाली ड्यूटी क्रेडिट स्क्रिप और इन स्क्रिप के एवज में आयात की जाने वाली वस्तुएं पूरी तरह से हस्तांतरण योग्य हैं।

भारत से वस्तु निर्यात योजना के तहत प्रोत्साहन पुरस्कार देने के लिए देशों को तीन समूहों में श्रेणीबद्ध किया गया है। इसके तहत प्रोत्साहन पुरस्कार की दरें 2 से लेकर 5 फीसदी तक हैं।

'भारत से सेवा निर्यात योजना' के तहत चुनिंदा सेवाओं को 3 प्रतिशत और 5 प्रतिशत की दर पर पुरस्कृत प्रोत्साहित किया जाएगा।

विशेष आर्थिक क्षेत्र से निर्यात बढ़ाने के लिए सरकार ने अब एसईजेड में स्थित इकाईयों को उपर्युक्त दोनों प्रोत्साहन पुरस्कार योजनाओं ('भारत से वस्तुए निर्यात योजना' एवं 'भारत से सेवा निर्यात योजना') का लाभ देने का निर्णय लिया गया है।

ऐसे विनिर्माता जो दर्जा धारक भी हैं, वे अब से अपने निर्मित उत्पादों को इस बात के लिए चरणबद्ध ढंग से खुद प्रमाणित कर सकेंगे कि वे मूल रूप से भारत के ही हैं। इससे द्विपक्षीय एवं क्षेत्रीय व्यापार समझौतों में वरीयता पाने में मदद मिलेगी। साथ ही इस 'मंजूर निर्यात प्रणाली' से इन निर्यातकों को अंतर्राष्ट्रीय बाजारों में अपनी पहुंच बनाने में आसानी होगी।

ईपीसीजी योजना के तहत स्वदेशी निर्माताओं से ही पूंजीगत सामान खरीदने के उपाय किए गए हैं। इसके तहत विशेष निर्यात प्रतिबद्धता को 90 प्रतिशत से घटाकर सामान्य निर्यात प्रतिबद्धता के 75 फीसदी के स्तर पर ला दिया गया है।

इससे घरेलू पूंजीगत सामान निर्माण उद्योग को बढ़ावा मिलेगा। इस तरह के लचीलेपन से निर्यातकों को स्थानीय एवं वैश्विक दोनों ही तरह की खपत के लिए अपनी उत्पादक क्षमताओं को विकसित करने में मदद मिलेगी।

रक्षा एवं हाई–टेक उत्पादों के निर्यात को नई गति प्रदान करने के भी उपाय किए गए हैं। साथ ही हथकरघा उत्पादों एवं किताबों, चमड़े के जूते–चप्पल और खिलौनों के ई–कॉमर्स निर्यात को भी भारत से वस्तुस निर्यात योजना का लाभ (25 हजार रुपये तक मूल्य के लिए) दिया जाएगा। शत–प्रतिशत ईओयू,) ईएचटीपी, ध्एसटीपीआई, ध्बीटीपी, योजनाओं के तहत निर्माण एवं निर्यात को बढ़ावा देने के लिए भी अनेक कदम उठाए गए हैं।

इन इकाईयों के लिए 'त्वरित मंजूरी सुविधा' भी इन अनेक कदमों में शामिल है। इसके अलावा ये इकाईयां अपनी बुनियादी ढांचागत सुविधाओं को भी साझा कर सकेंगी।

दोहरी उपयोग की वस्तुओं के निर्यात को सुगम बनाने और प्रोत्साहित करने के तहत एससीओएमईटी निर्यात प्राधिकरण की वैधता वर्तमान 12 माह से बढ़ाकर 24 माह किया गया है। कुछ विशेष दशाओं में स्वचालित आधार पर दोहराने के आदेश के प्राधिकर पर विचार किया जाएगा।

निर्माण क्षेत्र एवं रोजगार सृजन में छोटे एवं मझौले उपक्रमों की विशेष अहमियत को ध्यान में रखते हुए 108 'एमएसएमई' की पहचान की गई है, ताकि निर्यात को नई गति प्रदान की जा सके।

नई विदेश व्यापार नीति में 'दर्जा प्राप्त' नामक शक्तिशाली उद्योगपतियों को परिभाषित एवं वर्गीकृत किया गया है। इसके अनुसार अब शक्तिशाली उद्योगपतियों, जिन्होंने अंतर्राष्ट्रीय व्यापार में उत्कृष्ट प्रदर्शन किया है और देश के विदेशी व्यापार को बढ़ाने में सफलतापूर्वक योगदान दिया है, को 'दर्जा प्राप्त' के रूप में मान्यता प्रदान किए जाने का प्रस्ताव है।

ऐसे व्यापारियों को उनके व्यापारिक लेन–देन की लागत और समय को घटाने के लिए उनके साथ विशेष व्यवहार और उनके व्यापार को सुविधाजनक बनाने के लिए विशेष सुविधाएं उपलब्ध कराने का प्रस्ताव है।

नई विदेश व्यापार नीति में निर्यात गृह, स्टार निर्यात गृह, व्यापार गृह, स्टार व्यापार गृह, प्रीमियर व्यापार गृह, प्रमाण पत्र को परिवर्तित करके क्रमशः एक, दो, तीन, चार, पांच, स्टार निर्यात गृह कर दिया गया है।

10

गुट निरपेक्ष आंदोलन एवं उद्भव

गुट निरपेक्ष आंदोलन राष्ट्रों की एक अंतराष्ट्रीय संस्था है, जिहोंने निश्चय किया है, कि विश्व के वे किसी भी पावर ब्लॉक के संग या विरोध में नहीं रहेंगे।

यह आंदोलन भारत के प्रधान मंत्री पंडित जवाहर लाल नेहरू, मिस्र के पूर्व राष्ट्रपति गमाल अब्दुल नासर एवं युगोस्लाविया के राष्ट्रपति जोसिप ब्रॉज टीटो का आरंभ किया हुआ है। इसकी स्थापना अप्रैल,1961में हुई थी अर 2012 तक इसमें 120 सदस्य हो चुके थे।

हवाना घोषणा–१६७६ के अनुसार इस संगठन का उद्देश्य गुट–निरपेक्ष राष्ट्रों की राष्ट्रीय स्वतंत्रता, सार्वभौमिकता, क्षेत्रीय एकता एवं सुरक्षा को उनके साम्राज्यवाद, कोलोनियलिज्म, जातिवाद, रंगभेद एवं विदेशी आक्रमण, सैन्य अधिकरण, हस्तक्षेप आदि मामलों के विरुद्ध उनके युद्ध के दौरान सुनिश्चित करना है। इसके साथ ही किसी पावर ब्लॉक के पक्ष या विरोध में ना होकर निष्पक्ष रहना है। ये संगठन संयुक्त राष्ट्र के कुल सदस्यों की संख्या का लगभग २–३ एवं विश्व की कुल जनसंख्या के ५५: भाग का प्रतिनिधित्व करता है। खासकर इसमें तृतीय विश्व यानि विकासशील देश सदस्य हैं।

औपनिवेशिक शासन के लगभग 200 साल के लंबे इतिहास में भारत जिस गरीबी और सामाजिक, आर्थिक तथा सामरिक पिछड़ेपन का शिकार हुआ, वैसी ही छवि उसकी दुनिया भर में भी बनी।

लेकिन आजादी के बाद स्वतंत्र और नवगठित राष्ट्र भारत को दुनिया के नक्षे पर स्थापित करना उसके नेताओं के सामने एक बड़ी चुनौती तो थी, लेकिन पंडित नेहरू ने इस काम को बड़ी कुषलता से अंजाम दिया। इस महत्वपूर्ण उपलब्धि के मुख्य कर्ताधर्ता पंडित नेहरू थे।

वे समझते थे कि अपनी महान् सभ्यता के कारण भारत निडरता से अपनी बात रख सकता है। यदि भारत अंतराष्ट्रीय पटल पर अपनी पहचान नहीं बना पाया तो औपनिवेशिक गुलामी से मिली आजादी अर्थहीन है। यह देश के प्रथम प्रधानमंत्री पंडित जवाहरल लाल नेहरू ही थे जिन्होंने महादेश के समान आकार वाले देश की भावना को गुटनिरपेक्षता और उसके संगठन का स्वरूप दिया।

उस आन्दोलन का परिप्रेक्ष्य द्वितीय विश्वयुद्ध के बाद दो विरोधी गुटों में विश्व का विभाजन था, एक अमरीका तथा दूसरा गुट सोवियत संघ के नेतृत्व में। देश के महान् नेता पंडित नेहरू मानते थे कि एशिया तथा अफ्रीका के नवस्वतंत्र और गरीब देशों को बड़ी शक्तियों के सैनिक गुटों से फायदे के बजाए नुकसान ही होगा।

महाशक्तियों के लिए ये राष्ट्र महज मोहरे रह जाएंगे। नवस्वतंत्र देशों के सामने सबसे बड़ी चुनौती थी गरीबी, निरक्षरता और बीमारी जैसे बदतर हालत से निबटने की और यह सब सैनिक गुटों में शामिल होने से नहीं हो सकता।

सच तो यह है कि तत्कालीन परिस्थितियों में भारत और उसके समान अन्य देशों को विकास के लिए शांति और शांत वातावरण की आवश्यकता है। इसलिए भारत न तो बगदाद पैक्ट, मनीला संधि, सीटी और सेंटो में शामिल हुआ और न ही इन संधियों का समर्थन किया। इन्हीं

संधियों के जरिए पश्चिम तथा पूर्व एशियाई देशों को पश्चिमी शक्ति गुटों के साथ जोड़ा गया। पंडित जवाहरलाल नेहरू के नेतृत्व में भारत सिर्फ निष्पक्ष या सैनिक गुटों से दूर ही नहीं रहा, बल्कि गुटनिरपेक्षता के अपने सिद्धांत पर भी अड़ा रहा।

गुटनिरपेक्षता भारत तथा अन्य नवस्वतंत्र राष्ट्रों की उपनिवेशवाद तथा साम्राज्यवाद से हासिल की गई आजादी बरकरार रखने के संघर्ष का प्रतीक है। नवस्वतंत्र राष्ट्रों का नेतृत्व भारत कर रहा था। संयुक्त राष्ट्रसंघ में इन्हें सदस्यता मिलने से वहां के सदस्य देशों की संख्या काफी बढ़ गई।

"एक देश, एक वोट" की व्यवस्था ने गुटनिरपेक्ष समुदाय की सोवियत संघ की मदद से पश्चिमी गुट का सामना करने में मदद की। इस प्रकार पंडित नेहरू के गुटनिरपेक्षता के सिद्धान्त ने विश्व संबंधों के जनवादीकरण में मदद की। उपनिवेशवाद के खिलाफ संघर्ष में औपनिवेशिक एवं पूर्व औपरिनवेष्कि देशों की सहायता को पंडित नेहरू ने भारत की विदेश नीति को प्रमुख आधार बनाया। इसमें गुटनिरपेक्षता ने काफी मदद की। विदेश नीति को मजबूत करने के उद्देश्य को भी इससे सहायता मिली।

पंडित नेहरू ने भारत की विदेश नीति को युद्ध और हिरोशिमा की घटना के बाद न्यूक्लियर युद्ध के खतरे के खिलाफ खड़ा किया। पंडित नेहरू के इस विचार को आइंस्टीन तथा बर्टेंड रसेल जैसे महान् बुद्धिजीवियों का समर्थन प्राप्त था।

पंडित नेहरू ने लगातार जोर दिया कि विभिन्न विचारधाराओं और व्यवस्थाओं वाले देशों के बीच शांतिपूर्ण सह अस्तित्व एक आवश्यकता हैं। उनका विश्वास था कि इस सच्चाई पर किसी का एकाधिकार नहीं और बहुलवाद जीवन की सच्चाई थी। इस उद्देश्य से पिंउत जवाहर लाल नेहरू ने शांतिपूर्ण सह–अस्तित्व के बीच सिद्धान्त पेश किए अर्थात पंचशील पेश किए जिस सिद्धान्त के बीच विभिन्न देशों के बीच संबंधों

का नियमन होगा। ये पांच सिद्धान्त थे– एक दूसरे की भौगोलिक अखंडता और सार्वभौमिकता के लिए सम्मान, हमले की नीति का त्याग, एक–दूसरे की आंतरिक मामलों में दखल नहीं देना, समानता और आपसी फायदा तथा शांतिपूर्ण सह अस्तित्व। इन राष्ट्रों के विश्व व्यवहार सम्बन्धी नेहरूजी के विचार–प्रचार में कई महत्वपूर्ण घटनाएं घटी। आजादी के पहले मार्च 1947 में उनकी प्रेरणा से एक एशियाई संबंधों का सम्मेलन आयोजित किया गया। यह सम्मेलन दिल्ली में हुआ जिसमें बीस से अधिक देशों ने भाग लिया।

इसमें विशेष मुद्दे एशियाई आजादी और विश्व के पैमाने पर अपनी आवाज बुलंद करना था। अगला सम्मेलन एक विशेष मुद्दे पर विचार करने के लिए 1948 में बुलाया गया जबकि हालैंड द्वारा इंडोनेशिया पर फिर से कब्जा करने की कोशिश की गई।

पंडित नेहरू ने हिन्द महासागर के किनारों पर स्थित देशों को आमंत्रित किया जिसमें अधिकतर एशियाई देश तथा आस्ट्रेलिया शामिल थे। पंडित नेहरू ने कहा कि जहाजों की सारी सुविधाएं बंद कर दी जाएं और इस आशय के प्रस्ताव को संयुक्त राष्ट्र को भेजे गए। एक सप्ताह के अंदर ही सुरक्षा परिषद् ने तय किया कि सुद्धबंदी की घोषणा कर दी जाए और इंडोनेशियाई सरकार पुनः स्थापित कर दी जाए। उपनिवेशवाद समाप्त करने की यह कोशिश वांडुंग (इंडोनेशिया) सम्मेलन में जारी रखी गई।

यह सम्मेलन 1955 में भारत और उसकी सहयोगी शक्तियों ने बुलाया था। यह सम्मेलन बेलग्रेड गुटनिरपेक्ष सम्मेलन की तैयारी का स्वरूप था। इसमें विश्व शांति और परमाणु हथियारों के खतरों सम्बन्धी प्रस्ताव पास किए गए।

नेहरूजी की ये कोशिषें 1961 में उच्च शिखर पर पहुंची। उन्हं बेलग्रेड में यूगोस्लाविया के मार्शल टीटो और मिस्र के नासिर मुहम्मद के साथ मिलकर शांति और परमाणु निःशस्त्रीकरण का आह्वान किया।

पंडित जवाहरलाल नेहरू के इन प्रयासों से विश्व पटल पर भारत की शानदार छवि बनी तथा पंडित नेहरू ''शांति पुरूष'' के तौर पर एक अंतराष्ट्रीय नेता की पहचान बनाई।

किसी भी देश की स्वतंत्र विदेश नीति ही उसके स्वतंत्र अस्तित्व की निशानी होती है और नवस्वतंत्र राष्ट्र भारत ने पंडित नेहरू और कांग्रेस के शीर्ष नेताओं के मार्गदर्शन में विश्व के मानचित्र पर अपनी अलग पहचान बनाई।

भारतीय विदेश नीति की एक प्रमुख जिम्मेदारी थी भारतीय आर्थिक हितों को आगे–बढ़ाना और उस रास्ते को मजबूत करना जिसका उसने चयन किया था। गुटों से दूर रहने की गुटनिरपेक्ष नीति ने जरूरत पड़ने पर दोनों ही पक्षों के देशों के साथ आर्थिक संबंध कायम करने में सहायता की।

आवश्यकता पड़ने पर उसे पूंजी, तकनीक मशीन और अनाज पश्चिमी देशों से मिली। भारत को सार्वजनिक क्षेत्र विकसित करने में सोवियत रूस ने 1954 के बाद से लगातार सहायता की। यह पंडित जवाहरलाल नेहरू की अंतराष्ट्रीय छवि का ही नतीजा था।

पंडित नेहरू और कांग्रेस के शीर्ष नेताओं के मार्गदर्शन में भारत की सामरिक नीति का जो नक्षा तैयार किया गया उसमें देश की शांति की नीति की झलक मिलती थी, लेकिन वे देश की आत्मरक्षा को भी मजबूत रखना चाहते थे। अतः भारत ने सैनिक साजो सामान के लिए कई देशों से संपर्क स्थापित किया।

उदाहरण के लिए नेहरूजी के शासन काल में ही भारतीय वायुसेना के लिए फ्रांस 104 तूफानी हवाई जहाज, इंग्लैंड 182 हंटर और 80 कैनबेरा, फ्रांस से 110 मिस्टर्स, सोवियत संघ से 16 ए.एन–12, एम.आई. –4 हेलिकॉप्टर तथा अमरीका से 55 फेयरचाइल्ड पैकेट खरीदे। भातर में ब्रिटिश लाइसेंस से 230 वैंपायर हवाई जहाज बनाए गए। नौसेना तथा थलसेना के लिए इसी तरह की खरीद की गई। उसके अलावा प्रतिरक्षा

उत्पादन तैयार करने का प्रयत्न किया गया। इन सामारिक सामानों के अतिरिक्त पंडित नेहरू के दिशा निर्देश में भारत ने अनेक देशों से सामरिक सामान बनाने का लाइसेंस हासिल किया।

ब्रिटेन से नैट इंटरसेण्ट हवाई जहाज, ब्रिटेन से एच.एस. 748 मालवाहक हवाई जहाज, फ्रांस से अलूते हेलिकॉप्टर, सोवियत संज्ञ से मिग हेलिकॉप्टर, स्वीडन से एल–70 विमान भेदी तोपों, ब्रिटेन से विजयंता टैंक, जर्मनी से शक्तिमान ट्रक, जापान से निसान 1 टन ट्रक और जोंगा जीप, फ्रांस से ब्रैंट मोर्टार, अमरीका से 106 मि.मी. का रिक्वायललेस गन, ब्रिटेन से स्टर्लिंग कार्बाइन तथा विभिन्न देषों से पायरलेस सेट।

सिर्फ प्रतिरक्षा सामान की लिस्ट देखने से ही पता चल जाता है कि भारत बड़ी संख्या में विभिन्न देशों के साथ संबंध कायम करने में सफल हो गया था और अपनी नीति के अनुरूप किसी एक देश पर निर्भरता से बच गया था।

इसने विभिन्न प्रतियोगियों से बेहतर मोल–तोल किया। इस प्रकार पंडित नेहरू और कांगेस नेतृत्व की दृष्टिगत नीतियों से नवस्वतंत्र एवं गरीब देश भारत को कई निहित कमजोरियों से बचाया जा सका। इसी तर्ज पर भारत संयुक्त राष्ट्र संघ के विभिन्न संगठनों एवं विश्व मुद्राकोश तथा विश्व बैंक का सक्रिय सदस्य बना रहा।

यह भारत के आर्थिक राजनयिक गतिविधि की कोई छोटी उपलब्धि नहीं है कि वह अंतराष्ट्रीय एजेंसियों से रियायती दर पर संपूर्ण सहायता पाने वाला सबसे बड़ा देश बना रहा है। पंडित नेहरू के नेतृत्व में भारत ने सोवियत संघ के साथ कई संधियों पर हस्ताक्षर किए जिससे सोवियत संघ भारत का सबसे बड़ा हथियार निर्यातक बन गया।

भारत सोवियत संबंध गुणात्मक रूप से नई मंजिल में पहुंच गए। साथ ही, भारत ने कृषि के विकास के लिए हरित क्रान्ति की तकनीक अपनाई जिसे अमरीका का समर्थन प्राप्त था। हरित क्रान्ति के कारण भारत कुछ ही वर्षों में अनाज उत्पादन में आत्म निर्भर होकर विश्व में

अधिक स्वतंत्र नीति अपना सका। इसी प्रकार अनेक मौकों पर अमरीका तथा सोवियत संघ ने रूपयों में भुगतान स्वीकार किया जिससे भारत की बहुमूल्य मुद्रा की बचत हो सकी।

बहुमुखी संस्थाओं में भी भारत ने सक्रिय भूमिका अदा की। इन संस्थाओं में बने रहने की पंडित नेहरू के निर्णय से भारत को बहुत लाभ हुआ।

आजादी के तुरंत बाद राष्ट्रकुल में भारत के बने रहने के फैसले का देश में विरोध हुआ, लेकिन पंडित नेहरू को अपनी दूरदर्शिता पर पूरा भरोसा था। सच तो यह है कि ऐसी परिस्थिति में जब मित्र या शत्रु का स्पष्ट रूप से पता नहीं था तो राष्ट्रकुल की सदस्यता एक प्रकार की सुरक्षा प्रदान करती थी।

विश्व के विभिन्न स्थानों में संयुक्त राष्ट्रसंघ की शांति सेनाओं में भारत ने सक्रिय भूमिका अदा की। पंडित जवाहर लाल नेहरू और कांग्रेस पार्टी के शीर्ष नेताओं के व्यापक वैश्विक दृष्टिकोण से बनी भारत की विदेश नीति ने विश्व पटल पर नवस्वतंत्र दश की धाक जमा दी।

कुछ ऐसी अंतराष्ट्रीय घटनाओं पर ध्यान देने से, जिसमें भारत ने सक्रिय भूमिका निभाई, यह साफ हो जाएगा कि गुटनिरपेक्षता से जनित उसकी अंतराष्ट्रीय जिम्मेदारियों कितनी जटिल थीं। गुटनिरपेक्षता के प्रति भारत की आस्था की पहली परीक्षा 1950 में हुए कोरियाई युद्ध के दौरान हुई।

पंडित नेहरू के नेतृत्व में भारत इस कसौटी पर भी खरा उतरा। सोवियत रूस और चीन कम्युनिस्ट उत्तर कोरिया के समर्थक थे, भारत के साथ भी सोवियत संघ और चीन के अच्छे सम्बंधन थे।

भारत ने हिम्मत के साथ चीनी और सोवियत विरोध का सामना किया, कयोंकि उसने उत्तर कोरिया को हमलावर बताया था। अपनी गुटनिरपेक्ष नीति के कारण भारत को अमेरिकी रोष का सामना भी करना

पड़ा, क्योंकि इस युद्ध में भारत ने अमेरिकी हमस्तक्षेप का साथ देने से इन्कार कर दिया था तथा उसने चीन को हमलावर नहीं माना। अमेरिकी नीति के विरोध में सोवियत संघ सुरक्षा परिषद् से बाहर आ गया। ऐसी स्थिति में भारत ने चीन को सुरक्षा परिषद् में सदस्यता देने का समर्थन किया।

इन सभी अंतराष्ट्रीय घटनाओं के बीच भारत में अकाल की स्थिति बनी हुई थी और भारत को अमेरिका से अनाज मिलने की उम्मीद थी। लेकिन पंडित नेहरू ने अमेरिकी भूमि संबंधी अपनी दृष्टि को प्रभावित नहीं होने दिया। हमेशा सफलता नहीं मिलने पर भी भारत कोशिशें करता रहा।

अंत में भारत की स्थिति सही साबित हुई और दोनों पक्षों ने उसी सीमा को स्वीकार कर लिया जिसे वे बदलना चाहते थे। अब तक दुनिया ने गुटनिरपेक्षता का महत्व समझ लिया था। सोवियत संघ का भारत के प्रति दृष्टिकोण बदल चुका था और राष्ट्रकुल में भारत की सदस्यता की दुनिया भर में प्रशंसा हो रही थी।

यह पंडित जवाहरलाल नेहरू और कांग्रेस पार्टी के शीर्ष नेताओं की दूरदर्शिता का ही नमूना था। एक तरफ कोरियाई समस्या का समापन हो रहा था तो 1954 की शुरूआत में इंडोचाइना क्षेत्र कम्युनिज्म के खिलाफ युद्ध का नया क्षेत्र बनने लगा था।

इस क्षेत्र में फ्रांस–विएत–मिन्ह के साथ द्वितीय विश्वयुद्ध के समय से ही युद्धरत था और अमेरिका युद्धरत फ्रांस की भारी मदद कर रहा था। डर यह था कि कहीं इस युद्ध का अंतराष्ट्रीयकरण न हो जाए। विश्व शांति के समर्थक पंडित जवाहरलाल नेहरू ने युद्धबंदी की अपील की और कोलंबो में 1954 में हुए सम्मेलन में सात देशों के नेताओं का समर्थन हासिल किया और छः सूत्री कार्यक्रम बनाया।

इसी साल चीन के चाउ एन लाई दिल्ली आए और उन्होंने पंडित नेहरू से दिल्ली में मुलाकात की। भारत ने चीन से लाओस तथा

कंबोडिया की निष्पक्षता की गारंटी हासिल की। साथ ही भारत ने ग्रेट ब्रिटेन तथा फ्रांस से वादा करवाया कि वे अमेरिका को लाओस तथा कम्बोडिया में अड्डा नहीं बनाने देंगे। भारत की ऐसी पहल को देखते हुए चीन के अनुरोध पर भारत को अंतराष्ट्रीय कंट्रोल कमीशन का अध्यक्ष नियुक्त किया गया।

लाओस, कंबोडिया तथा वियतनाम में विदेशी हथियारों के आयात पर नजर रखना इसके कार्यों में शामिल था। भारत की पहल पर विएतचिन्ह की ओर से चीनी हस्तक्षेप और अमरीका द्वारा फ्रांस को दी जाने वाली सहायता में वृद्धि, उस हद तक की कि उस क्षेत्र में न्यूक्लियर हथियारों तक पहुंच जाने का खतरा टल गया।

पंडित नेहरू की इन कोशिशों से समस्याएं हमेशा के लिए खत्म तो नहीं हुईं, लेकिन इस क्षेत्र को तात्कालिक राहत जरूर मिली। पूरी दुनिया में भारत के प्रयासों को सराहा गया। नवस्वतंत्र राष्ट्र भारत की विदेश नीति की एक बड़ी उपलब्धि 1956 में सोएज नहर पर हुए विवाद को शांत करने के दौरान भी साबित हुआ।

1956 में अमरीका तथा ब्रिटेन ने मिस्र पर गुटनिरपेक्षता की नीति छोड़ देने के लिए दबाव डाला। ब्रिटेन और फ्रांस ने खासतौर पर नहर पर अंतराष्ट्रीय नियंत्रण की मांग की।

भारत खुद इस नहर का महत्वपूर्ण उपयोगकर्ता था, लेकिन इस मामले में भी उसने अपनी नीतियों के अनुसार यह माना कि सोएज नहर मिस्र का ही अभिन्न अंग थी। भारत ने 1956 में लंदन सम्मेलन में ऐसे फार्मूले पर समझौते की कोशिश की जिसके तहत मिस्री नियंत्रण का उपयोग करने वालों के लिए सहायताकर्ता की भूमिका और संयुक्त राष्ट्र संघ के चार्टर के अनुसार विवादों का निपटारा शामिल हो।

भारतीय प्रस्ताव को मिस्र समेत दुनिया भर के देशों ने व्यापक समर्थन दिया। बाद में जब फ्रांस, ब्रिटेन और इजरायल ने स्वेज नहर क्षेत्र में अपनी फौजें उतारी, तो अमेरीका तक ने इसकी आलोचना की। संयुक्त

राष्ट्र संघ तथा भारत ने इसे "खुला हमला" तथा "अतीत के औपनिवेशिक तरीकों की वापसी बताया"। संयुक्त राष्ट्र संघ की देख–रेख में उन फौजों की वापसी हुई।

भारतीय फौजों ने बड़ी संख्या में शांति सेना के रूप में काम किया। बाद की बातचीत में भारत मिस्र का समर्थन करता रहा, साथ ही उसने इस बात का भी ध्यान रखा कि ब्रिटिष तथा अन्य हितों की रक्षा की जा सके। समय के साथ ब्रिटेन ने स्वीकार किया कि भारत की भूमिका उचित थी। इसी तरह के अंतराष्ट्रीय महत्व की एक और घटना 1956 में ही घटी जब सोवियत संघ ने हंगरी में घुसपैठ की।

संयुक्त राष्ट्र संघ में इसकी आलोचना हुई, लेकिन भारत इस आलोचना से दूर रहा। नतीजतन पष्चिमी देषों ने भारत की भी आलोचना की। दरअसल पंडित नेहरू यह मानते थे कि वैष्विक मंच पर सोवियतों का अपमान करने से कोई फायदा नहीं, लेकिन निजीतौर पर पंडित नेहरू ने सोवियत संघ के इस कदम की भर्त्सना की और अपनी नाखुशी दर्शाने के लिए उन्होंने अगले दो सालों तक बुडापेस्ट में कोई राजदूत नहीं भेजा।

जवाब में सोवियत संघ तब निष्पक्ष रूख पर अड़ गया जब कश्मीर का मसला अगली बार संयुक्त राष्ट्र की सुरक्षा परिषद् में आया। उसके बाद वे पुरानी स्थिति पर लौट गए और जब भी भारतीय हितों के खिलाफ प्रस्ताव आते तो वे वीटो का प्रयोग कर देते। भारत की स्थिति आसान नहीं थी।

उसने दोनों पक्षों से काफी दवाब का सामना किया था और गुटनिरपेक्षता के प्रति अपने समर्पण को दिखाते हुए किसी भी पक्ष की ओर नहीं झुका। भारत की विदेश नीति की एक और बड़ी उपलब्धि कांगों की आजादी और एकता की रक्षा में उसकी भूमिका थी।

तांबा से समृद्ध कटांगा क्षेत्र वाले कांगों ने 1960 में बेल्जियम से आजादी पाई थी, लेकिन बेल्जियम की शह पर कटांगा के एक नेता ने

कटांगा की स्वतंत्रता की घोषणा कर दी। बेल्जियम ने नागरिकों की रक्षा के नाम पर बेल्जियम की फौजो को कांगों की राजधानी में भेजा। अगले कुछ महीनों में ही इस क्षेत्र में संयुक्त राष्ट्र संघ समेत, सोवियत संघ और अमेरिका भी घुस पड़ा।

ऐसी हालत में पंडित नेहरू ने संयुक्त राष्ट्रसंघ से जोरदार ढंग से दखल देने और भाडे के सैनिकों एवं विदेशी फौजों को बाहर निकाल कर, गृहयुद्ध रोकने, पार्लियामेंट बुलाने और नई सरकार के गठन की मांग की। सुरक्षा परिषद् ने 1961 को एक प्रस्ताव पास किया और भारतीय फौजों ने सफलतापूर्वक गृहयुद्ध समाप्त करवाया और 1963 तक समूचे देष पर केन्द्रीय सरकार की सत्त स्थापित हो गई।

पंडित नेहरू ने एक बार फिर से साबित कर दिया कि इच्छाशक्ति रहने पर गुटनिरपेक्षता सफल हो सकती है। महाशक्तियां बड़ी तीव्रता से उन्हें अपने कार्य में शामिल करना चाहती थीं ताकि पूरा उपयोग करने से पहले उनकी आजादी छीन ली जाए। अतः आधुनिक दुनिया में गुटनिरपेक्षता ही सबसे अधिक प्रासंगिक है।

एक स्वतंत्र विदेश नीति बनाने के पीछे पंडित नेहरू और कांग्रेस तथा अन्य सहयोगी नेताओं का यह मकसद था कि एक स्वतंत्र राष्ट्र के तौर पर स्वतंत्र अस्तित्व और मान्यता हो तथा भारत की विदेशी नीति स्वतंत्र और गुटनिरपेक्ष हो। भारत ने विश्व की दोनों महाशक्तियों के साथ अपना संबंध बनाते समय भी इन बातों का ध्यान रखा।

अमरीका युद्धोत्तर विश्व की एक प्रमुख शक्ति था। भारत को तकनीक, मशीनों, विकास के लिए सहायता, जनता के लिए भोजन और राष्ट्र निर्माण तथा लोकतांत्रिक प्रयत्नों के लिए मदद की जरूरत थी और पंडित नेहरू की समझ में अमरीका यह दे सकता था।

हालांकि भारत और अमरीका शीतयुद्ध के बारे में अलग–अलग दृष्टिकोण रखते थे तथा अमरीका कम्युनिज्म के बारे में ग्रंथियों में उलझा हुआ था। दरअसल अमरीका के लिए अपनी विचारधारा से स्वतंत्र किसी

भी अन्य विचारधारा को स्वीकार करना बेहद मुश्किल था। अमरीका कम्युनिस्टों का विरोधी था, लेकिन स्वयं पंडित जवाहरलाल नेहय मार्क्सबाद से प्रभावित तो थे, लेकिन नेहरूजी का कम्युनिस्टों के साथ मतभेद भी था हालांकि वे उन्हें नीची निगाहों से नहीं देखते थे।

इन परिस्थितियों में भारत सिर्फ हथियार पाने के लिए पश्चिमी देशों का साथ देने को तैयार नहीं था जैसा कि पाकिस्तान कर रहा था। भारत कम्युनिस्ट खतरे संबंधी अमरीकी विचार से सहमत नहीं था, साथ ही भारत एशिया तथा अफ्रीका के अन्य देशों को गुटनिरपेक्ष रहने की प्रेरणा दे रहा था।

दूसरी तरफ अमरीकी प्रशासन में एक शक्तिशाली उपनिवेशवाद समर्थक झुकाव था जो द्वितीय विश्वयुद्ध की समाप्ति के बाद फ्रांसीसियों और अंग्रेजों को अपने उपनिवेशों में वापसी चाहता था। वह अफ्रीका में पुर्तगाली उपनिवेशवाद का समर्थन कर रहा था और दक्षिण अफ्रीका में वोर्स्टर और रोडेशिया (जिम्बांवे) में ईयन स्मिथ के आंतरिक उपनिवेशवाद का भी समर्थन कर रहा था।

अमरीकियों ने ब्रिटेन के ही समान मुस्लिम लीग और पाकिस्तान के प्रति सकारात्मक रूख अपनाया, क्योंकि वह भी ब्रिटिष समर्थक था और युद्ध संबंधी प्रयत्नों में मदद कर चुका था। ब्रिटेन के समान ही अमरीका भी यह मान रहा था कि भारत की इतनी अधिक विविधता उसे खंडित कर देगी।

इसलिए अमरीका और उसके समर्थक देश कम्युनिज्म के खिलाफ एक ठोस दीवार नहीं बन सके। इसलिए भारत चाहता भी तो एक सीमांत राज्य नहीं बन सकता था जिसका समर्थन पश्चिमी देश करते, क्योंकि उनकी नजरों में भारत के स्थायित्व और भरोसेमंद होने में संदेह था। जहां अमरीकी नीति का मुख्य स्रोत शक्ति और इसके लिए एक स्वस्थ आदर था, वहीं ''भारत के पास शक्ति नहीं थी''।

ऐसी विकट परिस्थितियों में पंडित जवाहर लाल नेहरू ने अपनी

विदेश नीतियों में आस्था बरकरार रखी और दोनों दशों की जनता के बीच कोई कटुता नहीं थी। आर्थिक सम्बन्धों में विकास हुआ, क्योंकि अमरीका तकनीक और मशीनों का स्रोत था। भारत में भी अमरीका समर्थक प्रभावशाली तबका था तो अमरीका में उदार विचारों वाला महत्वपूर्ण तबका भारत समर्थक रहा।

पंडित नेहरू के नेतृत्व में पचास के दशक में आमरीका और भारत के सम्बन्धों में काफी सुधार आया। आंशिक रूप से इसका कारण अमरीका द्वारा भारत और पंडित नेहरू की नीतियों की बेहतर समझ थी। शायद सोवियत संघ के साथ भारत की नजदीकियों ने इसका महत्व बढ़ा दिया था।

जब जान.एफ. कैनेडी अमरीका के राष्ट्रपति थे तो उन्होंने भी एक महत्वपूर्ण व्यक्ति को भारत भेजकर संबंधों को सुधारने की कोशिश की। अंततः भारत की गुटनिरपेक्ष नीति का सम्मान अमरीका भी करने लग गया और उसने समय–समय पर भारत की हर संभव मदद की।

द्वितीय विश्वयुद्ध की समाप्ति के बाद सोवियत संघ दुनिया की दूसरी महाशक्ति बन गया था। भारत ने पंडित नेहरू के नेतृत्व में सोवियत संघ से भी अपनी गुटनिरपेक्ष नीतियों के तहत ही संबंध बनाना चाहा और उसकी झलक पंडित जवाहरलाल नेहरू ने अंतरिम सरकार के उपाध्यक्ष के तौर पर 1946 के अपने भाषण में दे दिया था कि सोवियत संघ की ओर उनका रवैया देस्ताना था।

हालांकि शुरूआती दिनों में सोवियत संघ के साथ संबंध सौहार्दपूर्ण नहीं थे और राष्ट्रकुल में बने रहने का फैसला सोवियतों की दृष्टि में साम्राज्यवाद के सामने भारत के आत्मसमर्पण का सबूत था, लेकिन कोरियाई युद्ध संकट के दौरान भारत के व्यवहार और साम्राज्यवादी प्रभाव से उसकी दूरी के कारण 1951–52 से सम्बन्धों में सौहार्दता आने लगी। चीन के साथ–साथ सोवियतों ने भी भारत में अनाज भेजना शुरू कर दिया, जबकि अकाल के इसी दौर में अमरीका इस संबंध में निर्णय नहीं ले पा रहा था।

स्वयं स्टालिन भारत से मित्रता करना चाहते थे और उन्होंने भारतीय राजदूत के समक्ष इस प्रस्ताव को रखा। संयुक्त राष्ट्र संघ में भी भारत को समर्थन मिलने लगा और भा.क.पा. से नेहरू सरकार पर हमला कम करने को कहा गया।

1954 में स्टालिन की मृत्यु के बाद यह प्रक्रिया और भी तेज हो गई। पाकिस्तान द्वारा सीटो और सेंटो में शामिल होने के बाद सोवियत संघ ने 1954 में भारत को सैन्य सहायता देने का प्रस्ताव रखा, लेकिन मुफ्त सैनिक सहायता ने लेने की अपनी सैन्य और विदेश नीति के अनुरूप पंडित नेहरू ने ऐसा करने से इन्कार कर दिया।

1955 में पंडित नेहरू एक बेहद महत्वपूर्ण यात्रा पर सोवियत संघ गए और उसी वर्ष सोवियत रूप से खुष्चेव और बुल्गानिन भारत आए। उन्होंने भारत के साथ कई महत्वपूर्ण समझौते किए। 1955 में सोवियत संघ ने कश्मीर के प्रश्न पर भारत को पूरा समर्थन दिया और 1956 में उसने सुरक्षा परिषद् में इस मामले पर भारत के पक्ष में ही वीटो लगाना शुरू कर दिया। यह बात कम महत्व की नहीं थी।

क्योंकि सोवियत समर्थन से पूर्व सुरक्षा परिषद् में भारत की स्थिति बेहद कठिन थी। इन घटनाक्रमों ने भारत सोवियत संघ मैत्री को और मजूबती दी। दोनों देषों ने उपनिवेशवाद के खिलाफ एक ही स्थिति अपनाई।

संयुक्त राष्ट्र संघ में सोवियत संघ ने गोवा के प्रश्न पर अमरीका के खिलाफ भारत का समर्थन किया। पंडित नेहरू ने देश के आर्थिक विकास का जो रास्त चुना उससे सोवियत संघ भारत के और भी नजदीक आ गया। यह रास्ता औद्योगिकरण, खासतौर से भारी उद्योगों में सार्वजनिक क्षेत्र की नेतृत्वकारी भूमिका और योजना पर आधारित था।

पश्चिमी देश, विशेषकर अमरीका सहायता देने से हिचकिचा रहा था, लेकिन सोवियत संघ तुरंत ही 1956 में भिलाई इस्पात संयंत्र की स्थापना में मदद देने को तैयार हो गया। इसके बाद दुर्गापुर संयंत्र की

स्थापना में ब्रिटेन और राउरकेला संयंत्र की स्थापना में जर्मनी ने सहायता दी। बोकारो स्टील प्लांट की स्थापना के लिए जब अमरीका से मदद मांगी गई तो उसने फिर आनाकानी की। ऐसे में सोवियत संघ ने एक बार फिर भारत की मदद की।

1973–74 में जब देश में आंकड़ें इकट्ठे किए गए तो यह बात सामने आई कि भारत के इस्पात उत्पादन का 30 प्रतिशत, तेल उत्पादन का 35 प्रतिशत, बिजली उत्पादन का 20 प्रतिशत, भारी बिजली यंत्रों का 65 प्रतिशत, भारी मशीनें बनाने का 85 प्रतिशत, सोवियत सहायता प्राप्त मशीनों से उत्पादित होता है।

1959 के आते–आते चीन के साथ भारत के सम्बंध बिगड़ने लगे। यह वही समय था जब दलाई लामा ने भारत में शरण ली थी और भारत चीन सीमा पर सैनिक झड़पें होने लगीं थीं, लेकिन सोवियत संघ ने एकाएक चीन का साथ देना शुरू नहीं किया और उस संघर्ष में तटस्थ रहा। यह उस समय के लिए बड़ी बात थी।

तत्कालीन प्रधानमंत्री पंडित जवाहरलाल नेहरू और कांग्रेंस के शीर्ष नेताओं को ही इस बात का श्रेय दिया जा सकता है जिन्होंने सोवियत संघ के महत्व को पहचाना और भारत उसके नजदीक पहुंच सका। इसी घटना के बाद सोवियत संघ और चीन में मतभेद की शुरूआत हो गई। इसी साल भारत एवं सोवियत संघ ने सैन्य सप्लाई का प्रथम समझौता किया।

1960 में भारत को सप्लाई पहुंचाने वाले जहाजों, हेलिकॉप्टरों और सीमा रोड विकास बोर्ड के लिए इंजीनियरिंग के सामानों की सप्लाई शुरू हो गई। यह बोर्ड भारत–चीन के विवादित क्षेत्रों में रोड बनाने के लिए जिम्मेवार था।

1962 के मध्य में भारत को मिग हवाई जहाज के उत्पादन करने की इजाजत देने वाला समझौता किया गया। दिलचस्प बात यह है कि यह पहला मौका था जब सोवियतों ने एक गैर कम्युनिस्ट देश को विकसित

सैन्य सामान के उत्पादन की इजाजत दी थी जो चीनियों तक को नहीं मिली थी। अक्टूबर, 1962 में भारत पर चीनी हमले के दौरान सोवियत संघ फिर निष्पक्ष रहा और बाद में सोवियत नेता सुस्लोव ने सुप्रीम सोवियत की एक बैठक में बिना दुविधा के चीन को भारत–चीन युद्ध के लिए जिम्मेदार बताया।

भारत–चीन युद्ध के समये पश्चिमी देशों ने भारत को सैन्य साजो समान और युद्ध सामग्री देने का अपना वादा पूरा नहीं किया। इसके विपरीत सोवियतों ने 1963 में भारत को सामरिक रूप से मजबूत बनाने वाले और भी कई समझौते किए, जिनमें हथियारों की बिक्री, इंटरसेप्टर, पनडुब्बियां, मिसाइल वोट, पहरा देने वाले जहाज आदि की खरीद शामिल थी।

सोवियत संघ ने भारत को मिश विमान के उत्पादन संबंधी सुविधाएं विकसित करने में मदद की। सोवियत संघ की मदद से ही भारत नौ सेना जहाजों के लिए डाकयार्ड बनाने में भी सफल हो पाया। इसी स्वतंत्र उत्पादन आधार के कारण भारत 1971 को युद्ध जीत पाया।

1952 तक पाकिस्तान को छोड़कर पड़ोसियों के साथ भारत के रिश्ते अच्छे थे। भारत ने 1950 में नेपाल के साथ शांति एवं मित्रता की एक संधि की। इस संधि के कई फायदे हुए।

वर्मा के साथ भारतीय निवासियों और गैर–रेखांकित लम्बी सीमा की समस्याएं भी मित्रता की भावना से हल कर ली गई।

श्रीलंका में तमिल मूल के निवासियों का हल आसान नहीं था। तनाव बना रहा लेकिन इस दौर में फूट नहीं पड़ी।

आमतौर से विदेश नीति को सिर्फ कूटनीति से जोड़ कर देखा जाता है, लेकिन एक नवस्वतंत्र गरीब देश के आर्थिक और सामाजिक विकास के लिए भी एक व्यापक दृष्टिकोण वाली विदेश नीति की क्या अहमियत हो सकती है यह पंडित नेहरू अच्छी तरह समझते थे।

उन्होंने भारत की विदेश नीति की जो बुनियाद रखी हमारा देश आज भी उसका ही अनुसरण कर रहा है।

पंडित नेहरू की गुटनिरपेक्षता की दूरदर्शिता एवं व्यावहारिकता इस बात से साबित होती है कि जब भी इससे हटने की कोशिश की गई है तो देश को गंभीर कदम उठाने पड़े हैं।

11

भारत के अंतराष्ट्रीय सम्बन्ध

चीन और भारत के सम्बन्ध

चीन व भारत विश्व के दो बड़े विकासशील देश हैं। दोनों ने विश्व की शांति व विकास के लिए अनेक काम किये हैं। चीन और उसके सब से बड़े पड़ोसी देश भारत के बीच लंबी सीमा रेखा है। लम्बे अरसे से चीन सरकार भारत के साथ अपने संबंधों का विकास करने को बड़ा महत्व देती रही है। इस वर्ष की पहली अप्रैल को चीन व भारत के राजनयिक संबंधों की स्थापना की 55वीं वर्षगांठ है।

वर्ष 1949 में नये चीन की स्थापना के बाद के अगले वर्ष, भारत ने चीन के साथ राजनयिक संबंध स्थापित किये। इस तरह भारत चीन लोक गणराज्य को मान्यता देने वाला प्रथम गैरसमाजवादी देश बना।

चीन व भारत के बीच राजनयिक संबंधों की औपचारिक स्थापना के बाद के पिछले 55 वर्षों में चीन–भारत संबंध कई सोपानों से गुजरे। उनका विकास आम तौर पर सक्रिय व स्थिर रहा, लेकिन, बीच में मीठे व कड़वी स्मृतियां भी रहीं। इन 55 वर्षों में दोनों देशों के संबंधों में अनेक

मोड़ आये। आज के इस कार्यक्रम में हम चीन व भारत के राजनीतिक संबंधों का सिंहावलोकन करेंगे।

प्रोफेसर मा जा ली चीन के आधुनिक अंतराष्ट्रीय संबंध अनुसंधान संस्थान के दक्षिणी एशिया अनुसंधान केंद्र के प्रधान हैं। वे तीस वर्षों से चीन व भारत के राजनीतिक संबंधों के अनुसंधान में लगे हैं। श्री मा जा ली ने पिछले भारत–चीन संबंधों के 55 वर्षों को पांच भागों में विभाजित किया है। उन के अनुसार, 1950 के दशक में चीन व भारत के संबंध इतिहास के सब से अच्छे काल में थे।

दोनों देशों के शीर्ष नेताओं ने तब एक–दूसरे के यहां की अनेक यात्राएं कीं और उनकी जनता के बीच भी खासी आवाजाही रही। दोनों देशों के बीच तब घनिष्ठ राजनीतिक संबंध थे। लेकिन, 1960 के दशक में चीन व भारत के संबंध अपने सब से शीत काल में प्रवेश कर गये। इस के बावजूद दोनों के मैत्रीपूर्ण संबंध कई हजार वर्ष पुराने हैं। इसलिए, यह शीतकाल एक ऐतिहासिक लम्बी नदी में एक छोटी लहर की तरह ही था। 70 के दशक के मध्य तक वे शीत काल से निकल कर फिर एक बार घनिष्ठ हुए।

चीन–भारत संबंधों में शैथिल्य आया, तो दोनों देशों की सरकारों के उभय प्रयासों से दोनों के बीच फिर एक बार राजदूत स्तर के राजनयिक संबंधों की बहाली हुई। 1980 के दशक से 1990 के दशक के मध्य तक चीन व भारत के संबंधों में गर्माहट आ चुकी थी। हालांकि वर्ष 1998 में दोनों देशों के संबंधों में भारत द्वारा पांच मिसाइलें छोड़ने से फिर एक बार ठंडापन आया। पर यह तुरंत दोनों सरकारों की कोशिश से वर्ष 1999 में भारतीय विदेशमंत्री की चीन यात्रा के बाद समाप्त हो गया। अब चीन–भारत संबंध कदम ब कदम घनिष्ठ हो रहे हैं।

इधर के वर्षों में चीन–भारत संबंधों में निरंतर सुधार हो रहा है। चीन व भारत के वरिष्ठ अधिकारियों के बीच आवाजाही बढ़ी है। भारत स्थित भूतपूर्व चीनी राजदूत च्यो कांग ने कहा, अब चीन–भारत संबंध एक नये

काल में प्रवेश कर चुके हैं। इधर के वर्षों में, चीन व भारत के नेताओं के बीच आवाजाही बढ़ी। वर्ष 2001 में पूर्व चीनी नेता ली फंग ने भारत की यात्रा की। वर्ष 2002 में पूर्व चीनी प्रधानमंत्री जू रोंग जी ने भारत की यात्रा की। इस के बाद, वर्ष 2003 में भारतीय प्रधानमंत्री वाजपेई ने चीन की यात्रा की।

उन्होंने चीनी प्रधानमंत्री वन चा पाओ के साथ चीन–भारत संबंधों के सिद्धांत और चतुर्मुखी सहयोग के घोषणापत्र पर हस्ताक्षर किये। इस घोषणापत्र ने जाहिर किया कि चीन व भारत के द्विपक्षीय संबंध अपेक्षाकृत परिपक्व काल में प्रवेश कर चुके हैं।

इस घोषणापत्र ने अनेक महत्वपूर्ण द्विपक्षीय समस्याओं व क्षेत्रीय समस्याओं पर दोनों के समान रुख भी स्पष्ट किये। इसे भावी द्विपक्षीय संबंधों के विकास का निर्देशन करने वाला मील के पत्थर की हैसियत वाला दस्तावेज भी माना गया। चीन व भारत के संबंध पुरानी नींव पर और उन्नत हो रहे हैं।

विदेश नीति पर चीन व भारत बहुध्रुवीय दुनिया की स्थापना करने का पक्ष लेते हैं, प्रभुत्ववादी व बल की राजनीति का विरोध करते हैं और किसी एक शक्तिशाली देश के विश्व की पुलिस बनने का विरोध करते हैं। अंतराष्ट्रीय संबंधों में मौजूद वर्तमान विवादों का किस तरह निपटारा हो और देशों के बीच किस तरह का व्यवहार किया जाये ये दो समस्याएं विभिन्न देशों के सामने खड़ी हैं।

चीन व भारत मानते हैं कि उनके द्वारा प्रवर्तित किये गये शांतिपूर्ण सहअस्तित्व के पांच सिद्धांत संयुक्त राष्ट्र के चार्टर के उन लक्ष्यों तथा सिद्धांतों को प्रतिबिंबित करते हैं, जिनका दुनिया के विभिन्न देशों द्वारा पालन किया जाना चाहिए।

शांतिपूर्ण सहअस्तित्व के पांच सिद्धांत यानी पंचशील चीन, भारत व म्येनमार द्वारा वर्ष 1954 के जून माह में प्रवर्तित किये गये। पंचशील चीन व भारत द्वारा दुनिया की शांति व सुरक्षा में किया गया एक महत्वपूर्ण

योगदान है, और आज तक दोनों देशों की जनता की जबान पर है। देशों के संबंधों को लेकर स्थापित इन सिद्धांतों की मुख्य विषयवस्तु है– एक–दूसरे की प्रभुसत्ता व प्रादेशिक अखंडता का सम्मान किया जाये, एक– दूसरे पर आक्रमण न किया जाये, एक–दूसरे के अंदरूनी मामलों में दखल न दी जाये और समानता व आपसी लाभ के आधार पर शांतिपूर्ण सहअस्तित्व बरकारार रखा जाये।

ये सिद्धांत विश्व के अनेक देशों द्वारा स्वीकार कर लिये गये हैं और द्विपक्षीय संबंधों पर हुए अंतराष्ट्रीय सम्मेलनों व दस्तावेजों में दर्ज किये गये हैं। पंचशील के इतिहास की चर्चा में भारत स्थित पूर्व चीनी राजदूत श्री छन रे शन ने बताया, द्वितीय विश्वॉयुद्ध से पहले, एशिया व अफ्रीका के बहुत कम देशों ने स्वतंत्रता हासिल की थी।

लेकिन, द्वितीय विश्वयुद्ध के बाद, उपनिवेशवादी व्यवस्था भंग होनी शुरू हुई। भारत व म्येनमार ने स्वतंत्रता प्राप्त की और बाद में चीन को भी मुक्ति मिली। एशिया में सब से पहले स्वतंत्रता प्राप्त करने वाले देश होने के नाते, उन्हें देशों की प्रभुसत्ता व प्रादेशिक अखंडला का कायम रहना बड़ा आवश्यक लगा और उन्हें विभिन्न देशों के संबंधों का निर्देशन करने के सिद्धांत की जरुरत पड़ी। इसलिए, इन तीन देशों के नेताओं ने मिलकर पंचशील का आह्वान किया।

पंचशील ने अंतराष्ट्रीय संबंधों की सैद्धांतिक व यथार्थ कार्यवाइयों में रचनात्मक योगदान किया। पूर्व भारतीय राष्ट्रपति नारायणन ने पंचशील की महत्वता की चर्चा इस तरह की।

पंचशील का आज भी भारी महत्व है। वह काफी समय से देशों के संबंधों के निपटारे का निर्देशक मापदंड रहा है। एक शांतिपूर्ण दुनिया की स्थापना करने के लिए पंचशील का कार्यावयन करना अत्यन्त महत्वपूर्ण है।

इतिहास और अंतराष्ट्रीय यथार्थे से जाहिर है कि पंचशील की जीवनीशक्ति बड़ी मजबूत है। उसे व्यापक जनता द्वारा स्वीकार किया जा

चुका है। भिन्न–भिन्न सामाजिक प्रणाली अपनाने वाले देश पंचशील की विचारधारा को स्वीकार करते हैं। लोगों ने मान लिया है कि पंचशील शांति व सहयोग के लिए लाभदायक है और अंतराष्ट्रीय कानूनों व मापदंडों से पूर्ण रूप से मेल खाता हैं।

आज की दुनिया में परिवर्तन हो रहे हैं। पंचशील का प्रचार–प्रसार आज की कुछ समस्याओं के हल के लिए बहुत लाभदायक है। इसलिए, पंचशील आज भी एक शांतिपूर्ण विश्व व्यवस्था का आधार है। उस का आज भी भारी अर्थ व महत्व है और भविष्य में भी रहेगा।

शांति व विकास की खोज करना वर्तमान दुनिया की जनता की समान अभिलाषा है। पंचशील की शांति व विकास की विचारधारा ने अंतराष्ट्रीय संबंधों के स्वस्थ विकास को आगे बढ़ाया है और भविष्य में भी वह एक शांतिपूर्ण, स्थिर, न्यायपूर्ण व उचित नयी अंतराष्ट्रीय व्यवस्था की स्थापना में अहम भूमिका अदा करेगी।

दोनों देशों के संबंधों को आगे विकसित करने के लिए वर्ष 2000 में पूर्व भारतीय राष्ट्रपति नारायणन ने चीन की राजकीय यात्रा के दौरान, पूर्व चीनी राष्ट्राध्यक्ष च्यांग ज मिन के साथ वार्ता में भारत और चीन के जाने–माने व्यक्तियों के मंच के आयोजन का सुझाव प्रस्तुत किया। इस प्रस्ताव पर श्री च्यांग ज मिन ने सकारात्मक प्रतिक्रिया दी।

दोनों सरकारों ने इस मंच की स्थापना की पुष्टि की। मंच के प्रमुख सदस्य, दोनों देशों के राजनीतिक, आर्थिक, सामाजिक, वैज्ञानिक व तकनीक तथा सांस्कृतिक आदि क्षेत्रों के जाने माने व्यक्ति हैं।

मंच के एक सदस्य श्री च्यो कांग ने मंच का प्रमुख ध्येय इस तरह समझाया, इस मंच का प्रमुख ध्येय दोनों देशों के विभिन्न क्षेत्रों के जाने–माने व्यक्तियों द्वारा द्विपक्षीय संबंधों के विकास के लिए सुझाव प्रस्तुत करना और सरकार को परामर्श देना है।

यह दोनों देशों के बीच गैरसरकारी आवाजाही की एक गतिविधियों

में से एक भी है। वर्ष 2001 के सितम्बर माह से वर्ष 2004 के अंत तक इसका चार बार आयोजन हो चुका है। इसके अनेक सुझावों को दोनों देशों की सरकारों ने स्वीकृत किया है। यह मंच सरकारी परामर्श संस्था के रूप में आगे भी अपना योगदान करता रहेगा।

हालांकि इधर चीन व भारत के संबंधों में भारी सुधार हुआ है, तो भी दोनों के संबंधों में कुछ अनसुलझी समस्याएं रही हैं। चीन व भारत के बीच सब से बड़ी समस्याएं सीमा विवाद और तिब्बत की हैं। चीन सरकार हमेशा से तिब्बत की समस्या को बड़ा महत्व देती आई है। वर्ष 2003 में भारतीय प्रधानमंत्री वाजपेयी ने चीन की यात्रा की और चीनी प्रधानमंत्री वन चा पाओ के साथ एक संयुक्त घोषणापत्र जारी किया।

घोषणापत्र में भारत ने औपचारिक रूप से कहा कि भारत तिब्बत को चीन का एक भाग मानता है। इस तरह भारत सरकार ने प्रथम बार खुले रूप से किसी औपचारिक दस्तावेज के माध्यम से तिब्बत की समस्या पर अपने रुख पर प्रकाश डाला, जिसे चीन सरकार की प्रशंसा प्राप्त हुई।

इस के अलावा, चीन व भारत के बीच सीमा समस्या भी लम्बे अरसे से अनसुलझी रही है। इस समस्या के समाधान के लिए चीन व भारत ने वर्ष 1981 के दिसम्बर माह से अनेक चरणों में वार्ताएं कीं और उनमें कुछ प्रगति भी प्राप्त की। वर्ष 2003 में पूर्व भारतीय प्रधानमंत्री श्री अटल बिहारी वाजपेयी ने चीन की सफल यात्रा की।

चीन व भारत ने चीन–भारत संबंधों के सिद्धांत और चतुर्मुखी सहयोग के ज्ञापन पर हस्ताक्षर किये। चीन व उसके पड़ोसी देशों के राजनयिक संबंधों के इतिहास में ऐसे ज्ञापन कम ही जारी हुए हैं।

दोनों देशों के प्रधानमंत्रियों द्वारा सम्पन्न इस ज्ञापन में दोनों देशों ने और साहसिक नीतियां अपनायीं, जिन में सीमा समस्या पर वार्ता के लिए विशेष प्रतिनिधियों को नियुक्त करना और सीमा समस्या का राजनीतिक समाधान खोजना आदि शामिल रहा। चीन और भारत के इस घोषणापत्र में यह भी स्पष्ट किया गया है कि तिब्बत स्वायत्त प्रदेश चीन का एक

अभिन्न और अखंड भाग है। सीमा समस्या के हल के लिए चीन व भारत के विशेष प्रतिनिधियों के स्तर पर सलाह–मश्विरा जारी है। वर्ष 2004 में चीन और भारत ने सीमा समस्या पर यह विशेष प्रतिनिधि वार्ता व्यवस्था स्थापित की।

भारत स्थित पूर्व चीनी राजदूत च्यो कांग ने कहा, इतिहास से छूटी समस्या की ओर हमें भविष्योन्मुख रुख से प्रस्थान करना चाहिए। चीन सरकार ने सीमा समस्या के हल की सक्रिय रुख अपनाई है। चीन आशा करता है कि इसके लिए आपसी सुलह और विश्वास की भावना के अनुसार, मैत्रीपूर्ण वार्ता के जरिए दोनों को स्वीकृत उचित व न्यायपूर्ण तरीकों की खोज की जानी चाहिए।

विश्वास है कि जब दोनों पक्ष आपसी विश्वास, सुलह व रियायत देने की अभिलाषा से प्रस्थान करेंगे तो चीन–भारत सीमा समस्या के हल के तरीकों की खोज कर ही ली जाएगी।

इस समय चीन व भारत अपने–अपने शांतिपूर्ण विकास में लगे हैं। 21वीं शताब्दी के चीन व भारत प्रतिद्वंदी हैं और मित्र भी। अंतराष्ट्रीय मामलों में दोनों में व्यापक सहमति है। आंकड़े बताते हैं कि संयुक्त राष्ट्र संघ में विभिन्न सवालों पर हुए मतदान में अधिकांश समय, भारत और चीन का पक्ष समान रहा।

अब दोनों देशों के सामने आर्थिक विकास और जनता के जीवन स्तर को सुधारने का समान लक्ष्य है। इसलिए, दोनों को आपसी सहयोग की आवश्यकता है। अनेक क्षेत्रों में दोनों देश एक–दूसरे से सीख सकते हैं।

चीन–भारत संबंधों के भविष्य के प्रति श्री मा जा ली बड़े आश्वस्त हैं। उन्होंने कहा, समय गुजरने के साथ दोनों देशों के बीच मौजूद विभिन्न अनसुलझी समस्याओं व संदेहों को मिटाया जा सकेगा और चीन व भारत के राजनीतिक संबंध और घनिष्ठ होंगे। इस वर्ष मार्च में चीनी प्रधानमंत्री वन चा पाओ भारत की यात्रा पर जा रहे हैं। उनके भारत

प्रवास के दौरान चीन व भारत दोनों देशों के नेता फिर एक बार एक साथ बैठकर समान रुचि वाली द्विपक्षीय व क्षेत्रीय समस्याओं पर विचार–विमर्श करेंगे।

भविष्य में चीन–भारत संबंध और स्वस्थ होंगे और और अच्छे तरीके से आगे विकसित होंगे। आज हम देख सकते हैं कि चीन व भारत के संबंध लगतार विकसित हो रहे हैं। यह दोनों देशों की सरकारों की समान अभिलाषा भी है। दोनों पक्ष आपसी संबंधों को और गहन रूप से विकसित करने को तैयार हैं।

भारत के भूतपूर्व राष्ट्रपति नारायण ने कहा, मेरा विचार है कि चीन और भारत को द्विपक्षीय मैत्रीपूर्ण संबंधों को और गहरा करना चाहिए। हमारे बीच सहयोग दुनिया के विकास को आगे बढ़ाने में अहम भूमिका अदा कर सकेंगे।

भारत–बांग्लादेश सम्बन्ध

भारत–बांग्लादेश का साझा इतिहास, साझी विरासत, साझी भाषा संस्कृति, स्वाधीनता संघर्ष एवं स्वतंत्रता की साझी विरासत दोनों देशों को आपस में जोड़ती है। भारत के प्रयासों द्वारा 1971 में इस स्वतंत्र राष्ट्र को संप्रभुता हासिल हुई एवं ये भारत के ही प्रयास थे कि बांग्लादेश को 1974 में संयुक्त राष्ट्र संघ की सदस्यता प्राप्त हुई।

उल्लेखनीय है कि जल–विवाद, सीमा विवाद, न्यू मूर द्वीप की समस्या, शरणार्थी समस्या, आतंकवाद, भारत विरोधी गतिविधियां आदि विवादित मुद्दों के कारण दोनों देशों के मध्य तनाव की स्थिति बनी हुई है। दोनों देशों के बीच 4005 किमी. लम्बी सीमा रेखा है। इसमें पश्चिम बंगाल में 2216 किमी. मिजोरम में 318 कि.मी. और असम में 262 कि. मी. का विस्तार है। भारत एवं बांग्लादेश के मध्य द्विपक्षीय सहयोग बढ़ाने

के लिएकोलकाता–ढाका एवं अगरतला–ढाका बस सेवाएं शुरू की गयी हैं। व्यापार व वाणिज्य के विस्तार, वीजा व्यवस्थाओं के उदारीकरण,रेल सेवाओं के विस्तार, शिक्षा व तकनीकी प्रशिक्षण तथा भू–सीमारेखांकन के संबंध में दोनों देशों के बीच व्यापक सहमति कायम हुई है। संयुक्त नदी आयोग जल–बंटवारे में सहयोग की समीक्षा करता है।

बांग्लादेश राइफल्स द्वारा अप्रैल 2001 में भारतीय सीमा सुरक्षा बल के कुछजवानों की नृशंसहत्या करके दोनों देशों के बीच आशिक दरार पैदा कर दी गई किंतु भारत की धैर्य एवं सहिष्णुता की नीति के कारण इस संकट को आसानी से सुलझा लिया गया।

6 अगस्त, 2005 को भारत व बांग्लादेश के मध्य प्रत्यर्पण संधि पर सहमति बनी। इसके अतिरिक्त सीमा पर चौकसी की व्यवस्था को और अधिक बेहतर बनाने पर बल दिया गया।

गौरतलब है कि पिछले पांच वर्षों में दोनों देशों के मध्य 145 प्रतिशत की व्यापारिक साझेदारी हुई है।

वाणिज्यिक व्यापार के साथ–साथ पारस्परिक निवेश एवं तकनीकी में संयुक्त उद्यम के प्रयत्न किए जा रहे हैं।

भारतीय कंपनियां बांग्लादेश में कपड़ा, रसायन, विद्युत एवं औषधि उत्पाद के क्षेत्रों में भारी निवेश कर रही हैं जो दोनों देशों के मध्य आर्थिक संबंधों की प्रगाढ़ता का सूचक है।

दिसंबर 2008 में बांग्लादेश में हुए आमचुनाव में अवामी लीग के नेतृत्व वाले महागठबंधन (ग्रैंड अलायंस) को भारी बहुमत से सत्ता हासिल होने एवं शेख हसीना के प्रधानमंत्री बनने के पश्चात् दोनों मुल्कों के आपसी संबंध सामान्य होने की उम्मीद बढ़ी है क्योंकि शेख हसीना लोकतांत्रिक व्यवस्था एवं अपने पड़ोसी भारत के प्रति कहीं अधिक सकारात्मक और सहयोगी दृष्टिकोण रखती हैं।

दोनों देशों को करीब लाने हेतु भारत ने कई द्विपक्षीय एवं एकपक्षीय

उपाय किए, जैसे–43 वर्षों बाद कोलकाता एवं ढाका के बीच मैत्री एक्सप्रेस रेल सेवा पुनः आरंभ करना, चक्रवात से हुई हानि पर नियंत्रण के लिए व्यापक सहायता प्रदान करना आदि।

भारत ने साक में बांग्लादेश सहित अल्पविकसित देशों के निर्यात पर 1 जनवरी, 2008 से निर्यात शुल्क मुक्त प्रदान करना प्रारंभ किया है। इसके अतिरिक्त बांग्लादेश की जमीन पर भारत के विघटनकारी गुटों की गतिविधियों पर रोक लगाने के लिए दोनों देशों ने संयुक्त कार्यदल को बहल किया।

परस्पर हित के क्षेत्र में द्विपक्षीय सहयोग का दायरा बढ़ाने एवं मजबूत करने के प्रयास जारी रहे तथा 6–7 सितंबर, 2011 में प्रधानमंत्री की बांग्लादेश यात्रा के दौरान यह उच्चतम स्तर पर पहुंच गए।

जनवरी, 2010 में जारी संयुक्त वक्तव्य के अनुपालन के जरिए सहयोग की प्रक्रिया दोनों प्रधानमत्रियों द्वारा समीक्षा की गई तथा 7 सितंबर, 2011 के संयुक्त कथन में प्रधानमंत्री की यात्रा के नए आवेग प्रदर्शित हुए।

भारत ने तीन बीघा क्षेत्र से दादाग्राम एवं अंगोरपोटा एनक्लेव के जरिए बांग्लादेश को 24 घंटे अधिगम्यता में सहायक हुआ तथा बांग्लादेश के अनुरोध पर 46 टेक्सटाइल मदों (वृद्धि में सभी मदों तक विस्तार किया गया, 25 को छोड़कर) के ड्यूटी फ्री आयात की अनुमति दी।

पूर्व प्रधानमंत्री श्रीमती इंदिरा गांधी को प्रदान किए गए बांग्लादेश फ्रीडम एवार्ड को स्वीकार करने यूपीए अध्यक्षता श्रीमती सोनिया गांधी ने 25–25 जुलाई, 2011 को ढाका की यात्रा की। सेंट्रल त्रिपुरा विश्वविद्यालय द्वारा प्रदत्त मानद डी. लिट् पुरस्कार को प्राप्त करने के लिए बांग्लादेश की प्रधानमंत्री शेख हसीना ने 11–12 जनवरी, 2012 को त्रिपुरा की यात्रा की।

दोनों देशों के बीच मित्रतापूर्ण एवं गति पूर्ण द्विपक्षीय सहयोग के

निष्कर्ष के रूप में दो ऐतिहासिक समझौते एवं आठ अन्य द्विपक्षीय दस्तावेजों पर भारतीय प्रधानमंत्री की बांग्लादेश यात्रा के दौरान हस्ताक्षर किए गए।

इसमें शामिल है सहयोग एवं विकास पर एक लैंडमार्क तथा अग्रदर्शी समझौता जो परस्पर शांति समृद्धि तथा स्थायित्व हासिल करने के लिए एक टिकाऊ तथा दीर्घकालीन सहयोग के साझा विजन को रेखांकित करता है तथा 1974 समझौते के प्रोटोकॉल को भी रेखांकित करता है जो भारत–बांग्लादेश की थल सीमा के निर्धारण से संबंधित है।

प्रोटोकाल 1974 के थल सीमा समझौते के तीन लबित मुद्दों के हल होने की राह दिखलाता है जो हैं– (1) अनिर्धारित थल सीमा सेगमेन्ट, (2) एनक्लेव का आदान प्रदान तथा (3) प्रतिकूल कब्जे का निपटारा।

राष्ट्रपति प्रणव मुखर्जी ने बांग्लादेश की सरकार के आमंत्रण पर 3–5 मार्च, 2013 को बांग्लादेश की यात्रा की।

इस यात्रा के दौरान राष्ट्रपति ने बांग्लादेश की प्रधानमंत्री शेख हसीना के साथ द्विपक्षीय वार्ता में दो देशों के बीच हस्ताक्षरित भू–सीमा समझौते के शीघ्र अनुसमर्थन हेतु भारत की वचनबद्धता दोहरायी।

दोनों पक्षों ने भारत द्वारा बांग्लादेश की 800 मिलियन अमेरिकी डॉलर ऋण के अंतर्गत परियोजनाओं के कार्यान्वयन में हुई प्रगति की भी समीक्षा की।

दोनों देशों के सम्बंधों को मजबूती प्रदान करने की दिशा में भारत के राष्ट्रपति प्रणव मुखर्जी की बांग्लादेश की यात्रा मील का पत्थर साबित होगी।

अपनी तीन दिवसीय राजकीय यात्रा (3 मार्च से 5 मार्च, 2013) की शुरुआत करते हुए राष्ट्रपति प्रणब मुखर्जी ने पड़ोसी देश बांग्लादेश के नागरिकों को स्पष्ट आश्वासन दिया कि भारत उनके साथ सदैव मित्रता ही नहीं बनाए रखेगा, अपितु उनके विकास और स्वतंत्र आत्मनिर्णय के

अधिकार के लिए पूरी तरह से सचेत रहते हुए भारतीय उपमहाद्वीप में स्थायित्व एवं शांति के लिए कार्य करता रहेगा।

भारत–भूटान सम्बन्ध

भारत एवं भूटान के आपसी संबंध घनिष्ठ विचार–विमर्श, परिपक्वता, पूर्ण विश्वास और आपसी समझ पर आधारित हैं और वे आदर्श पड़ोसी के संबंधों का उत्कृष्ट उदाहरण हैं।

इन संबंधों को नियमित यात्राओं एवं विचार–विमर्श द्वारा मधुर एवं नियमित रखने का लगातार प्रयास किया गया है। भारत एवं भूटान के बीच आर्थिक सहयोग में निरंतर वृद्धि हुई है। भारत द्वारा 1961 से ही भूटान की पंचवर्षीय योजनाओं में सहायता उपलब्ध करायी जा रही है।

भूटान में जल–विद्युत उत्पादन, सड़क निर्माण व अन्य सामाजिक आधारभूत सुविधाओं के क्षेत्र में भारत द्वारा मदद दी जा रही है। भूटान नरेश जिग्मे सिंघे वांगचुक 26 जनवरी, 2005 को आयोजित गणतंत्र दिवस समारोह में मुख्य अतिथि थे।

नरेश की इस यात्रा के दौरान भूटान की 9वीं योजना हेतु भारत सरकार के सहायता पैकेज की समीक्षा की गई तथा विकास सहायता के रूप में 250 करोड़ रुपये की अतिरिक्त राशि भी दी गई। मई 2008 में भूटान में ऐतिहासिक परिवर्तन हुआ। इस दिन भूटान में चुनावों के माध्यम से प्रथम संसदीय सरकार चुनी गयी। वर्तमान में भूटान की राजनीतिक व्यवस्था राजतंत्रात्मक से लोकतंत्रात्मक हो गई है।

भारत ने भूटान को लोकतंत्र के सफल कार्यान्वयन में भरसक सहायता का वचन दिया है। उल्लेखनीय है कि भारत, भूटान का सबसे बड़ा व्यापार एवं विकास का भागीदार रहा है। हाल ही में भारत सरकार

ने 2020 तक भूटान में 10,000 मेगावाट विद्युत उत्पन्न करने की प्रतिबद्धता की।

अगस्त, 2011 में नई दिल्ली में आयोजित भारत–भूटान द्विपक्षीय व्यापार वार्ता में भारत ने भूटान के निवेदन पर सहमति जताते हुए डालू एवं घासूपारा लैन्ड कस्टम स्टेशनों का उपयोग भूटानी कागों के लिए तथा चार अतिरिक्त प्रवेश निकास बिंदु के नोटिफिकेशन पर सहमति दी। 68 प्रमुख सामाजिक आर्थिक सेक्टर प्रोजेक्ट तथा कृषि, सूचना एवं संचार तकनीकी (आईसीटी), मीडिया, स्वास्थ्य, शिक्षा, उर्जा, संस्कृति तथा आधारभूत संरचना में भारत द्वारा सहायता प्रदान की जा रही है।

लघु विकास प्रोजेक्ट (एसडीपी) के अंतर्गत देश के 20 जिलों एवं 205 ब्लॉकों में 1900 प्रोजेक्टों के लिए भारत द्वारा भूटान को अनुदान दिया जा रहा है। पुनतसांगचू–1 हाइड्रो इलेक्ट्रिक प्रोजेक्ट (एचईपी) पूर्ण गति पर है। तथा पुनतसांगचू–2 तथा मांगदेचू हाइड्रो इलेक्ट्रिक प्रोजेक्ट भी बेहतर तरीके से प्रगति पर है।

इस प्रकार दोनों देश भूटान में वर्ष 2020 तक लगभग 10,000 मेगावाट बिजली के संयुक्त उत्पादन के लक्ष्य के करीब है, जिसका निर्यात भारत की किया जा सकेगा।

भारत–नेपाल सम्बन्ध

नेपाल, हिमालय क्षेत्र में स्थित एक पहाड़ी, पथरीला एवं स्थलरुद्ध देश है। भारत की नेपाल के साथ 1700 कि.मी. की सीमा है। दोनों देशों हैं।

पारस्परिक मैत्री बनाए रखने हेतु इनके मध्य 1950 में मैत्री संधि अखंडता, स्वतंत्रता एवं सम्मान को अक्षुण्ण बनाए रखने का उल्लेख है।

जुलाई–अगस्त 2000 में नेपाल के प्रधानमंत्री गिरिजा प्रसाद कोइराला भारत की यात्रा पर आये। विमान अपहरण कांड तथा ऋत्कि रोशन प्रकरण के कारण दोनों देशों के मध्य योड़ी–सी दूरी दिखाई दी किंतु सीमा प्रबंधन, सीमावर्ती क्षेत्रों के विकास तथा जल संसाधनों के दोहन के क्षेत्र में परस्पर सहयोग को और अधिक मजबूत बनाया गया है।

भारत व नेपाल के मध्य सुरक्षा से संबंधित सहयोग को प्रभावी बनाने हेतु द्विपक्षीय संस्थागत तंत्रों का एक नेटवर्क भी तैयार किया गया है।

नेपाल के प्रधानमंत्री की भारत यात्रा के दौरान द्विपक्षीय मसलों की व्यापक समीक्षा की गई। इसके अलावा, कई महत्वपूर्ण द्विपक्षीय बैठकें हुई, जिनमें गृह–सचिव स्तर की वार्ता (19–20 जनवरी, 2005), सुरक्षा मसलों से सम्बद्ध भारत–नेपाल द्विपक्षीय परामर्शीय समूह की बैठक, जल संसाधनों से सम्बद्ध संयुक्त समिति (7–8 अक्टूबर, 2004), पंचेश्वर परियोजना से सम्बद्ध विशेषज्ञों के संयुक्त दल की बैठक (6 अक्टूबर, 2004), सचिव स्तर की दूरसंचार समन्वय बैठक (1–2 नवम्बर, 2004) और संयुक्त सचिव स्तर की व्यापार बातचीत (1–2 नवम्बर, 2004) शामिल है। फलस्वरूप कई द्विपक्षीय मसलों पर उल्लेखनीय प्रगति प्राप्त की गई।

वर्ष 2007 में राजशाही की समाप्ति एवं 2008 में संविधान सभा के चुनावों के पश्चात् नेपाल में गणतंत्र स्थापित हुआ जिसके परिणामस्वरूप भारत–नेपाल संबंधों में नए आयाम परिलक्षित हुए। श्री पुष्प कुमार दहल प्रचंड के नेतृत्व में माओवादियों की सरकार बनने से भारत–नेपाल संबंधों में मिठास कुछ कम होने लगी।

प्रधानमंत्री प्रचंड द्वारा 1950 की मैत्री संधि की पुनर्समीक्षा की घोषणा एवं चीन की तरफ उसके बढ़ते झुकाव ने इस बात को पुख्ता किया। उल्लेखनीय है कि सेनाध्यक्ष की बर्खास्तगी के मुद्दे पर प्रचंड को इस्तीफा देना पड़ा। तत्पश्चात् उन्होंने नेपाल की आंतरिक अस्थिरता के लिए भारत की जिम्मेदार ठहराया।

गौरतलब है कि माओवादियों के सत्ता में आने के पश्चात नेपाल में चीन का प्रभाव असामान्य रूप से फैला है। नेपाल को तिब्बत से जोड़ने के लिए आंतरिक सड़कों एवं रेल की व्यवस्था की गई है।

चाइना रेडियो इंटरनेशनल ने काठमांडू में स्थानीय एफ.एम. रेडियो स्टेशन भी खोला है। यहां से पूरे नेपाल में कार्यक्रम प्रसारित किए जाते है। नेपाल के पूर्व प्रधानमंत्री ने 4 मई, 2009 को इस्तीफा दे दिया एवं उनके स्थान पर माधव कुमार नेपाल ने प्रधानमंत्री का पद संभाला। वर्तमान में नेपाल के राष्ट्रपति पद पर भारतीय मूल के व्यक्ति हैं।

20–23 अक्टूबर, 2011के दौरान नेपाल के प्रधानमंत्री डॉ.बाबूराम भट्टराई ने एक उच्च स्तरीय प्रतिनिधि मंडल के साथ भारत की यात्रा की। यात्रा के दौरान भारत एक एमीनेन्ट पर्सन्स ग्रुप स्थापित करने पर सहमत हुआ जो भारत–नेपाल संबंधों को पूर्णता में देखेगा तथा इन देशों के मध्य सम्बंधों को मजबूत एवं और विस्तारित करने के उपाय सुझाएगा।

दोनों प्रधानमंत्रियों की उपस्थिति में एक भारत–नेपाल द्वितीय निवेश प्रोटेक्शन एवं संवर्द्धन समझौता (बीआईपीपीए) पर हस्ताक्षर किए गए। इस समझौते के तहत् नेपाल सरकार एवं भारतीय आयात निर्यात बैंक के मध्य 250 मिलियन अमेरिकी डॉलर की साख उपलब्ध कराने का प्रावधान है। साथ ही नेपाल में घेंघा नियंत्रण कार्यक्रम के लिए 1.875 करोड़ रुपए की भारतीय सहायता के सम्बन्ध में समझौता ज्ञापन पर हस्ताक्षर शामिल है।

वर्तमान में भारत–नेपाल आर्थिक सहयोग कार्यक्रम के तहतू छोटे तथा बड़े लगभग 400 प्रोजेक्ट चल रहे हैं। नेपाल के आर्थिक विकास में सहयोग करने तथा नेपाल के तराई क्षेत्र में विकास की सुविधा प्रदान करने की दृष्टि से, भारत, नेपाल को भारत से जुड़े उसके सीमावर्ती क्षेत्रों में समेकित चेक पोस्टों के विकास, क्रास बार्डर रेल लिंक तथा तराई क्षेत्र में फीडर रोड तथा पाश्विक सड़कों के विकास के जरिए आधारभूत संरचना का विकास करने में सहायता प्रदान कर रहा है।

नेपाल में व्यापार को बढ़ावा देने से पनबिजली, कृषि, पर्यटन और बुनियादी ढांचा जैसे महत्वपूर्ण क्षेत्रों में आपसी लाभ के लिए भारतीय निवेश के प्रमुख विस्तार की संभावनाओं का दोहन करने में मदद मिल सकती है।

उल्लेखनीय है कि भारत एवं नेपाल के मध्य पिछले 60 सालों से लगातार मिठासपूर्वक एवं विशिष्ट संबंध आज तनाव की त्रासदी झेल रहे हैं। वस्तुतः नेपाल पर चीन की तुलना में भारत का अधिक प्रभाव रहा है। हालांकि भारत, नेपाल के आंतरिक एवं राजनीतिक मामलों में अहस्तक्षेप की नीति का अनुसरण करता है, लेकिन वहां की अस्थिर राजनीतिक स्थिति पर शांत होकर बैठा भी नहीं जा सकता।

सीमावर्ती देशएवं नागरिकों की मुक्त आवाजाही के कारण घुसपैठ एवं राष्ट्रविरोधी गतिविधियां सक्रिय हो सकती हैं। अंततः भारत को चीन के मद्देनजर सावधानी पूर्वक नेपाल से संबंधों में गर्माहट एवं मधुरता बनाए रखनी होगी जिसके लिए भारत हमेशा प्रयासरत है।

भारत–श्रीलंका सम्बन्ध

श्रीलंका, भारत के दक्षिण में स्थित एक छोटा–सा द्वीपीय देश है। दोनों राष्ट्र सांस्कृतिक आधार पर वर्षों से घनिष्ठ रूप से जुड़े हुए हैं। सैन्य गुटों का विरोध, औपनिवेशिक स्वतंत्रता, निःशस्त्रीकरण एवं हिंद महासागर को शांतिपूर्ण रखने के प्रयास संबंधी मुद्दों पर दोनों देश समान विचार रखते हैं।

इसके अतिरिक्त दोनों देशों के मध्य विवाद के क्षेत्र भी रहे। सबसे मुख्य विवादित मुद्दा तमिलों, जो कि भारतीय मूल के हैं एवं ब्रिटिश शासकों द्वारा बागवानी मजदूरों के रूप में श्रीलंका ले जाए गए थे, की नागरिक एवं समान अधिकार दिलाने से संबंधित हैं। पिछले दो वर्षों में

भारत–श्रीलंका संबंध और अधिक घनिष्ठ हुए हैं। मई 2000 में विदेश मंत्री जसवंत सिंह ने श्रीलंका की यात्रा की तथा श्रीलंका में स्थायी शांति की बहाली हेतु श्रीलंकाई शीर्ष नेताओं से बातचीत की। फरवरी 2001 में श्रीलंका की राष्ट्रपति चंद्रिका कुमारतुंग भारत की यात्रा पर आयीं और आपसी विश्वास व समझबूझ पर आधारित घनिष्ठ एवं मैत्रीपूर्ण संबंधों की प्राथमिकता को दोहराया।

भारत द्वारा श्रीलंका को 100 मिलियन डॉलर का ऋण किस्तों के रूप में उपलब्ध कराया गया है। भारत–श्रीलंका के बीच मार्च 2000 से मुक्त व्यापार समझौता लागू किया गया तथा दोनों देशों के मछुआरों को पेश आ रही परेशानियों को सुलझाने हेतु कई कदम उठाये गये।

भारत विपत्ति के समय सदैव श्रीलंका को सहायता प्रदान करता रहा है। भारत सरकार द्वारा श्रीलंका को कई ऋण प्रदान किये गये हैं। दिसम्बर 2004 में सुनामी आपदा के पश्चात् श्रीलंका सरकार के अनुरोध पर नौवहन जहाजों व हैलिकॉप्टरों में भारी मात्रा में राहत सामग्री भेजी गई।

लिट्टे, जो श्रीलंका सरकार के लिए पिछले तीन दशक से भी अधिक समय से सिरदर्द एवं चुनौती बना हुआ था, का सफाया करने में हाल में श्रीलंका सरकार को सफलता प्राप्त हुई है। इसके साथ ही श्रीलंका को अपनी सबसे बड़ी आंतरिक समस्या से निजात मिली।

लेकिन अगर गौर से देखा जाए तो मूल समस्या अभी भी बनी हुई है। वस्तुतः लिट्टे का जन्म भारतीय तमिलों को समान नागरिकता एवं अधिकार दिलाने के उद्देश्य से हुआ था। अतः जब तक तमिलों का सम्मान सहित पुनर्वास एवं अधिकार स्थापित नहीं होते, तब तक लिट्टे के पतन के बाद भी हिंसा जारी रहेगी।

अगर भारत की भूमिका के परिप्रेक्ष्य में देखा जाए तो उसे अपनी नीति जारी रखनी होगी और यह सुनिश्चित करना होगा कि तमिलों को उनका सही स्थान एवं संवैधानिक अधिकार प्राप्त हों। इस संदर्भ में

श्रीलंका के संविधान के 15वें संशोधन में जो वादे भारत से किए गए हैं उनका जल्द से जल्द कार्यान्वयन हो। इसकी सफल परिणति के लिए भारत को विश्व समुदाय का समर्थन भी हासिल करना होगा।

भारत ने श्रीलंका में संकट की स्थिति में बड़े पैमाने पर राहत सहायता एवं विस्थापितों के लिए फैमिली पैक और दवाएं भेजी। उल्लेखनीय है कि वर्ष 2008 में भारत, श्रीलंका का सबसे बड़ा व्यापारिक भागीदार रहा और उसके साथ द्विपक्षीय व्यापार 3.27 अरब अमरीकी डॉलर तक पहुंच गया है। भारत, श्रीलंका में दूसरा सबसे बड़े निवेशक के रूप में भी सामने आया है।

पिछले वर्षों में विभिन्न स्तरों पर द्विपक्षीय आदान प्रदान तथा श्रीलंका में आंतरिक रूप से विस्थापित व्यक्तियों के विकासात्मक सहयोग के लागू होने की सार्थक प्रगति से दोनों देशों के बीच दोस्ताना सम्बंधों को और मजबूत करने में मदद मिली है।

वर्तमान में भारत–श्रीलंका सम्बंध मजबूत हैं तथा ऐतिहासिक लगाव तथा मजबूत आर्थिक एवं विकासात्मक भागीदारी के समूह विरासत जो कि पिछले वर्षों में बनी है, पर निर्मित होकर सार्थक ऊंचाई छूने को तत्पर हैं।

भारत–पाक सम्बन्ध

सन् 1947 के पूर्व पाकिस्तान भारत का ही हिस्सा था पर देश की आजादी के साथ भारत का विभाजन भी हो गया तथा विभाजन के कारण उत्पन्न समस्याओं से ही दोनों देशों में शत्रुता भी प्रारम्भ हो गया।

अब तक दोनों देशों के मध्य छोटे–बड़े कुल चार युद्ध हो चुके हैं लेकिन लेकिन सभी समस्याएं पूर्वत बनी हुयी हैं।

शत्रुता का उदभव व विकास

15 अगस्त 1947 तक सभी देशी रियासतें भारत या पाकिस्तान में विलय हो चुकी थी लेकिन तीन रियासतें अभी भी स्वतन्त्र थी। इन रियासतों के विलय में सबसे बड़ा अड़पेच कश्मीर को लेकर था क्योंकि कश्मीर के डोगरा राजा हरि सिंह न तो इसे पाकिस्तान में विलय करना चाहते थे और न ही भारत में विलय।

भारत इस मामले में चुप था लेकिन पाकिस्तान कश्मीर को हर हाल में पाना चाहता था इसलिए पहले तो उसने कश्मीर पर आर्थिक प्रतिबन्ध लगा दिया क्योंकि उस समय कश्मीर का ज्यादातर व्यापार पाकिस्तान से ही होता था जो की भौगोलिक रूप से सुविधाजनक था लेकिन इस प्रतिबन्ध का राजा हरिसिंह पर कोई प्रभाव नहीं पड़ते देख पाकिस्तान ने कश्मीर पर कबायली (किराये के आदिवासी सैनिक) आक्रमण करा दिया। कबायलियों ने कश्मीर में कत्लेआम शुरू कर दिए।

कश्मीर की सुरक्षा के लिए राजा हरिसिंह ने भारत से सहायता मांगी। भारतीय नेता नेहरू और पटेल सहायता देने के पक्ष में थे लेकिन गवर्नर जनरल माउन्टबेटन अन्तराष्ट्रीय कानूनों का हवाला देकर यह कहा की जब तक कश्मीर का भारत में विलय नहीं हो जाता तब तक हम कश्मीर की सहायता नहीं कर सकते अतः मजबूर होकर कश्मीर के प्रधानमंत्री मेहरचंद महाजन ने इंस्टूमेंट ऑफ अक्सेशन (विलय पत्र) पर हस्ताक्षर कर दिए। अतः शीघ्र ही भारतीय सेना हवाई मार्ग से कश्मीर भेजी गयी। भारतीय सेना को कश्मीर से कबायलियों को पीछे भगाने में सफलता मिल रही थी।

कुछ और दिनों में भारतीय सेना कश्मीर को पाकिस्तान के कब्जे से पूर्णतया मुक्त करा पाती लेकिन इसी समय नेहरू जी मामले को यू एन ओ में ले गए। यू एन ओ मामले में हस्तक्षेप करके युद्ध विराम समझौता करा दिया।

उस समय जितना भूभाग पाकिस्तान के कब्जे में था आजतक

पाकिस्तान के कब्जे में बना हुआ है जिसे पाकिस्तान आजाद कश्मीर कहता है तथा भारत पाक अधिकृत कश्मीर।

हलाकि इस मामले को सुलझाने के लिए एक आयोग का गठन किया था जिसकी रिपोर्ट में यह प्रस्ताव था की पाकिस्तान कश्मीर से अपनी सेना को वापस ले तो वहाँ जनमत संग्रह कराया जायेगा लेकिन पाकिस्तान ने पाक अधिकृत कश्मीर से सेना वापस लेने से इनकार कर दिया क्योंकि उसको इस बात का भय था की शेख अब्दुल्ला के नेतृत्व में बहुसंख्यक मुस्लिम भारत के पक्ष में मत व्यक्त करेंगे जिससे उसकी पराजय निश्चित थी।

अतः पाकिस्तान की हठधर्मिता के कारण कश्मीर समस्या आज तक बनी हुयी है जो भारत–पाक संबंधों में खटास का प्रमुख कारण है।

कश्मीर के सम्बन्ध में पाकिस्तान के तर्क

1 चूँकि भारत का विभाजन द्वि–राष्ट्र सिद्धांत के आधार पर हुआ था अतः मुस्लिम बहुल कश्मीर पर पाकिस्तान का हक है। इसी आध ार पर भारत ने जूनागढ़ व हैदराबाद का बल पूर्वक विलय किया था।

2 भौगोलिक रूप से कश्मीर पाकिस्तान के ज्यादा करीब है। स्वतंत्रता से पूर्व कश्मीर का ज्यादातर व्यापार पाकिस्तान वाले क्षेत्र से ही होता था।

3 बिना जनमत संग्रह के कश्मीर का भारत में विलय अवैध है।

4 कश्मीरी जनता आज भी भारत से आजाद होना चाहती है। वह भारतीय झंडे के नीचे नहीं रहना चाहती है।

भारत के तर्क

1 कश्मीर का भारत में विलय पूर्णतया वैधानिक है। भारतीय स्वतंत्रता अधिनियम 1947 में यह प्रावधान था की किस रियासत के किसके साथ सामिल होना है यह रियासत के शासक को निर्णय लेना था।

और जब राजा हरीसिंह ने कश्मीर का भारत में विलय कर दिया है तो अब पाकिस्तान का कोई भी तर्क बेबुनियाद है।

2 द्वि–राष्ट्र का सिद्धांत पाकिस्तान की अपनी बुद्धि की उपज है जिसे शासक मानने के लिए बाध्य नहीं होते।

3 जनमत संग्रह की पूर्व शर्त थी की पाकिस्तान कश्मीर से अपनी सेना वापस ले।जब उसने पहली शर्त मानने से इंकार कर दिया तो अब जनमत संग्रह का राग अलापने का कोई औचित्य नहीं है।

4 जम्मू कश्मीर की निर्वाचित संविधान सभा ने विधिवत प्रस्ताव पारित करके कश्मीर के भारत में विलय को स्वीकार कर लिया है तथा कश्मीर को भारत का अभिन्न अंग घोषित किया है।

कश्मीर समस्या के सन्दर्भ में भारत द्वारा की गयी गलतियाँ

1 नेहरू द्वारा जनमत संग्रह की बात स्वीकार करना एक बड़ी भूल थी क्योंकि न तो राजा हरिसिंह ऐसी कोई शर्त रखी थी और न ही जम्मू–कश्मीर के तत्कालीन लोकप्रिय नेता शेख अब्दुल्ला ने ही ऐसी कोई माँग की थी।

2 मामले को UNO में भारत को नहीं ले जाना चाहिए था क्योंकि भारतीय सेना उस समय आगे बढ़ रही थी तथा पाक सेना बैक फुट पर थी। कुछ दिनों में पुरे कश्मीर में मेरा कब्जा हो जाता।

3 भारत ने इस मामले को UN सुरक्षा परिषद में चार्टर के गलत अनुच्छेद के तहत उठाया। मामले को चार्टर के अध्याय 7 के अनु. 39 के तहत उठाना चाहिए था जो शांति के उल्लंघन और आक्रमण की कारवाही से सम्बंधित है।

यदि ऐसा होता तो पाकिस्तान को आक्रमणकारी घोषित किया जाता परन्तु भारत ने मामले को अध्याय 6 के अनु.35 के तहत उठाया जो विवादों के शांति पूर्ण निपटारे से सम्बंधित है। ऐसा करके भारत स्वयं विश्व को यह सन्देश दिया की मामला विवादित है।

4 भारत को युद्ध विराम समझौता तभी करना चाहिए था जब पुरे कश्मीर पर भारतीय सेना का कब्जा हो जाता क्योंकि उस समय भारतीय सेना जीत के करीब थी।

भारत और पाकिस्तान के मध्य विवाद के महत्वपूर्ण बिंदु

1 **पाक समर्थित आतंकवाद–** भारत–पाक युद्ध 1965 तथा 1971 द्वारा यह साबित हो गया की आमने–सामने के युद्ध में भारत को पराजित नहीं किया जा सकता तो पाकिस्तान का सहारा लिया, जिसका एक रूप आतंकवाद है। दोनों देशों के रिश्ते सामान्य नहीं हो पा रहे हैं इसका मुख्य कारण अतंकवाद है। अभी हाल ही में जब वार्ता का दौर प्रारम्भ हो ही रहा था की पठानकोट आतंकी हमला हो गया जिससे वार्ता को कुछ दिन के लिए टाल दिया गया है।

2 **नदी जल विवाद–** पाकिस्तान में प्रवाहित नदियां सिंधु झेलम चनाव रावी सतलज व्यास उदगम् के बाद पहले भारत में प्रवाहित होती हैं फिर पाकिस्तान में अतः पानी के बटवारे को लेकर विवाद प्रारम्भ से ही था लेकिन विश्व बैंक की मध्यस्थता से 1960 में सिंधु और उसकी सहायक नदियों के जल बटवारे से सम्बंधित समझौता हुआ। जिसके तहत सिंधु झेलम चेनाव के जल का आधे से अधिक भाग पर पाकिस्तान का घोषित किया गया जबकि रावी सतलज व्यास पर इसीप्रकार भारत के अधिकार को स्वीकार किया गया। लेकिन भारत जब भी सिंधु झेलम चेनाव पर कोई परियोजना स्थापित करने लगता है तो पाकिस्तान हाय तोबा मचता है।ऐसी ही परियोजनाओं में किशनगंगा परियोजना,बगलिहार परियोजना, तुलबुल परियोजना तथा बुंजी परियोजना हैं।

3 **सियाचिन विवाद–** सियाचिन उत्तरी कश्मीर में स्थित ग्लेशियर है जिसे कश्मीर अपना बतलाता है तथा बीच–बीच में अपने पर्वतारोही और सैनिक भेजता रहता है जिससे बीच–बीच में झड़पें होती रहती हैं इससे निपटने के लिए भारतीय सेना यहाँ ऑपरेशन

मेघदूत चला रही है। यह विश्व का सबसे ऊँचा युद्ध स्थल माना जाता है।

4 **सर क्रिक विवाद–** भारत के पश्चिमी गुजरात और पाकिस्तान के सिंध प्रान्त का तटवर्ती दलदली उथला समुद्री क्षेत्र के बटवारे को लेकर विवाद है।चूँकि इस क्षेत्र का बटवारा सर क्रिक नामक अंग्रेज अधिकारी के नेतृत्व में हुआ था इस लिए इसे सर क्रिक विवाद कहा जाता है। चूँकि इस क्षेत्र में प्राकृतिक गैस और पेट्रोलियम के भण्डार होने की संभावना है इस लिए दोनों ही देश इस पर अपना दावा प्रस्तुत करते रहते हैं। सन् 1965 में इस मुद्दे को लेकर युद्ध भी हो चूका है लेकिन आजतक कोई समाधान नहीं निकाला जा सका है।

5 **पाकिस्तान–चीन की नजदीकियां–** पाकिस्तान पाक अधिकृत कश्मीर का लगभग 5000 वर्ग कि मी भाग चीन को दे रखा है जिसे अक्साई चिन कहा जाता है। यह क्षेत्र सामरिक महत्त्व का है जो भारत के सुरक्षा हितों के प्रतिकूल है। चीन इस क्षेत्र से कराकोरम राजमार्ग बना लिया है जिसके माध्यम से पाकिस्तान के ग्वादर बंदरगाह को जोड़ने वाला गलियारा बना कर अरब सागर में अपनी उपस्थिति दर्ज करना चाहता है जोकि भारत के सामरिक हितों के प्रतिकूल है।

भारत–अमेरिका सम्बन्ध

पोखरण परमाणु परीक्षणों के बाद अमेरिका द्वारा भारत के खिलाफ कई आर्थिक प्रतिबंध आरोपित कर दिये गये थे। किंतु कुछ समयांतराल पश्चात् ही दोनों देशों के आपसी संबंधन केवल सामान्य बल्कि अभूतपूर्व ढंग से घनिष्ठ हो गये। मार्च 2000 में तत्कालीन अमेरिकी राष्ट्रपति विल क्लिंटन द्वारा भारत को यात्रा की गयी यात्रा के दौरान अमेरिकी राष्ट्रपति

ने माना कि दोनों देश नई सदी की ओर समान ढंग से देखते हैं। कुछ समय बाद ही क्लिंटन प्रशासन द्वारा भारत पर आरोपित अधिकांश प्रतिबंध उठा लिए गये। भारत–अमेरिकी अंतर्निर्भरता को बढ़ाने में अमेरिका स्थित सफल भारतीय समुदाय की भूमिका अति महत्वपूर्ण रही है।

दोनों देशों के मध्य विचारों के नियमित आदान–प्रदान हेतु एक संस्थागत तंत्र भी निर्मित किया गया। सितंबर 2000 में भारतीय प्रधानमंत्री द्वारा अमेरिका की यात्रा की गयी। उन्होंने कांग्रेस के संयुक्त अधिवेशन को संबोधित किया और सार्वभौमिक व राज्य समर्थित आतंकवाद को समाप्त करने हेतु दोनों देशों द्वारा एकजुट प्रयास करने का आह्वान किया। दोनों देशों के बीच आर्थिक–व्यापारिक कार्य–कलापों में भी कई गुना वृद्धि हुई। भारत–अमेरिका के बीच बढ़ती निकटता ने पाकिस्तान के पक्ष में मौजूद अंतराष्ट्रीय समर्थन की अत्यंत क्षीण बना दिया है।

वर्ष 2004–05 के दौरान भारत–अमेरिका संबंधों में गहन क्रिया–कलाप जारी रहे जो गुणात्मक परिवर्तन की दिशा में थे। साथ ही दोनों पक्षों ने भारत और अमेरिका के बीच सामरिक भागीदारी स्थापित करने के अपने संकल्प को दोहराया। दोनों पक्षों में संबंधों को और व्यापक, गहन तथा सुदृढ़ बनाने की वचनबद्धता है।

यह बात भारत सरकार के न्यूनतम साझा कार्यक्रम और जून 2004 में संसद में दिये गये राष्ट्रपति के भाषण में परिलक्षित होती है। नवम्बर 2004 में राष्ट्रपति बुश के दुबारा चुने जाने के साथ ही अमेरिकी सरकार ने भारत और अमेरिका के बीच सामरिक भागीदारी को और मजबूत बनाने की वचनबद्धता व्यक्त की।

दोनों पक्षों द्वारा सामरिक मसले, रक्षा, अंतराष्ट्रीय आतंकवाद का मुकाबला, विज्ञान एवं प्रौद्योगिकी, शांति–रक्षा, साइबर सुरक्षा, स्वास्थ्य, मसलों पर विस्तृत बातचीत की गई।

दोनों पक्षों के बीच सभी स्तरों पर क्रियाकलाप सुचारू रूप से चलते रहे। जून 2004 में विदेश मंत्री की वाशिंगटन यात्रा और 7–8 जुलाई,

2004 तक आसियान क्षेत्रीय मंच की बैठक के दौरान तत्कालीन अमेरिकी विदेश मंत्री कॉलिन पॉवेल के साथ उनकी बातचीत से राजनैतिक स्तर पर प्रत्यक्ष संपर्क स्थापित हुए।

अमरीकी पक्ष से 13–14 जुलाई, 2004 तक अमेरिकी विदेश उप–मंत्री ने भारत–अमेरिकी संबंधों के सतत् विकास की पुष्टि के लिए भारत की यात्रा की। जून 2004 में नई दिल्ली में हुई रक्षा नीति दल की बैठक और जून 2004 में बंगलुरू में हुए भारत–अमेरिकी अंतरिक्ष सम्मेलन से सकारात्मक संदेश मिले।

संयुक्त राष्ट्र महाधिवेशन के अवसर पर 21 सितम्बर, 2004 को प्रधानमंत्री ने न्यूयॉर्क में राष्ट्रपति बुश से मुलाकात की। संयुक्त वक्तव्य, अमेरिका–भारत भागीदारीः सहयोग और विश्वास में उन्होंने कहा कि आज से पहले द्विपक्षीय संबंध इतने घनिष्ठ कभी नहीं थे और इससे भारत–अमेरिका सामरिक भागीदारी और विकास की दिशा निर्धारित हुई।

बैठक के दौरान राष्ट्रपति बुश ने इस बात पर बल दिया कि भारत के साथ हमारे संबंध महत्वपूर्ण और संभावनाओं से परिपूर्ण हैं। प्रधानमंत्री ने इस बात पर बल दिया कि हमारे द्विपक्षीय संबंधों को सुदृढ़ करने की हमारी वचनबद्धता से शांति, समृद्धि और आतंकवाद मुक्त पर्यावरण के निर्माण में सहायता मिलेगी। उन्होंने सामरिक भागीदारी के अगले कदम के चरण–1 को क्रियान्वित करने, जिसमें इसरो मुख्यालय को वाणिज्य विभाग की प्रतिबंधित इकाइयों की सूची से हटा लिया गया है,को सहयोग और विकास के एक नये युग का सूत्रपात माना। विस्तारित रक्षा सहयोग को बढ़ते हुए संबंधों का एक अभिन्न पहलू माना गया।

विदेश सचिव ने अमेरिकी प्रशासन में अपने समकक्षों के साथ चर्चा करने के लिए 16–18 सितम्बर, 2004 तक वाशिंगटन डीसी का दौरा किया। उन्होंने विदेश विभाग, हाइट हाउस और पेंटागन में बैठकें कीं, परामर्श एवं एशियाई सुरक्षा वार्ताएं की गयीं। विदेश सचिव की अमेरिकी

प्रशासन के उच्चाधिकारियों, मनोनीत विदेश मंत्री कोंडोलिजा राइस, उप–रक्षा मंत्री पाउल वोल्फोविच, उप–विदेश मंत्री रिचर्ड आर्मिटेज एवं वाणिज्य, आर्थिक एवं कृषि मामलों के अंडर सेक्रेटरी एलन लारसन के साथ उपयोगी बैठकें हुई।

विदेश मंत्री ने रक्षा अंडर सेक्रेटरी डगलस कीय, वाणिज्य अंडर सेक्रेटरी केनेथ जस्टर और उप–राष्ट्रीय सुरक्षा सलाहकार स्टीव हेडले के साथ भी मुलाकात की। इन बैठकों से अंतराष्ट्रीय और क्षेत्रीय मसलों पर विचारों का व्यापक उच्चस्तरीय आदान–प्रदान हो पाया। अमेरिका ने भारत–अमेरिकी संबंधों के प्रति अपनी मजबूत वचनबद्धता को दोहराया। विदेश सचिव ने 18–19 नवंबर, 2004 तक वाशिंगटन डी.सी. में हुई एचटीसीजी की तीसरी बैठक के लिए उद्योग–सरकार के एक शिष्टमंडल का नेतृत्व किया।

इस बैठक के दौरान उद्योग–सरकार सत्र में डेटा प्राइवेसी तथा रक्षा प्रौद्योगिकी और सरकार–सरकार सत्र में सामरिक व्यापार और व्यापार को बनाने के संबंध में चर्चा की गयी। इस बैठक में दोनों पक्षों के औद्योगिक और सरकारी प्रतिनिधियों ने व्यापक भागीदारी की। पूर्ण अधिवेशन में लगभग 100 भागीदार थे।

जनवरी 2000 में स्थापित आतंकवाद के मुकाबले से संबद्ध संयुक्त कार्यदल एक–दूसरे की चिंताओं को और समझने के लिए एक उपयोगी तंत्र साबित हुआ। 31 अगस्त–1 सितम्बर, 2001 तक नई दिल्ली में आयोजित जेडब्ल्यूजीसीटी की छठी बैठक में अंतरराष्ट्रीय आतंकवाद की वर्तमान प्रवृत्तियों और अफगानिस्तान की स्थिति पर चर्चा की गयी।

दोनों पक्षों ने आतंकवाद का मुकाबला करने के संबंध में विधिप्रवर्तन, विधायी, वित्तीय और अन्य उपायों पर विचारों का आदान–प्रदान किया, प्रशिक्षण और क्षमता निर्माण कार्यक्रम पर सहमति व्यक्त की तथा आतंकवाद का मुकाबला करने के बहु–पक्षीय प्रयासों पर विचारों का आदान–प्रदान किया।

अमेरिका, भारत का सबसे बड़ा व्यापारिक भागीदार है और अमेरिका के भागीदारों की सूची में हमारा स्थान 18वां है। अमेरिका भारत में प्रत्यक्ष विदेशी निवेश का सबसे बड़ा स्रोत है, जिसका योगदान जनवरी 1991 और मार्च 2004 के बीच अनुमोदित विदेशी प्रत्यक्ष निवेश का 21 प्रतिशत था।

भारत का अमेरिका की सेवाओं का निर्यात प्रतिवर्ष 6 बिलियन अमेरिकी डॉलर से अधिक का है। दोनों देशों के बीच व्यापार और आर्थिक संबंधों को बढ़ाने के लिए ये तीन उपाय किये गये–सामरिक भागीदारी में वृद्धि, उच्च प्रौद्योगिकी सहयोग दल और उच्चस्तरीय आर्थिक वार्ता।

वर्ष 2006 में अमेरिकी राष्ट्रपति बुश भी भारत यात्रा पर आये। उनकी इस यात्रा से द्विपक्षीय संबंधों को नया आयाम मिला। उन्होंने भारत को एक महान लोकतांत्रिक देश तथा समृद्ध अर्थव्यवस्था वाला राष्ट्र बताया तथा विकास–प्रक्रिया की प्रशंसा की। वर्ष 2008 भारत तथा अमेरिका के मध्य द्विपक्षीय संबंधों के मामले में अत्यंत महत्वपूर्ण वर्ष रहा। 10 अक्टूबर, 2008 को वाशिंगटन में भारत–अमेरिका नागरिक परमाणु ऊर्जा सहयोग समझौते पर हस्ताक्षर किए गए।

इसकी घोषणा जुलाई 2005 में प्रधानमंत्री मनमोहनसिंह की अमेरिका यात्रा के दौरान की गई थी। गौरतलब है कि भारत ने 1 अगस्त, 2008 को अंतराष्ट्रीय परमाणुऊर्जा एजेंसी के साथ विशिष्ट सुरक्षा समझौता किया। इस समझौते पर भारत के विदेश मंत्री एवं अमेरिका की विदेश सचिव ने 10 अक्टूबर, 2008 को हस्ताक्षर किए। इससे दोनों देशों के संबंध प्रगाढ़ हुए तया साथ ही आर्थिक और उच्च तकनीकी के क्षेत्र में सहयोग के नए अवसर खुले हैं।

उल्लेखनीय है कि बुश प्रशासन के समाप्त होने और प्रथम अश्वेत बराक ओबामा के अमेरिका के 20 जनवरी, 2009 से राष्ट्रपति बनने से भारत–अमेरिका संबंधों में एक नया आयाम आया है।

श्री बराक हुसैन ओबामा भारत के प्रति सकारात्मक रवैया रखते हैं और संबंध अधिक घनिष्ठ करने के इच्छुक हैं। राजनीतिक विशेषज्ञों का मानना है कि बराक ओबामा के कार्यकाल में भारत–अमेरिका के संबंधों में विशेष प्रगति होगी एवं दोनों देशों के आपसी सामरिक संबंध मजबूत होंगे।

डेमोक्रेट अमेरिकी राष्ट्रपति बिल क्लिंटन ने पाकिस्तान नीति में काफी बदलाव किया और बुश प्रशासन ने इसे आगे बढ़ाया और कश्मीर मुद्दे से दूरी बनाए रखने की नीति अपनाई। इसी नीति पर ओबामा को चलना होगा।

हालांकि राष्ट्रपति ओबामा ने पाकिस्तान की सलाह भी दी है कि उसे वास्तविक खतरा उसके (पाकिस्तान) अंदर से है न कि भारत से। ओबामा ने हाल ही में कहा कि पाकिस्तान एवं अफगानिस्तान की समस्या को व्यापक संदर्भ एवं नीति के तहत देखा जाना चाहिए।

नवंबर, 2010 में दिल्ली में प्रधानमंत्री डॉ. मनमोहन सिंह तथा अमेरिकी राष्ट्रपति बराक ओबामा द्वारा किए गए विजन के अनुपालन में भारत तथा संयुक्त राज्य अमेरिका ने अपनी वैश्विक सामरिक भागीदारी को गहरा करना जारी रखा। दोनों पक्षों ने द्विपक्षीय लगावों का उच्च स्तर बनाए रखा, कई नई पहलें प्रारम्भ कीं तथा काफी विस्तृत क्षेत्र में अपने सहयोग को बढ़ाया।

इन क्षेत्रों में शामिल थे– राजनीतिक एवं सामरिक शिक्षा,एवं सशक्तीकरण। नवंबर, 2011 में बाली में पूर्वी एशिया सम्मेलन के दौरान प्रधानमंत्री डॉ. मनमोहन सिंह तथा राष्ट्रपति बराक ओबामा ने मुलाकात की।

19 जुलाई, 2011 को नई दिल्ली में आयोजित दूसरे भारत–अमेरिका सामरिक संवाद की सह अध्यक्षता श्रीमती हिलेरी क्लिंटन, अमेरिका सेक्रेटरी ऑफ स्टेट के साथ तत्कालीन विदेश मंत्री एस.एम. कृष्णा ने की। क्षेत्रीय तथा, वैश्विक विकास के मुद्दों पर दोनों देशों ने निकटतम सलाह

जारी रखी। सामान तथा सेवाओं दोनों प्रकार से भारत के सर्वाधिक बड़े व्यापारिक भागीदार भारत के साथ वाणिज्यिक संबंध तथा जन से जन संपर्क वर्ष के दौरान वृद्धि होना जारी रहा।

भारत–रूस सम्बन्ध

भारत एवं रूसी संघ के मध्य संबंध विश्वास, आपसी समझ–बूझ और निरंतरता की कसौटी पर खरे उतरे हैं। भारत एवं रूस के मध्य मैत्री एवं सहयोग का रिश्ता प्राचीन काल से है। दोनों जरूरत के समय एक–दूसरे के साथ खड़े हुए हैं। स्वतंत्रता प्राप्ति के पश्चात् भारत–रूस के बीच संबंध मधुर रहे एवं 1991 में सोवियत संघ के विघटन के पश्चात् रूस के साथ भी भारत ने आपसी संबंध प्रगाढ़ बनाए रखे।

रूसी परिसंघ के राष्ट्रपति व्लादिमीर पुतिन द्वारा अक्टूबर 2000 में भारत की राजकीय यात्रा की गयी। यात्रा के दौरान दोनों देशों के बीच विज्ञान–प्रौद्योगिकी, डाक–संचार, प्राकृतिक गैस क्षेत्रों के विकास व अन्वेषण से संबंधित लगभग 17 द्विपक्षीय समझौते सम्पन्न हुए। रूस द्वारा भारत को सुरक्षा परिषद में स्थायी सदस्य बनाने का पुरजोर समर्थन किया गया।

राष्ट्रपति पुतिन ने आतंकवाद एवं जम्मू–कश्मीर मामले पर भी भारतीय दृष्टिकोण का समर्थन किया।

भारत के रक्षा मंत्री एवं विदेश मंत्री द्वारा भी रूस की यात्राएं की गयीं तथा रक्षा एवं व्यापार से सम्बंधित कई समझौते सम्पन्न किये गये। इस प्रकार भारत एवं रूस के आपसी संबंध 70 के दशक की भारत–सोवियत संघ मैत्री के नवीन संस्करण के रूप में परिलक्षित हुए हैं।

रूसी संघ के रक्षा मंत्री श्री सेरगी इवनोव ने सैन्य तकनीकी सहयोग

से सम्बद्ध भारत–रूस संयुक्त के चौथे सत्र के संबंध में 30 नवम्बर से 1 दिसम्बर, 2004 तक भारत की यात्रा की ।

प्रधानमंत्री के निमंत्रण पर रूसी संघ के राष्ट्रपति महामहिम श्री व्लादिमीर पुतिन 5वें भारत–रूस वार्षिक शिखर सम्मेलन के लिए 3–5 दिसम्बर, 2004 तक भारत की यात्रा पर आए। यात्रा के दौरान कुल 11 दस्तावेज सम्पन्न हुए। इनमें शामिल थे–रूसी संघ के राष्ट्रपति और भारत के प्रधानमंत्री द्वारा हस्ताक्षर किया गया संयुक्त घोषणा–पत्र तथा अन्तरिक्ष, कोंसली एवं क्षेत्रीय सहयोग के क्षेत्रों को कवर करने वाले चार अन्तःसरकारी करार।

संयुक्त घोषणा–पत्र में भारत और रूस के बीच नीतिगत भागीदारी पर बल दिया गया है और हाल ही में विगत में सार्वभौम पर्यावरण में रूपांतरण को नोट किया गया है। इसमें बहु–ध्रुवीय विश्व पर आधारित एक नई अंतराष्ट्रीय संरचना की आवश्यकता पर जोर दिया गया है। ऊर्जा, सूचना–प्रौद्योगिकी और बैंकिंग के क्षेत्रों सहित आर्थिक संबंधों पर पर्याप्त एवं नए सिरे से बल दिया गया है।

यात्रा के दौरान बैंकिंग और ऊर्जा के क्षेत्रों में छह समझौता ज्ञापनों पर हस्ताक्षर किए गए। सहयोग के व्यावहारिक क्षेत्र को प्रोत्साहित करने की पारस्परिक इच्छा के अनुसरण में सूचना–प्रौद्योगिकी से सम्बद्ध पहला भारत–रूस गोलमेज सेमिनार 8–4दिसम्बर, 2004 तक बंगलुरू से सम्पन्न हुआ तथा उर्जा से सम्बद्ध पहला भारत–रूस सेमिनार 15 जनवरी, 2005 को नई दिल्ली में सम्पन्न हुआ।

सैन्य तकनीकी सहयोग के बारे में बुद्धिजीवियों के अधिकारों के पारस्परिक संरक्षण से सम्बद्ध अन्तःसरकारी करार के मसौदे पर भारत–रूसी दल की पहली बैठक 18–19 जनवरी, 2005 को नई दिल्ली में सम्पन्न हुई।

अंतराष्ट्रीय आतंकवाद का मुकाबला करने से सम्बद्ध भारत–रूस संयुक्त कार्यकारी दल की तीसरी बैठक 1920 जनवरी, 2005 को मास्को

में सम्पन्न हुई। दोनों पक्षों ने इस बात पर बल दिया कि अंतराष्ट्रीय आतंकवाद का मुकाबला करने के सहयोग में दोनों देशों के बीच नीतिगत साझीदारी एक महत्वपूर्ण अंग है तथा आतंकवाद के विरुद्ध युद्ध की शक्ति प्रदान करने के लिए दोनों देशों द्वारा देश में तथा साथ ही अंतराष्ट्रीय मंच पर किए गए उपायों पर विचारों का आदान–प्रदान किया।

इस क्षेत्र में सहयोग की व्यावहारिक आयाम प्रदान करने की दृष्टि से दोनों पक्ष निकट भविष्य में आतंकवाद की वित व्यवस्था की प्रतिबंधित करने पर लक्ष्यपूर्ण विचार–विमर्श करने पर सहमत हुए।

नीतिगत स्थायित्व के बारे में भारत–रूस विदेश कार्यालय परामर्श 27 जनवरी, 2005 को नई दिल्ली में सम्पन्न हुआ। दोनों पक्षों ने निःशस्त्रीकरण और डब्ल्यूएमडी की चोरी को रोकने से संबंधित पहलुओं पर विचारों का आदान–प्रदान किया।

राष्ट्रपति पुतिन की यात्रा के दौरान दिसम्बर 2004 को सम्पन्न राजनयिक एवं सरकारी पासपोर्ट धारकों की वीजा मुक्त यात्रा से सम्बद्ध भारत–रूस करार 15 फरवरी, 2005 से लागू हो गया।

11–12 नवंबर, 2007 को भारत–रूस शिखर वार्ता में भारत–रूस के मध्य चार विभिन्न समझौतों पर सहमति हुई–

- बहुउद्देश्यीय परिवहन विमानों के विकास, निर्माण एवं संयुक्त उत्पादन का समझौता
- रुपया ऋण निधि के उपयोग पर समझौता
- मादक पदार्थों के अवैध व्यापार एवं तस्करी पर नियंत्रण करने का आपसी समझौता
- बाध्य अंतरिक्ष के शांतिपूर्ण उपयोग के क्षेत्र में समझौता

वर्ष 2008 में तत्कालीन रूस के प्रधानमंत्री विक्टर जुबकोव एवं

भारतीय प्रधानमंत्री के मध्यवार्ता में द्विपक्षीय व्यापार को तीव्र करते हुए 2010 तक इसे दोगुना करते हुए 10 अरब डालर तक पहुंचाने का लक्ष्य निर्धारित किया गया।

वस्तुतः दोनों देशों के आपसी संबंधों को एक नई ऊंचाई तक पहुंचाने हेतु वर्ष 2008 भारत में रूस के वर्ष के रूप में मनाया गया। इस सिलसिले में भारत के विभिन्न शहरों में तकरीबन 140 कार्यक्रम आयोजित किए गए। इस प्रकार वर्ष 2009 को रूस में भारत के वर्ष के रूप में मनाया गया।

रूस के साथ भारत के सम्बंध प्राथमिकता के रहे। जबकि भारत रक्षा उपकरणों का सबसे बड़ा विक्रेता रहा, पूर्व में विक्रेता–क्रेता फ्रेमवर्क धीरे–धीरे रक्षा तंत्र के संयुक्त विकास एवं डिजाइन मॉडल में परिवर्तित हो रहा है। भारत के सिविलियन नाभिकीय कार्यक्रम में रूस एक सकारात्मक योगदान करता रहा है।

वर्ष के दौरान अंतरिक्ष क्षेत्र में महत्वपूर्ण संयुक्त प्रोजेक्ट तथा ह्यूमन स्पेस लाइट कार्यक्रम तथा चंद्रयान–2 में सहयोग जारी रहा। चीन के प्रयासों के बावजूद व्यापार एवं निवेश क्षेत्र में ध्यान आकर्षित किया। दोनों देशों ने विभिन्न वैश्विक तथा क्षेत्रीय मुद्दों तथा अफगानिस्तान मध्य पूर्व तथा उत्तरी अफ्रीका की स्थिति तथा काउन्टर आतंकवाद एवं ड्रग ट्रैफिकिंग पर उच्चस्तरीय सलाहकारिता आयोजित की। वर्ष 2011 में उच्चस्तरीय राजनीतिक संपर्कों में गति रही।

रूस के राष्ट्रपति पुतिन दिसम्बर, 2012 में 13वें शिखर वार्ता में भाग लेने के लिए भारत की यात्रा पर आए। इस शिखर वार्ता के दौरान भारत और रूस ने निवेश व्यापार तथा उच्चस्तरीय राजनयिक सक्रियता सम्बंधी करार भी किए।

वहीं संयुक्त बयान में दोनों देशों ने विवादस्पद मुद्दों को टालकर 40 से अधिक मसलों पर सहयोग की सहमति जताई। दोनों देशों के बीच ऊर्जा सुरक्षा का दायरा बढ़ाने पर भी सहमति बनी। साथ ही अंतराष्ट्रीय

मुद्दों पर सहयोग बढ़ाने के लिए दोनों देशों ने विदेश मंत्रालय स्तर पर नियमित विचार–विमर्श के लिए व्यवस्था बनाने पर भी रजामंदी जताई है।

वर्ष 2012 के दौरान प्रमुख मंत्रालयों से मंत्रियों एवं वरिष्ठ अधिकारियों की यात्राओं का आदान–प्रदान जारी रहा तथा इससे सामरिक भागीदारी में गहराई आई।

भारत और यूरोपीय संघ

वर्ष 2004 भारत और यूरोपीय संघ दोनों के लिए एक लाभकारी वर्ष रहा (यूरोपीय संघ की सदस्यता 15 से 25 सदस्य देशों तक बढ़ गई है)। यूरोपीय संघने अनुकूल भागीदारी के लिए भारत के साथ अपने द्विपक्षीय संबंधों का दर्जा बढ़ाया। भारत अब उन पांच अन्य देशों में शामिल हो गया है, जिनके साथ यूरोपीय संघ के इस प्रकार के विशेष संबंध हैं।

5वां भारत–यूरोपीय संघ शिखर सम्मेलन, यूरोपीय संघ की डच प्रेसीडेंसी के अधीन 8 नवम्बर, 2004 को हेग में आयोजित किया गया। प्रधानमंत्री श्री मनमोहन सिंह ने सम्मेलन में भाग लेने के लिए गए भारतीय प्रतिनिधिमण्डल का नेतृत्व किया। प्रतिनिधिमण्डल में विदेश मंत्री श्री नटवर सिंह, वाणिज्य एवं उद्योग मंत्री श्री कमलनाथ और राष्ट्रीय सुरक्षा सलाहकार श्री जे.एन.दीक्षित प्रमुख थे।

शिखर सम्मेलन में यूरोपीय संघ और भारत के बीच एक अनुकूल साझीदारी की शुरूआत की गई। इसमें ऐसा कार्यक्रम बनाया गया जिसमें अंतराष्ट्रीय आतंकवाद के विरुद्ध लड़ाई, बहुपक्षता की भूमिका, पारस्परिक हित की क्षेत्रीय घटनाओं और आर्थिक एवं व्यापारिक मामलों के संबंध में दोनों पक्षों के बीच सहयोग की समीक्षा जैसे सार्वभौमिक मुद्दों सहित भारत–यूरोपीय संघ के संबंधों का सम्पूर्ण प्रतिबिम्ब सम्मिलित

हो। विज्ञान एवं प्रौद्योगिकी मोर्चे पर संबंधों को बढ़ाने की सम्भावना, विशेषकर गेलीलियो परियोजना में भारत की भागीदारी और आईटीईआर परियोजना में भारत की अभिरुचि के बारे में दोनों पक्षों के बीच संरचना करार पर प्रस्तावित हस्ताक्षर किए जाने के परिप्रेक्ष्य में बल दिया गया।

भारत और यूरोपीय संघ ने एक एनर्जी पैनल तथा एक पर्यावरण मंच स्थापित करने का भी निर्णय लिया और भारत–यूरोपीय संघ संबंधों के सम्पूर्ण क्षेत्र को सम्मिलित करते हुए संयुक्त कार्रवाई योजना बनाने के लिए सहमत हुए। दोनों पक्षों ने सांस्कृतिक संबंधों पर एक संयुक्त घोषणा और एक संयुक्त प्रेस वक्तव्य भी जारी किया।

वर्ष के दौरान यूरोपीय संसद के साथ अन्योन्य क्रिया जारी रहीं। दक्षिण एशिया का एक प्रतिनिधिमण्डल और अध्यक्ष नीना गिल के नेतृत्व में ईपी का एक सार्क प्रतिनिधिमण्डल 1–6 नवम्बर, 2004 को भारत की यात्रा पर आया।

इस प्रतिनिधि मण्डल ने विदेशी मामलों संबंधी लोकसभा स्थायी समिति, राज्यसभा सदस्यों, पूर्व गृहमंत्री श्री एल.के.आडवाणी, श्री एन. एन. बोरा, भारत–यूरोपीय संघ गोलमेज के सह–अध्यक्ष, राष्ट्रीय मानवाधिकार आयोग के अध्यक्ष एवं अन्य सदस्यों, एफआईसीसीआई और सीआईआई के साथ बैठकों में भाग लेने के अलावा विदेश मंत्री, सूचना एवं प्रसारण मंत्री तथा पर्यावरण मंत्री से भी मुलाकात की। चार भारतीय सांसदों का एक दल विश्व व्यापार संगठन के मुद्दों संबंधी आईपीयू सम्मेलन में भाग लेने के लिए नवम्बर 2004 के अन्त में ब्रुसेल्स की यात्रा पर गया। भारत और यूरोपीय संघ के बीच आर्थिक एवं व्यापारिक अभिरुचि के पर्याप्त मामले हैं।

यूरोपीय संघ (25 राष्ट्रों के एक समूह के रूप में) भारत का सबसे बड़ा निर्यात बाजार है और भारत के कुल निर्यात में उसका हिस्सा 24 प्रतिशत से भी अधिक है। यूरोपीय संघ भारत के लिए विदेशी प्रत्यक्ष निवेश का एक सबसे बड़ा स्रोत है।

यूरोपीय संघ से विदेशी प्रत्यक्ष निवेश के अति महत्वपूर्ण स्रोतों में इंग्लैण्ड, जर्मनी तथा नीदरलैण्ड हैं और उनके बाद फ्रांस, इटली और बेल्जियम आते हैं।

भारत–यूरोपीय संघ के बीच विज्ञान एवं प्रौद्योगिकी सहयोग संबंधी संरचना करार ने दोनों पक्षों के आर्थिक प्रतियोगियों एवं अन्वेषकों का ध्यान आकर्षित करने में वृद्धि को है।

मार्च 2004 में विज्ञान एवं प्रौद्योगिकी विभाग के सचिव श्री वी.एस. राममूर्ति ने इण्डिया–ईसी स्टीयरिंग कमेटी की पहली बैठक में भाग लेने के लिए बुसेल्स की यात्रा पर गए एक प्रतिनिधिमण्डल का नेतृत्व किया जिसके दौरान विज्ञान एवं प्रौद्योगिकी में भारत–ईसी सहयोग कार्यक्रम 2004–2006तथा एक संयुक्त वक्तव्य पर हस्ताक्षर किए गए।

दोनों पक्ष नैनो–प्रौद्योगिकी, स्वास्थ्य तथा खाद्य के गुणसूत्र, भूतल परिवहन (वाहनक्षेत्र) तथा स्थायी विकास (प्राकृतिक आपदा शमन) के क्षेत्रों में वर्ष 2004–05 के दौरान 4 कार्यशालाएं संयुक्त रूप से आयोजित करने के लिए सहमत हुए।

संयुक्त गतिविधियों तथा परियोजनाओं को, यूरोपीय संघ के वर्ष 2002–2006 के लिए अन्वेषण तथा प्रौद्योगिकी विकास (आरटीडी) की छठी संरचना में सहायता दी गयी। भारत–यूरोपीय संघ संयुक्त आयोग की 14वीं बैठक 10 सितम्बर, 2004 को ब्रुसेल्स में आयोजित की गई।

भारत–यूरोपीय संघ गोलमेज की सातवीं और आठवीं बैठकें क्रमशः श्रीनगर में जून 2004 में और लन्दन में दिसम्बर 2004 में आयोजित की गई। पर्यटन को बढ़ावा देने तथा व्यापार एवं स्थायी विकास को प्रोत्साहित करने के लिए द्विपक्षीय सहयोग तथा सिविल सोसायटी इण्टरनेशनल फोरम पर सातवें दौर में चर्चा की गई।

गोलमेज की आठवीं बैठक की सह–अध्यक्षता यूरोपीय संघ की ओर से यूरोपीय आर्थिक तथा सामाजिक समिति (ईईएससी) की अध्यक्ष सुश्री

ए.एम.सिगमुन्द द्वारा तथा भारत की ओर से श्री एन.एन. बोरा द्वारा की गई। अन्य मुद्दों के साथ–साथ इसमें यूरोपीय संघ तथा भारत में श्रम संबंधों और शिक्षा तथा प्रशिक्षण में सहयोग के बारे में चर्चा की गई।

भारत को दी जाने वाली यूरोपीय संघ विकास सहयोग सहायता के केंद्र बिन्दु आमतौर पर पर्यावरण, सार्वजनिक स्वास्थ्य तथा शिक्षा के क्षेत्र रहे हैं। इस कार्यक्रम के दूसरे चरण में यूरोपीय आयोग ने 42 जिलों को सम्मिलित करते हुए प्राथमिक शिक्षा के विकास के लिएव परिकलित सर्वशिक्षा अभियान कार्यक्रम के लिए 200 मिलियन यूरो की वचन बद्धता की।

यूरोपीय आयोग ने कन्टरी सट्रेटजी पेपर फॉर इण्डिया 2002–2006, जिसके अधीन उसने इस अवधि के लिए 225 मिलियन यूरो की वचनबद्धता की, में स्पष्ट रूप से भारत के साथ अपने संबंधों के लिए एक नई विकास सहयोग नीति का मसौदा तैयार किया।

क्षेत्रीय संकल्पना के स्थान पर अब एक राष्ट्र–भागीदारी संकल्पना शुरू की गई है। इस कार्यक्रम के तहत यूरोपीय आयोग द्वारा छत्तीसगढ़ और राजस्थान का चयन किया गया है। इस उद्देश्य की पूर्ति के लिए दोनों पक्षों ने वर्ष के दौरान राज्य भागीदारी कार्यक्रम संबंधी एक समझौता ज्ञापन पर हस्ताक्षर किए।

यूरोपीय आयोग ने दो नए कार्यक्रम आरम्भ किए हैं–14 मिलियन यूरो की लागत के साथ व्यापार एवं निवेश विकास कार्यक्रम तथा 33 मिलियन यूरो की लागत के साथ छात्रवृति कार्यक्रम। भारत–यूरोपीय आयोग छात्रवृति कार्यक्रम के संबंध में हस्ताक्षर किए गए।

वर्ष 2008–09 में भारत और यूरोप के बीच उच्च स्तरीय यात्राओं का आदान–प्रदान जारी रहा और शिखर वार्ताएं हुई। भारत एवं यूरोपीय संघ के संबंधों में रक्षा एवं सुरक्षा, परमाणु एवं अंतरिक्ष, व्यापार एवं निवेश, ऊर्जा, खाय सुरक्षा, जलवायु परिवर्तन, विज्ञान प्रौद्योगिकी एवं संस्कृति, शिक्षा जैसे क्षेत्रों में विविधता और गहनता आयी। अमेरिका के

साथ असैनिक परमाणु सहयोग के लिए एनएसजी में छूट हासिल करने में समर्थन जुटाने के लिए यूरोपीय संघ के सभी देशों में विशेष राजनयिक भेजे गए। 30 सितंबर, 2009 में पेरिस में आयोजित किए गए भारत–यूरोपीय संघ व्यापार सम्मेलन भागीदारी के लिए नई समाभिरूपताएं में भारत के प्रधानमंत्री ने शिरकत की।

यूरोपीय संघ भारत का सबसे बड़ा व्यापारिक भागीदार है। दोनों के मध्य द्विपक्षीय व्यापार 55 अरब यूरो को अगले पांच वर्षों में 100 अरब यूरो तक पहुंचाने का लक्ष्य रखा गया है।

12

भारत के वैदेशिक और आर्थिक संबंध

किसी भी देश की विदेश नीति इतिहास से गहरा सम्बन्ध रखती है। भारत की विदेश नीति भी इतिहास और स्वतन्त्रता आन्दोलन से सम्बन्ध रखती है। ऐतिहासिक विरासत के रूप में भारत की विदेश नीति आज उन अनेक तथ्यों को समेटे हुए है जो कभी भारतीय स्वतन्त्रता आन्दोलन से उपजे थे।

शान्तिपूर्ण सहअस्तित्व व विश्वशान्ति का विचार हजारों वर्ष पुराने उस चिन्तन का परिणाम है जिसे महात्मा बुद्ध व महात्मा गांधी जैसे विचारकों ने प्रस्तुत किया था। इसी तरह भारत की विदेश नीति में उपनिवेशवाद, साम्राज्यवाद व रंगभेद की नीति का विरोध महान राष्ट्रीय आन्दोलन की उपज है।

भारत के अधिकतर देशों के साथ औपचारिक राजनयिक सम्बन्ध हैं। जनसंख्या की दृष्टि से यह दुनिया का दूसरा सबसे बड़ा देश है। भारत दुनिया का सबसे बड़ा लोकतंत्रात्मक व्यवस्था वाला देश भी है और इसकी अर्थव्यवस्था विश्व की बढ़ती अर्थव्यवस्थाओं में से एक है।

प्राचीन काल में भी भारत के समस्त विश्व से व्यापारिक, सांस्कृतिक व धार्मिक सम्बन्ध रहे हैं।

समय के साथ–साथ भारत के कई भागों में कई अलग–अलग राजा रहे, भारत का स्वरूप भी बदलता रहा किंतु वैश्विक तौर पर भारत के सम्बन्ध सदा बने रहे। सामरिक सम्बन्धों की बात की जाए तो भारत की विशेषता यही है कि वह कभी भी आक्रामक नहीं रहा।

1947 में अपनी स्वतंत्रता के बाद से, भारत ने अधिकांश देशों के साथ सौहार्दपूर्ण संबंध बनाए रखा है। वैश्विक मंचों पर भारत सदा सक्रिय रहा है। 1990 के बाद आर्थिक तौर पर भी भारत ने विश्व को प्रभावित किया है।

सामरिक तौर पर भारत ने अपनी शक्ति को बनाए रखा है और विश्व शान्ति में यथासंभव योगदान करता रहा है। पाकिस्तान व चीन के साथ भारत के संबंध कुछ तनावपूर्ण अवश्य हैं किन्तु रूस के साथ सामरिक संबंधों के अलावा, भारत का इजरायल और फ्रांस के साथ विस्तृत रक्षा संबंध है।

भारत की विदेश नीति के निर्माण की अवस्था को निम्न प्रकार से समझा जा सकता है:–

स्वतन्त्रता से पहले भारत की विदेश नीति का निर्माण

यद्यपि स्वतन्त्रता से पहले भारत की विदेश नीति का विकास भारत में ईस्ट इण्डिया कम्पनी के शासनकाल में ही हुआ, लेकिन इससे पहले भी भारतीय चिन्तन में शान्तिपूर्ण सहअस्तित्व, अहिंसा जैसे सिद्धान्तों के साथ–साथ कौटिल्य के चिन्तन में कूटनीतिक उपायों का भी वर्णन मिलता है। कुछ विद्वान तो आज भी यह मानते हैं कि विदेश नीति के कुछ उपकरण व साध्य कौटिल्य की ही देन है।

भारत में ईस्ट इण्डिया कम्पनी के शासनकाल में अंगरेजों ने भारत की विदेश नीति का निर्धारण अपने व्यापारिक हितों की सुरक्षा व उसकी वृद्धि को ध्यान में रखकर किया था।

अंग्रेजों ने चीन, अफगानिस्तान तथा तिब्बत को बफर स्टेट माना।

उन्होंने चीन में भी विशेष रुचि ली और भारत–चीन सीमा का निर्धारण किया। अंग्रेजों ने नेफा (अरुणाचल प्रदेश) को भारतीय सीमा में ही रखा और भूटान व सिक्किम भारत की विदेश नीति के निर्माण की अवस्था व ऐतिहासिक विकास को विशेष महत्व दिया। उन्होंने अपने व्यापारिक शर्तों के लिए इस क्षेत्र में सुरक्षा का उत्तरदायित्व स्वयं संभाला।

भारतीय राष्ट्रीय आन्दोलन व विदेश नीति

भारत की विदेश नीति के आधानिक सिद्धान्तों का निर्माण भारतीय राष्ट्रीय आन्दोलन के दौरान 1885 में भारतीय राष्ट्रीय कांग्रेस की स्थापना होने के बाद ही हुआ।

1885 से ही कांग्रेस ने अंग्रेजों की दमनकारी नीति का विरोध करना शुरु कर दिया और कुछ ऐसे बुनियादी सिद्धान्तों की नींव डाली जो आज भी भारत की विदेश नीति का आधार हैं।

1885 में पारित एक प्रस्ताव द्वारा कांग्रेस ने उत्तरी बर्मा को अपने क्षेत्र में मिला लेने के लिये ब्रिटेन की निन्दा की। इसी तरह 1892 में एक अन्य प्रस्ताव द्वारा भारत ने अपने आपको अंग्रेजों की साम्राज्यवादी नीतियों से स्वयं को स्वतन्त्र बताया। इसी दौरान कांग्रेस ने भारत को बर्मा, अफगानिस्तान, ईरान, तिब्बत आदि निकटवर्ती राज्यों के विरुद्ध सैनिक कार्यवाही हेतु प्रयोग किये जाने पर असंतोष जताया गया।

यह भारत की असंलग्नता की नीति की ही पृष्ठभूमि थी। प्रथम विश्वयुद्ध तक कांग्रेस का अंग्रेजों के प्रति दृष्टिकोण–असंलग्नता की नीति का पालन अर्थात् ब्रिटिश नीतियों से स्वयं को दूर रखना ही रहा। इस दौरान कांग्रेस ने अंग्रेजों की साम्राज्यवादी व उपनिवेशवादी तथा दक्षिण अफ्रीका में लाई जा रही रंगभेद की नीति का विरोध किया जो आगे चलकर आधुनिक भारत की विदेश नीति का महत्वपूर्ण उद्देश्य व सिद्धान्त बनी।

प्रथम विश्वयुद्ध के बाद 1921 में कांग्रेस ने घोषणा की कि ब्रिटिश

सरकार की नीतियां भारत की नीतियां नहीं हैं और न ही वे किसी तरह भारत की प्रतिनिधि हो सकती। कांग्रेस ने यह भी घोषणा की कि भारत को अपने पड़ोसी देशों से कोई खतरा व असुरक्षा की भावना नहीं है। इसी कारण 1939 में द्वितीय विश्वयुद्ध में कांग्रेस ने अंग्रेजी हितों के लिए शामिल होने से मना कर दिया था।

1920 में चलाए गए खिलाफत आन्दोलन में भी भारत ने मुसलमानों का साथ दिया जो आज भी भारत की अरब समर्थक विदेश नीति का द्योतक है। भारत ने हमेशा ही अरब–इजराइल संकट में अरबों का ही पक्ष लिया है। इसी दौरान कांग्रेस ने उपनिवेशवाद व साम्राज्यवाद विरोधी सम्मेलनों में भारत का प्रतिनिधित्व किया और उपनिवेशवाद के शिकार देशों के साथ मिलकर अंग्रेजों की नीतियों की निन्दा की।

वैश्विक मंच पर भारत

1990 के बाद

हाल के वर्षों में, भारत ने क्षेत्रीय सहयोग और विश्व व्यापार संगठन के लिए एक दक्षिण एशियाई एसोसिएशन में प्रभावशाली भूमिका निभाई है। भारत ने विभिन्न बहुपक्षीय मंचों, सबसे खासकर पूर्वी एशिया के शिखर बैठक और जी–8 5 में एक सक्रिय भागीदारी निभाई है। आर्थिक क्षेत्र में भारत का दक्षिण अमेरिका, एशिया, और अफ्रीका के विकासशील देशों के साथ घनिष्ठ संबंध है।

ब्रिक्स

भारत ने ब्राजील, रूस, चीन और दक्षिण अफ्रीका के साथ मिलकर ब्रिक्स समूह की स्थापना की है। यह विकसित देशों के समूह ळ–8, ळ–20 के विश्व पर प्रभाव को संतुलित करने का प्रयास है।

ब्रिक्स के सभी सदस्य विकासशील या नव औद्योगीकृत देश हैं जिनकी अर्थव्यवस्था तेजी से बढ़ रही है। ये राष्ट्र क्षेत्रीय और वैश्विक मामलों पर महत्वपूर्ण प्रभाव डालते हैं। वर्ष २०१३ तक, पाँचों ब्रिक्स राष्ट्र

दुनिया के लगभग 3 अरब लोगों का प्रतिनिधित्व करते हैं और एक अनुमान के अनुसार ये राष्ट्र संयुक्त विदेशी मुद्रा भंडार में ४ खरब अमेरिकी डॉलर का योगदान करते हैं। इन राष्ट्रों का संयुक्त सकल घरेलू उत्पाद १५ खरब अमेरिकी डॉलर का है।

संयुक्त राष्ट्र में भारत

विश्व शान्ति प्रयासों में भारत का योगदान

भारत ने 100,000 सैन्य और पुलिस कर्मियों को चार महाद्वीपों भर में संयुक्त राष्ट्र के पैंतीस शांति अभियानों में सेवा प्रदान की है।

प्रत्यर्पण संधियाँ

जनवरी 2014 तक भारत 37 देशों के साथ अपराधियों के प्रत्यार्पण की संधि कर चुका है, जिनकी सूची इस प्रकार है –

- अमेरिका
- ब्रिटेन
- रूस
- स्विट्जरलैंड
- ताजिकिस्तान
- उज्बेकिस्तान
- संयुक्त अरब अमीरात
- सऊदी अरब
- फ्रांस
- जर्मनी
- स्पेन

- हांगकांग
- भूटान
- नेपाल
- कुवैत
- कनाडा
- ऑस्ट्रेलिया
- बहरीन
- बांग्लादेश
- बेलारूस
- बेल्जियम
- बुल्गारिया
- मिस्र
- रिपब्लिक ऑफ कोरिया
- मलेशिया
- मॉरिशस
- मैक्सिको
- मंगोलिया
- नीदरलैंड
- ओमान
- पोलैंड,
- पुर्तगाल
- दक्षिण अफ्रीका

- तुर्की
- युक्रेन
- वियतनाम

वैश्विक व्यापार एवं वित्त

- ब्रेटन वुडस, बेसल
- विश्व व्यापार संगठन

13

आर्थिक संबंध

आलोच्य अवधि के दौरान बहुपक्षीय संबंधों की कार्यसूची पर आमतौर से अंतराष्ट्रीय वित्तीय संकट, खाद्य वस्तुओं के ऊंचे दामों और ऊर्जा के मूल्यों में उतार–चढ़ाव का प्रभाव पड़ा।

भारत ने असेम (एशिया–यूरोप बैठक), बिमस्टेक (बहुक्षेत्रीय तकनीकी और आर्थिक सहयोग के लिए बंगाल की खाड़ी के प्रयास), ब्रिक (भारत, ब्राजील और दक्षिण अफ्रीका), आईओआर–एआरसी (क्षेत्रीय सहयोग के लिए हिंद महासागर परिधीय राष्ट्र संगठन), एसीडी (एशिया सहयोग वार्ता) आदि संगठनों के साथ सक्रिय भागीदारी जारी रखी।

जहां कहीं वित्तीय संकट और अन्य महत्वपूर्ण मुद्दों, जैसे– खाद्य, सुरक्षा, ऊर्जा सुरक्षा, जलवायु परिवर्तन और स्थायी विकास के बारे में भारत को अपना पक्ष प्रस्तुत करना पड़ा तो उसने उपरोक्त संगठनों के साथ भागीदारी और सहयोग का ध्यान रखा।

प्रथम आईओआर–एआरसी फिल्म समारोह का आयोजन मार्च, 2007 में तेहान में सातवीं आईओरआर–एआरसी मंत्रीपरिषद में भारत द्वारा घोषित उपायों के हिस्से के सिलसिले में किया गया।

सचिव (ईआर) ने 10–11 मार्च, 2008 के दौरान रियो–द–जेनेरियों में आयोजित ब्रिक देशों के उपविदेश मंत्रियों की तैयारी बैठक में भारतीय

शिष्टमंडल का नेतृत्व किया। बैठक का आयोजन मई, 2008 में ब्रिक विदेश मंत्रियों की पहली औपचारिक बैठक की कार्यसूची तैयार करना था।

भारत ने इस अवधि के दौरान दूसरे बिमस्टे और तीसरे इब्सा सम्मेलन, का आयोजन नई दिल्ली में किया। प्रधानमंत्री डॉ. मनमोहन सिंह ने पेचिंग में असेम सम्मेलन, वाशिंगटन में जी–20 देशों के शिखर सम्मेलन में भारतीय शिष्टमंडल का नेतृत्व किया और ब्रिक देशों के राष्ट्र/शासनाध्यक्षों के साथ अनौपचारिक बातचीत की।

भारत और आसियान के बीच व्यापक आर्थिक सहयोग समझौते (सीईसीए) के अंतर्गत ''वस्तुओं में व्यापार'' के बारे में समझौते के लिए बातचीत का पूरा होना भारत 'पूर्वभिमुखी नीति' की एक अन्य महत्वपूर्ण उपलब्धि रही।

भारतीय तकनीकी और आर्थिक सहयोग कार्यक्रम एवं विकास भागीदारी

भारतीय तकनीकी और आर्थिक सहयोग (आईटीईसी) कार्यक्रम भारत के तकनीकी और आर्थिक सहयोग प्रयासों के अंतर्गत एक प्रमुख कार्यक्रम है। भारत की बढ़ती आर्थिक शक्ति और अंतराष्ट्रीय भूमिका को देखते हुए, भागीदार देशों के लिए भारत के तकनीकी सहयोग और विकास सहायता में बढ़ोतरी की गई और उसका विस्तार किया गया। इसमें क्षमता निर्माण, प्रौद्योगिकी हस्तांतरण और अनुभवों के आदान–प्रदान पर विशेष बल दिया गया।

इस सहयोग के दायरे में 158 विकासशील देश शामिल थे, जिनमें 139 देश आईटीईसी के अंतर्गत एशिया, अफ्रीका, मध्य एशिया, पूर्वी यूरोप और लैटिन अमेरिका से संबंद्ध थे जबकि 19 देश एससीएएपी (अफ्रीक़ी देशों के लिए विशेष राष्ट्रमंडल सहायता कार्यक्रम) के अंतर्गत अफ्रीका से संबंद्ध थे। 158 विकासशील देशों में करीब 5000 व्यवसायियों ने भारत में सरकारी और निजी क्षेत्र के संस्थानों द्वारा सिविल और सैन्य

प्रशिक्षण कार्यक्रमों के अंतर्गत संचालित 200 से अधिक पाठ्यक्रमों में हिस्सा लिया। ये व्यवसायी सरकारी और अन्य क्षेत्रों से संबद्ध थे। अफ्रीका, आईओआर–एआरसी, सीआईएस, अफगानिस्तान, लाओ पीडीआर और यमन के लिए प्रबंधन, डब्ल्यूटीओ मुद्दों, श्रम, लेखा परीक्षा आदि विभिन्न विषयों में विशिष पाठ्यक्रम भी आयोजित किए गए।

सूचना प्रौद्योगिकी, लेखा परीक्षा, कानूनी विशेषज्ञता, औषधि विज्ञान, सांख्यिकी और जनसांख्यिकी, लोक प्रशासन, वस्त्र और कृषि जैसे विविध क्षेत्रों में भारतीय विशेषज्ञों को परामर्श एवं सहायता के लिए नियुक्त किया गया। वर्ष के दौरान सूचाना प्रौद्योगिकी, लघु एवं मध्यम उद्यमों, सिविल निर्माण और व्यवसायिक प्रशिक्षण के क्षेत्र में विश्व के विभिन्न भागों में अनेक परियोजनाएं चलाई गई। भूकंप, चक्रवात, बाढ़ आदि से पीड़ित देशों की मानवीय सहायता भी पहुंचायी गयी।

निवेश और प्रौद्योगिकी संवर्द्धन (आईटीपी)

आर्थिक कूटनीति भारत की विदेश नीति का एक महत्वपूर्ण घटक है। दिन–व–दिन परस्पर निर्भर और परस्पर संबद्ध होते जा रहे विश्व में आर्थिक कूटनीति पर विशेष ध्यान केंद्रित किया गया। मंत्रालय ने आईटीपी डिवीजन के जरिए विदेशी निवेश और व्यापार को प्रोत्साहित एवं सुगम बनाने के लिए गहन प्रयास किए।

आईटीपी ने विदेशी निवेश संबर्द्धन बोर्ड की नीति संबंधी बैठकों और औद्योगिक नीति एवं संवर्द्धन विभाग तथा अर्थव्यवस्था में सुधार और उदारीकरण संबंधी अन्य नीतिगत बैठकों और निवेश प्रक्रिया सरलीकरण संबंधी बैठकों में हिस्सा लिया।

आईटीपी डिवीजन ने भारत में प्रत्यक्ष विदेशी निवेश बढ़ाने के सरकार के प्रयासों में पूरक भूमिका निभाई। उसने निवेशक समुदाय से संपर्क किया और निजी क्षेत्र, शीर्ष व्यापार मंडलों और विदेश स्थित भारतीय मिशनों के माध्यम से प्रोत्साहन गतिविधियों का आयोजन किया और उनके लिए धन की व्यवस्था की। विशेष प्रकाशनों के जरिए देश की

छवि को निवेश के अनुकूल प्रस्तुत करते हुए विदेशी निवेश के लक्ष्य को और बढ़ावा दिया गया। इन प्रकाशनों में ''इंडिया बिजनेस पार्टनर : इंवेस्टर फ्रेंडली डेस्टिनेशन'' आदि शामिल थे। इसके अतिरिक्त आईटीपी डिविजन की वेब साइट (बाहरी वेबसाइट जो एक नई विंडों में खुलती हैं) का भी सहारा लिया गया।

लैटिन अमेरिका, अफ्रीका और एशिया में विकासशील देशों को अनुदान और लाइन ऑफ क्रेडिट (एलओसी) (ऋण सहायता) सहित विकास सहायता हमारी आर्थिक कूटनीति का महत्वपूर्ण घटक है।

सहायता करने वाली भारतीय कंपनियों को इन विकासशील देशों में परियोजनाओं के अनुबंध और वस्तुओं की आपूर्ति के आर्डर मिले। वहीं दूसरी और एलओसी यानी ऋण सहायता से इन क्षेत्रों में ढांचागत विकास में मदद मिली, जिससे भारत के प्रति काफी सद्भाव पैदा हुआ। 2008–09 के दौरान 16 विकासशील देशों के लिए 74.4 करोड़ अमरीकी डॉलर मूल्य के 17 ऋण मंजूर किए गए।

भारत के विकास के लिए ऊर्जा सुरक्षा के महत्व को देखते हुए मार्च, 2009 में पृथक ऊर्जा सुरक्षा डिविजन बनाया गया ताकि ऊर्जा मंत्रालयों और विदेश स्थित भारतीय मिशनों के साथ समन्वय स्थापित किया जा सके। इस डिविजन ने पेट्रोलियम गैस मंत्रालय के साथ मिलकर कार्यक्रम आयोजित किए।

इनमें नवंबर, 2008 में हाइड्रोकार्बन के बारे में भारत–सीआईएस गोल मेज सम्मेलन और पेट्रोटेक–2009, भारत के ऊर्जा विकल्पों के बारे में सेमिनारों का आयोजन/सह–आयोजन, अधिक ऊर्जा वाले देशों और देशों और क्षेत्रों के बारे में अध्यनों का संचालन जैसे कार्यक्रम शामिल थे।

अन्य मंत्रालयों और वाणिज्य एवं उद्योग मंडलों द्वारा आयोजित ऊर्जा सुरक्षा संबंधी सेमिनारों/सम्मेलनों में भी डिविजन की सक्रिय भागीदारी रही। इसने विदेश में ऊर्जा सहयोग और अवसरों के लिए काम करने वाली भारतीय कंपनियों को भी सहायता पहुंचायी। डिविजन ने

तेल और बुनियादी सुविधाओं से संबद्ध सार्वजनिक क्षेत्र के प्रतिष्ठानों के वरिष्ठ प्रतिनिधियों के साथ मिलकर ऊर्जा के बारे में कार्यदल के गठन की भी पहल की।

नीति आयोजना और अनुसंधान

नीति आयोजना और अनुसंधान यानी पीपी एंड आर डिविजन ने नीति अनुसंधान और विश्लेषण में विशेषज्ञता रखने वाले संस्थानों और व्यक्तियों के साथ घनिष्ठ सहयोग बनाए रखा और देश के विभिन्न भागों में स्थित शैक्षिक संस्थानों/विचारकों को वित्तीय सहायता प्रदान की ताकि वे हमारी विदेश नीति की आयोजन, प्रारूपण और कार्यान्वयन के लिए बहुमूल्य जानकारी जुटाने के वास्ते सम्मेलनों, सेमिनारों का आयोजन कर सके, अनुसंधान पेपर तैयार कर सकें, भारत के विदेश संबंधों और सुरक्षा से संबंधित मुद्दों के बारे में विद्वानों का आदान–प्रदान कर सकें।

नीति आयोजना और अनुसंधान डिविजन ने कैबिनेट को मासिक विवरण भेजना जारी रखा। डिविजन ने मंत्रालय की वार्षिक रिपोर्ट का संपादन और प्रकाशन भी किया।

यह रिपोर्ट अंतर्राष्ट्रीय संबंधों के विभिन्न पहलुओं के बारे में सरकार के दृष्टिकोण सहित राजनीतिक, आर्थिक और सांस्कृतिक क्षेत्रों में शेष विश्व के साथ भारत के परस्पर संपर्क का सार–संग्रह है।

वाणिज्यदूत, पासपोर्ट और वीजा सेवाएं

वर्ष के दौरान अमृतसर, देहरादून और कोयम्बटूर में 3 नये पासपोर्ट कार्यालय खोले गए। सभी 37 पासपोर्ट कार्यालय कंप्यूटरीकृत है और वे मशीन–मुद्रित तथा मशीन पठित पासपोर्ट जारी करते हैं।

2008–09 के दौरान कुल 53.15 लाख पासपोर्ट जारी किये गए, जिसमें 2007–08 में जारी पासपोर्ट की तुलना में करीब 6.5 प्रतिशत बढ़ोतरी हुई।

सभी पासपोर्ट कार्यालयों से अर्जित धन भी बढ़कर 606 करोड़ रुपये पर पहुंच गया और उसमें 2007–08 की तुलना में करीब 5.5 प्रतिशत की बढ़ोतरी हुई।

मंत्रालय लोगों की सुविधा और आराम के लिए शीघ्रता और आसानी के साथ पासपोर्ट जारी किए जाने के वास्ते अनेक उपाय कर रहा है। जिला स्तर पर जिला पासपोर्ट प्रकोष्ठ कायम किये गए हैं ताकि प्राप्ति और जांच की प्रक्रिया की कार्यक्षमता बढ़ाई जा सके। सभी पासपोर्ट कार्यालयों में पासपोर्ट के आवेदन ऑन लाइन प्रस्तुत करने की प्रणाली शुरू की गई है। 2008 के दौरान आवेदकों की सहायता तथा उनकी शिकायतों/कठिनाइयों का तेजी से समाधान करने के लिए सुविधा काउंटरों और हेल्प डेस्कों की भी स्थापना की गई।

भारत सरकार द्वारा पासपोर्ट सेवा परियोजना प्रारंभ की गई है। जिससे उम्मीद की जा रही है कि पुलिस जांच के बाद तीन दिन के भीतर नये पासपोर्ट कर दिए जाएंगे और पासपोर्ट संबंधी सभी अन्य सेवाएं एक दिन में उपलब्ध करा दी जायेंगी। प्रायोगिक परियोजना जुलाई–अगस्त, 2009 तक चंडीगढ़ और बैंगलोर में प्रारंभ हो जाने की उम्मीद है। 2010 तक इसे समूचे देश में लागू कर दिया जायेगा।

मंत्रालय ने विदेश स्थित 140 भारतीय मिशनों/चौकियों के संदर्भ में सीपीवी डिविजन, नई दिल्ली में मशीन पठित पासपोर्टों के केंद्रीकृत मुद्रण के लिए एक परियोजना सफलता पूर्वक कार्यान्वित की है। प्रायोगिक परियोजना के हिस्से के रूप में अब अभी कूटनीतिक और सरकारी पासपोर्ट ई–पासपोर्ट के रूप में जारी किए जा रहे हैं।

प्रायोगिक परियोजना से प्राप्त अनुभव के आधार पर 2009 के अंत तक सामान्य श्रेणी में भी ई–पासपोर्ट प्रणाली शुरू किये जाने का प्रस्ताव है। 2008 के दौरान मिस्र, अलसल्वाडोर, होंडुरास, निकारागुआ, दक्षिण अफ्रीका और तुर्की के साथ वीजा–छूट समझौतों पर हस्ताक्षर किये गए।

ब्राजील, आस्ट्रेलिया, ईरान और मिस्र के साथ प्रत्यर्पण संधियों पर

हस्ताक्षर किए गए। चेन्नई, हैदराबाद, कोलकाता और गोवाहाटी स्थित मंत्रालय के शाखा सचिवालय कार्यालयों में 15 जून, 2008 से दस्तावेज के सत्यापन और टिप्पण की प्रक्रिया भी शुरू की गई है। वर्ष के दौरान मंत्रालय द्वारा 1,70,000 व्यक्तिगत और शैक्षिक दस्तावेज तथा 1,71,000 वाणिज्यिक दस्तावेज का सत्यापन किया गया। इसके अतिरिक्त 80,000 दस्तावेज अपॉस्टल किये गए, ताकि उनका इस्तेमाल विदेश में सदस्य देशों द्वारा किया जा सके।

प्रशासन

वर्तमान में विदेश में 171 रेजिडेंट इंडियन मिशन और चौकियां काम कर रही हैं। वर्ष के दौरान आइसलैंड में एक रेजिडेंट भारतीय मिशन की स्थापना की गई। निकट भविष्य में नाइजर, माली और ग्वाटेमाला में तीन नये मिशन खोले जायेंगे। भारत के बढ़ते कूटनीतिक दायित्वों को देखते हुए मंत्रालय को कार्मिकों की कमी के संकट का सामना करना पड़ रहा है। इसे देखते हुए 10 वर्ष की एक योजना विकसित की गई है। इसके अंतर्गत मंत्रालय में चरणबद्ध तरीके से 514 अतिरिक्त चौंकियां कायम की जायेंगी।

राजभाषा नीति और विदेश में हिंदी के प्रचार का कार्यान्वयन

10 जनवरी, 2008 को विश्व हिंदी दिवस मनाया गया। केंद्रीय हिंदी संस्थान, दिल्ली विश्वविद्यालय और जवाहरलाल नेहरू विश्वविद्यालय ने अध्ययनरत विदेशी विश्वविद्यालयों के लिए हिंदी में निबंध प्रतियोगिता आयोजित की गई।

बाहरी प्रचार

बाहरी प्रचार डिविजन की मुख्य गतिविधियों में तात्कालिक पड़ोसी देशों और विश्व के अन्य प्रमुख देशों के साथ भारत के संबंधों के बारे में सूचना संप्रेषण पर ध्यान केंद्रित किया गया।

डिविजन ने मुख्यालयों में सभी इस्तेमाल कर्ताओं के लिए मीडिया

निगरानी परियोजना के प्रथम चरण का शुभारंभ किया। इसका उद्देश्य मंत्रालय के लिए मीडिया स्रोतों की निगरानी को सुचारू रूप प्रदान करना है। इस परियोजना के अंतर्गत प्रिंट, वेब और इंटरनेट आधारित मीडिया पर व्यवसथित ढंग से निगरानी रखी जाती है और इस्तेमाल कर्ताओं को वास्तविक समय आधार पर 5 दैनिक उत्पाद प्रदान किए जाते हैं।

डिविजन ने ईरान के राष्ट्रपति श्री अहमद निजाद, सीरिया के राष्ट्रपति डॉ. बशर अल–असद, मिस्र के राष्ट्रपति होस्ने मुबारक, नेपाल के प्रधानमंत्री श्री पुष्पकमल दहल "प्रचंड", भूटान के प्रधानमंत्री श्री लियोन्चेन जिग्मी वाई. थिन्ले और रूसी परिसंघ के राष्ट्रपति श्री अनातोली मेदवेदेव की यात्राओं से उत्पन्न अवसरों का लाभ उठाया और महत्वपूर्ण द्विपक्षीय, क्षेत्रीय तथा अंतराष्ट्रीय मुद्दों के बारे में भारत के दृष्टिकोण को उजागर किया।

डिविजन ने इन यात्राओं के दौरान विदेशी नेताओं के साथ संयुक्त संवाददाता सम्मेलनों का भी आयोजन किया। भारत से संबंद्ध महत्वूपर्ण अंतराष्ट्रीय मुद्दों के बारे में सरकारी प्रवक्ता और मंत्रालय के अन्य वरिष्ठ अधिकारियों द्वारा विशेष संवाददाता सम्मेलनों का भी नियमित रूप से आयोजन किया गया।

राष्ट्रपति की ब्राजील, मेडिको, चिली, वियतनाम और इंडोनेशिया यात्रा प्रधानमंत्री की भूटान, जापान (जी–8 सम्मेलन), श्रीलंका (15वां सार्क सम्मेलन), अमेरिका और फ्रांस (संयुक्त राष्ट्र महासभा और सिविल परमाणु सहयोग समझौता), चीन, ओमान और कतर (द्विपक्षीय) यात्राय उपराष्ट्रपति की कजाकिस्तान और तुर्कमेनिस्तान यात्रा तथा विदेश मंत्री की सऊदी अरब, पाकिस्तान, रूस, आस्ट्रेलिया, मिस्र और अमेरिका यात्रा के बारे में विदेश प्रचार डिविजन द्वारा मीडिया प्रतिनिधिमंडलों की सुविध ाएं प्रदान की गई।

जन कूटनीति

जन कूटनीति डिविजन भारत के भीतर और बाहर संपर्क गतिविधियों

को अंजाम देने और व्यापक जनसमुदाय के समक्ष भारत की विदेश नीति को प्रभावकारी ढंग से प्रस्तुत करने के अपने लक्ष्य को पूरा करने के लिए भारत और विदेश में अनुसंधानकर्ताओं, विचारकों, सिविल सोसाइटी, मीडिया और उद्योग के सहयोग से काम करता है।

पिछले वर्ष डिविजन ने भारत की विदेश नीति को प्रभावकारी ढंग से प्रस्तुत करने और अन्य देशों के साथ द्वितीय स्तर पर वार्तालाप करने के लिए अनेक सेमिनारों और सम्मेलनों का आयोजन किया। डिविजन द्वारा आयोजित गतिविधियों में भारत और विदेश से बड़ी संख्या में शिक्षाविद्वों, अनुसंधानकार्ताओं, वरिष्ठ अधिकारियों, उद्योग प्रतिनिधियों और मीडिया कर्मियों ने हिस्सा लिया।

डिविजन की प्रमुख गतिविधियों में नेपाल, अफगानिस्तान, कजाकिस्तान, पाकिस्तान और इथियोपिया के साथ हमारे संबंधों के बारे मे सम्मेलनों का आयोजन शामिल था। डिविजन ने शीत युद्ध की समाप्ति, पूर्वोत्तर के विकास, आतंकवाद ओर जलवायु परिवर्तन जैसे विविध विषयों पर सम्मेलनों का भी आयोजन किया। अन्य देशों के नीति और जनमत निर्माताओं को आधुनिक भारत और हमारी चिंताओं तथा हितों से परिचित कराने के लिए डिविजन ने ब्रिटेन, मारीशस, दक्षिण अफ्रीका, तजाकिस्तान और ताईवान के शिष्ट मंडलों और 16 देशों से पीआईओ पत्रकारों के शिष्टमंडल की यात्राओं का आयोजन किया।

डिविजन द्वारा तैयार किए गए वृत्त चित्रों में भारत के हितों और देश की संस्कृति एवं धरोहर को प्रदर्शित किया गया। डिविजन द्वारा बनाए गए कुछ वृत्त चित्रों को अंतराष्ट्रीय समारोहों में प्रदर्शित किया गया और उन्हें विशेष पुरस्कार/विशेष उल्लेख से सम्मानित किया गया।

डिविजन की प्रमुख पत्रिका 'इंडिया पर्स्पेकटिव' में विविध विषयों पर सामग्री प्रकाशित की जाती है। पत्रिका ने वर्ष के दौरान अपने प्रकाशन के 20 वर्ष पूरे किए। वर्ष के दौरान पत्रिका का एक वार्षिक अंक और भारतीय प्रकाशन एवं भारतीय सिनेमा के बारे में दो विशेषांक प्रकाशित किए गए।

विदेश सेवा संस्थान

भारत सरकार ने 1986 में विदेश सेवा संस्थान (एफएसआई) की स्थापना की थी। इसका प्रमुख लक्ष्य विदेश मंत्रालय की भारतीय विदेश सेवा की व्यवसायिक प्रशिक्षण जरूरतों को पूरा करना है। विदेश सेवा संस्थान के नये भवन का औपचारिक उद्‌घाटन 14 नवंबर, 2007 को माननीय विदेश मंत्री श्री प्रणव मुखर्जी द्वारा किया गया था।

संस्थान ने अपनी गतिविधियों का विस्तार करते हुए विदेश मंत्रालय के सभी स्तरों के कर्मचारियों और अधिकारियों, अन्य सिविल सेवाओं और विदेशी राजनायिकों तथा संवाददाताओं के लिए पाठ्यक्रमों को उनमें शामिल किया है।

एफएसआई विदेश मंत्रालय के स्टाफ, आईएफएस परिवीक्षाधीन अधिकारियों, निदेशकों और संयुक्त सचिवों (2009 से) के लिए प्रशिक्षण पाठ्यक्रमों का आयोजन और संचालन करता है। इसके अतिरिक्त यह अन्य सिविल सेवाओं, विदेशी राजनायिकों और कूटनीतिक पत्रकारों के लिए भी पाठ्यक्रमों का संचालन करता है।

1979–80 बैच के संयुक्त सचिव स्तर के आईएफएस अधिकारियों के लिए अनिवार्य मध्यवर्ती सेवाकालीन प्रशिक्षण कार्यक्रम का आयोजन एफएसआई द्वारा इंडियन स्कूल ऑफ बिजनेस, हैदराबाद के सहयोग से 13 अप्रैल से 01 मई, 2009 के दौरान किया गया।

2007 और 2008 बैंचों के आईएफएस परिवीक्षाधीन अधिकारियों के लिए प्रशिक्षण कार्यक्रमों का आयोजन एफएसआई द्वारा 2007–09 के बीच किया गया, जिनमें आईआईएम, बैंगलोर जिला प्रशिक्षण और अन्य क्षेत्र यात्राओं के साथ संबद्धता भी शामिल थी।

प्रशिक्षण पाठ्यक्रम सफलता पूर्वक पूरा कर लेने के बाद 2007 बैच के परिवीक्षाधीन अधिकारियों के लिए बिमल सान्याल पुरस्कार समारोह आयोजित किया गया। 2008 बैच के आईएफएस परिवीक्षाधीन अधिकारियों

ने अपना मिशन उन्मुखी पाठ्यक्रम 2009 में पूरा किया, जिसके अंतर्गत 10 परिवीक्षाधीन अधिकारियों ने भूटान की यात्रा की।

विदेशी राजनायिकों के लिए व्यवसायिक पाठ्यक्रम (पीसीएफडी), जो विदेशी राजनायिकों के लिए एफएसआई का प्रमुख पाठ्यक्रम है, की शुरूआत 1992 में हुई थी। यह पाठ्यक्रम (4–6 सप्ताह की अवधि का) हर वर्ष करीब तीन बार आयोजित किया जाता है। 47वें पीसीएफसी का आयोजन फरवरी–मार्च, 2009 में किया गया और इसमें 100 से अधिक देशों में 1500 से अधिक विदेशी राजनायिकों को एफएसआई में प्रदर्शित किया जा रहा है।

एफएसआई और यूक्रेन के विदेश सेवा संस्थान के बीच एक समझौता ज्ञापन पर हस्ताक्षर किये गए, जिसके अंतर्गत दोनों संस्थानों के बीच सहयोग का संस्थागत फ्रेमवर्क कायम करने का प्रावधान है। बांग्लादेश, रोमानिया और चीन के शिष्टमंडलों ने एफएसआई का दौरा किया। इब्सा (भारत, ब्राजील, दक्षिण अफ्रीका) देशों के राजनायिक संस्थानों के डीनों की दूसरी बैठक सितंबर, 2008 में एफएसआई में आयोजित की गई। इस अवसर पर ''भारत ब्राजील दक्षिण अफ्रीका सहयोग : चुनौतियां और अवसर'' विषय पर एक सेमिनार का भी आयोजन किया गया।

मित्र देशों के विशेष अनुरोधों के जबाव में एफएसआई ने अफगानिस्तान, कनाडा, इराक, लाओस, मालद्वीप (मालद्वीप के राजनायिकों के लिए एक विशेष पाठ्यक्रम 14 जुलाई, 2009 को प्रारंभ हुआ और 12 अगस्त, 2009 को संपन्न हुआ), नार्वे, फलीस्तीन, सूडान और वियतनाम के राजनायिकों के लिए विशेष पाठ्यक्रमों को भी आयोजन करता है।

आसियान देशों के लिए प्रशिक्षण प्राठ्यक्रमों का आयोजन 2006 से एक वार्षिक विशेषता बन गया है। भारत में विशेषज्ञतापूर्ण संस्थानों और शैक्षिक निकायों के साथ सक्रिय संपर्क के अलावा एफएसआई ने अन्य देशों के 34 विदेश सेवा संस्थानों के साथ संस्थागत संपर्क कायम किये हैं।

पिछले एक वर्ष के दौरान एफएसआई ने प्रमुख भारतीय और विदेशी विशेषज्ञों तथा विशिष्ट व्यक्तियों द्वारा कई विशेष व्याख्यानों का आयोजन किया। राष्ट्रीय रक्षा कालेज में 48वें पाठ्यक्रम में हिस्सा ले रहे विदेश रक्षा अधिकारियों ने एफएसआई का दौरा किया और उनके लिए एक व्याख्यान आयोजित किया गया।

विशिष्ट राजनायिकों को शामिल करके बनाई गई तथा श्री आबिद हुसैन की अध्यक्षता वाली आबिद हुसैन समिति ने 2009 में एक रिपोर्ट को अंतिम रूप दिया, जिसमें विदेश सेवा संस्थान को और उन्नत बनाने के बारे में उपयोगी सिफारिशें की गई हैं।

विदेश सेवा संस्ध्थान का अध्यक्ष डीन होता है, जो विदेश मंत्रालय में सचिव के रैंक का अधिकारी है। यह संस्थान विदेश सेवा के अधिकारियों को बुनियादी प्रशिक्षण प्रदान करता है। एफएसआई में बड़ी संख्या में मेहमान शिक्षक भी शामिल हैं, जो शैक्षिक और अनुसंधान समुदाय, विचारकों, भारत सरकार के अन्य मंत्रालयों/विभागों, मीडिया, सार्वजनिक जीवन, उद्योग और व्यापार से संबद्ध विशेषज्ञों और सेवानिवृत्त लोकसेवकों में से चुने जाते हैं।

भारतीय सांस्कृतिक संबंध परिषद

भारतीय सांस्कृतिक संबंध परिषद (आईसीसीआर) का प्रमुख उद्देश्य भारत और अन्य देशों के बीच सांस्कृतिक संबंध कायम करना, बहाल करना और सुदृढ़ करना तथा आपसी समझ–बूझ बढ़ाना है। परिषद की प्रमुख परियोजना, रवीन्दर नाथ टैगोर केंद्र (आरटीसी), का उद्घाटन 01 जून, 2008 को पूर्व विदेश मंत्री श्री प्रणब मुखर्जी द्वारा किया गया।

परिषद ने प्रमुख सम्मेलनों, जैसे भारत–अफ्रीका शिखर सम्मेलन, इब्सा शिखर सम्मेलन, अरब लीग बैठक आदि के अवसर पर बड़े पैमाने पर सांस्कृतिक गतिविधियों का आयोजन किया जिनमें विदेशी और भारतीय मंडलियों ने हिस्सा लिया। परिषद ने दक्षिण एशिया सांस्कृतिक समारोह, मल्हार समारोह और भारत में रहने वाले विदेशी कलाकारों द्वारा

भारतीय शास्त्रीय नृत्य। 'भारत में रूसी वर्ष' मनाया जाना 2008 की एक महत्त्वपूर्ण विशेषता थी। इसके अंतर्गत अनेक उच्चस्तरीय सांस्कृतिक कार्यक्रम आयोजित किए गए। इसके अरिरिक्त परिषद ने विभिन्न देशों से 50 सांस्कृतिक टोलियों की मेजबानी की और दिल्ली तथा अन्य शहरों में उनके कार्यक्रमों का आयोजन कराया।

परिषद ने स्वयंसेवी संगठनों और सांस्कृतिक संस्थानों को वित्तीय सहायता भी प्रदान की ताकि वे विस्तृत रूप से सांस्कृतिक गतिविधियों का भी आयोजन कर सकें। विशिष्ट आगन्तुक कार्यक्रम के अंतर्गत परिषद ने विभिन्न देशों से 19 जाने–माने कलाकारों को आमंत्रित किया।

विदेश स्थित 21 भारतीय सांस्कृतिक केंद्रोंत ने भारत की नरम शक्ति को जोर ढंग से प्रोत्साहित करना जारी रखा। वर्ष के दौरान बीजिंग में भारतीय दूतावास की रिंग ने काम करना शुरू कर दिया और बैंकाक, कोआलालम्पुर, टोकियो और ढाका में नए विस्तारित सांस्कृतिक केंद्र खोलने की तैयारी की गई।

परिषद ने विदेश में सीरिया, मिस्र, नीदरलैंड, अर्जेंटिना और हंगरी में अनेक सांस्कृतिक समारोहों का आयोजना किया, जिनमें विविध प्रकार के सांस्कृतिक कार्यक्रम शामिल थे। आईसीसीआर के अध्यक्ष द्वारा 31 मार्च, 2009 को मॉस्को में 'रूस में भारतीय वर्ष' का उद्घाटन किया।

परिषद ने 93 सांस्कृतिक शिष्टमंडलों को प्रायोजित किया जिन्होंने 73 देशों की यात्रा की। इसके अलावा विदेश स्थित अनेक प्रतिभाशाली कलाकारों को भी प्रायोजित किया गया और उन्हें यात्रा अनुदान प्रदान किया गया। परिषद ने विभिन्न विदेशी विश्वविद्यालयों में भारतीय अध्ययन संबंधी 21 दीर्घावधि और 12 अल्पावधि पीठों का संचालन भी जारी रखा।

भारतीय सांस्कृतिक संबंध परिषद का एक महत्त्वपूर्ण क्षेत्र विदेशी विद्यार्थियों को भारतीय विश्वविद्यालय में प्रवेश की सुविधा प्रदान करना है। 2008–09 में परिषद ने विभिन्न कार्यक्रमों के अंतर्गत करीब 3200

विदेशी विद्यार्थियों को छात्रवृत्तियां प्रदान की। इनमें 1778 नई छात्रवृत्तियां और 500 अफगान अध्ययन छात्रवृत्तियां शामिल थीं।

वर्ष के दौरान परिषद ने कटक और शिलांग में दो नए क्षेत्रीय कार्यालय खोले ताकि पूर्वोत्तर और पूर्वी भारत में अपनी पहुंच बढ़ा सके। परिषद ने प्रमुख प्रदर्शनों का भी आयोजन किया, जिनमें भारतीय और विदेशी कला एवं मूर्तिकला का प्रदर्शन किया गया। 5 भाषाओं में 6 पत्रिकाएं प्रकाशित की और भारत में 24 अंतराष्ट्रीय सम्मेलनों के आयोजन में विभिन्न संगठनों/संस्थानों को सहायता भी प्रदान की।

भारत की राष्ट्रपति ने 18 नवंबर, 2008 को मिस्र के राष्ट्रपति महामहिम मोहम्मद हुस्ने मुबारक को अंतर्राष्ट्रीय सद्भाव के लिए 1995 के जवाहर लाल नेहरू पुरस्कार से सम्मानित किया। मौलाना अब्बुल कलाम स्मारक व्याख्यान 2009 श्री मार्टिन लूथर किंग तृतीय द्वारा दिया गया। इसका विषय थाः "एक नई अहिंसक क्रांति"

भारतीय विश्व कार्य परिषद

भारतीय विश्व कार्य परिषद (आईसीडब्ल्यूए) ने 2008 में एक वैचारिक संगठन के रूप में अपना विकास जारी रखा और भारत में विदेश मामलों के बारे में विचार–विमर्श के एक महत्त्वपूर्ण मंच की भूमिका निभाई। आईसीडब्ल्यूए ने द्विपक्षीय सहयोग के लिए 6 समझौता ज्ञापनों पर हस्ताक्षर किए।

इनमें अफगानिस्तान के विदेश मंत्रालय के सामरिक अध्ययन केंद्र (सीएसएस), न्यूजीलैंड इंस्टिट्यूट ऑफ इंटरनेशनल अफेयर्स (एनआईआईए) वेलिंगटन, आस्ट्रेलिनय इंस्टिट्यूट अफेयर्स (एआईआईए) मेलबोर्न, अमीरात सेंटर फोर स्ट्रेटेजिक स्टडीज एंड रिसर्च (ईसीएसएसआर) अबु धाबी, एशिया सेंटर ऑफ बंगलौर और ग्रामीण और औद्योगिक विकास अनुसंधान केंद्र (सीआरआरआईडी), चंडीगढ़ के साथ समझौता ज्ञापन शामिल है। परिषद ने भारत–सेंट्रल एशिया फाउंडडेशन (आईसीएएफ), आईसीडब्ल्यूए और अंतराष्ट्रीय संबंध विभाग, अल–फराबी कजाख नेशनल यूनिवर्सिटी,

अल्माटी, कजाकिस्तान के बीच एक संयुक्त अध्ययन प्रायोजित किया, जिसका विषय था "राजनीतिक आधुनिकीकरण की समकालीन प्रक्रियाः मध्य एशियाई देशों और भारत के अनुभव।" परिषद ने 7 व्याख्यानों, 4 सेमिनारों/सम्मेलनों, 6 द्विपक्षीय वार्ताओं और 14 संदर्भ सामग्री सम्मेलनों, पुस्तक विमोचन/परिचर्चाओं का आयोजन किया। आईसीडब्ल्यूए पुस्तकालय का इस्तेमाल बड़ी संख्या में विद्वानों और विद्यार्थियों द्वारा किया जाना जारी रहा।

प्रवासी भारतीय मामले मंत्रालय की उपलब्धियां

प्रवासी भारतीय नागरिकता योजना– सरकार ने 2 दिसंबर, 2005 से प्रवासी भारतीयों को भारत की नागरिकता देने की योजना (ओसीआई स्कीम) प्रारंभ की थी। इसका उद्देश्य भारतीय मूल के व्यक्तियों को आजीवन वीजा मुक्त भारत यात्रा सुविधा और विभिन्न प्रकार के आर्थिक शैक्षिक और सांस्कृतिक लाभ प्रदान करना था। 31 जुलाई तक सरकार द्वारा करीब 4.56 लाख ओसीआई दस्तावेज जारी किए गए।

प्रवासी कामगार संसाधन केंद्र (ओडब्ल्यूआरसी)– भावी प्रवासियों को अनियमित, अवैध प्रवास से जुड़े खतरों और प्रवासी रोजगार प्राप्त करने के समय बरती जाने वाली सावधानियों, प्रवासी उत्त्प्रवासियों की जरूरतों पर आधारित जानकारी दने के लिए प्रवासी कामगार संसाधन केंद्र की स्थापना की गई है। यह केंद्र सातों दिन और 24 घंटे टोल फ्री हेल्पलाईन टेलीफोन नंबर की सहायता से कार्य करता है।

प्रवासी रोजगार संवर्धन परिषद (सीपीओई)– वैश्वीकरण के दौर में बाजार की आवश्यकताओं पर शोध, अंतराष्ट्रीय बाजार में रोजगार अवसरों को पहचानने, हितधारकों तक बाजार की जानकारी को पहुंचाने, कौशलता में कमी के अंतर की भरपाई करने और इन अंतरों को बाटने के लिए आवश्यक कार्रवाई करने, बाजार के बदलाव के अनुसार कूटनीति तैयार करने और भावी उत्प्रवासियों को वैश्वीकरण के कारण पैदा हुए अवसरों का लाभ उठाने के लिए एक "थिंक टैंक" के रूप में कार्य करने के लिए प्रवासी रोजगार संवर्धन परिषद का गठन किया गया है।

प्रवासी भारतीय सुविधा केंद्र (ओआई एफसी)– प्रवासी भारतीय सुविधा केंद्र एक अलाभकारी संस्था है। यह केंद्र भारत मे प्रवासी भारतीयों के निवेश को प्रोत्साहित करने के लिए एकल खिड़की के रूप में काम करता है और प्रवासी भारतीयों को विविध प्रकार की व्यापार परामर्श सेवाएं और ज्ञान नेटवर्किंग की सुविधा प्रदान करता है।

भारतीय मूल के प्रवासियों के लिए विश्वविद्यालय– प्रवासी भारतीयों के बच्चों के लिए लाभ के लिए सरकार ने भारतीय मूल के व्यक्तियों/प्रवासी भारतीयों के लिए बंगलौर में एक विश्वविद्यालय की स्थापना करने का फैसला किया है जो अंतराष्ट्रीय स्तर के पाठ्यक्रमों का संचालन करेगा। इसकी स्थापना मणिपाल अकेडमी ऑफ हायर एजुकेशन ट्रस्ट, मणिपाल द्वारा की गई है। विश्वविद्यालय में 50 प्रतिशत सीटें पीआईओ/एनआरआई विद्यार्थियों के लिए होगी और शेष 50 प्रतिशत सीटें भारतीय छात्रों के लिए होंगी।

प्रवासी भारतीय केंद्रों की स्थापना– सरकारत ने तीन प्रवासी केंद्रों की स्थापना दुबई, कोआलालमपुर और वाशिंगटन में की है। ये केंद्र प्रवासी भारतीय कामगारों को चिकित्सकीय, कानूनी और आर्थिक परामर्श उपलब्ध कराते हैं। अबुधाबी और वाशिंगटन में परामर्शदाता (सामुदायिक कार्य) की नियुक्ति पहले ही की जा चुकी है।

प्रवासी भारतीयों की भारत विकास फाउंडेशन– प्रवावी भारतीयों की भारत विकास फाउंडेशन, एक अलाभकारी न्यास के रूप में कार्य करती है। यह एक पंजीकृत संगठन है जो प्रवासी भारतीय परोपकारिता को भारत के समाजिक विकास में योगदान के लिए एक भरोसेमंद खिड़की प्रदान करता है। फाउंडेशन का लक्ष्य प्रवासी भारतीयों को परोपकारिक गतिविधियों में सुविधा पहुंचाना है।

इसके लिए नवीन परियोजनाओं और साधनों का सहारा लिया जाता है, जैसे ग्रामीण उद्यमियों के लिए लघु ऋण, महिलाओं के आर्थिक सशक्तीकरण के लिए स्वयं सहायता समूह, प्राथमिक शिक्षा में उत्कृष्ट पद्धति उपाय और ग्रामीण वितरण में प्रौद्योगिकी संबंधी उपाय।

ज्ञान का वैश्विक–भारतीय नेटवर्क

ज्ञान का वैश्विक भारतीय नेटवर्क (ग्लोबल आई एन के) एक ऐसा इलैक्ट्रॉनिक मंच है जो वैज्ञानिक समेत विभिन्न क्षेत्रों में काम कर रहे भारतीय मूल के लोगों को आपस में जोड़ेगा और केवल उसी देश में ही नहीं बल्कि पूरे विश्व में अपने क्षेत्र में विशेष स्थान दिलाएगा। यह नेटवर्क एक महत्वपूर्ण 'वास्तविक वैचारिक' बिंदु के रूप में काम करेगा।

इसका अंतिम लक्ष्य विकास के बारे में विचारों का सृजन, विकास की चुनौतियों को पूरा करने में महत्त्वपूर्ण तत्वों की पहचान और मौलिक एवं प्रौद्योगिक संबंधी उपायों के जरिए समाधानों का विवरण और उनकी रूपरेखा तैयार करना है।

14

वैश्वीकरण और भारतीय अर्थव्यवस्था पर प्रभाव

वैश्वीकरण का शाब्दिक अर्थ स्थानीय या क्षेत्रीय वस्तुओं या घटनाओं के विश्व स्तर पर रूपांतरण की प्रक्रिया है। इसे एक ऐसी प्रक्रिया का वर्णन करने के लिए भी प्रयुक्त किया जा सकता है जिसके द्वारा पूरे विश्व के लोग मिलकर एक समाज बनाते हैं तथा एक साथ कार्य करते हैं।

यह प्रक्रिया आर्थिक, तकनीकी, सामाजिक और राजनीतिक ताकतों का एक संयोजन है। वैश्वीकरण का उपयोग अक्सर आर्थिक वैश्वीकरण के सन्दर्भ में किया जाता है, अर्थात, व्यापार, विदेशी प्रत्यक्ष निवेश, पूंजी प्रवाह, प्रवास और प्रौद्योगिकी के प्रसार के माध्यम से राष्ट्रीय अर्थव्यवस्था का अंतराष्ट्रीय अर्थव्यवस्थाओं में एकीकरण.

टॉम जी. पामर टॉम जी काटो संस्थान के पामर वैश्वीकरण को निम्न रूप में परिभाषित करते हैं सीमाओं के पार विनिमय पर राज्य प्रतिबंधों का ह्रास या विलोपन और इसके परिणामस्वरूप उत्पन्न हुआ उत्पादन और विनिमय का तीव्र एकीकृत और जटिल विश्व स्तरीय तंत्र. यह अर्थशास्त्रीयों के द्वारा दी गई सामान्य परिभाषा है, अक्सर श्रम

विभाजन के विश्व स्तरीय विस्तार के रूप में अधिक साधारण रूप से परिभाषित की जाती है।

थामस एल फ्राइडमैन दुनिया के सपाट होने के प्रभाव की जांच करता है और तर्क देता है कि वैश्वीकृत व्यापार आउटसोर्सिंग, आपूर्ति के श्रृंखलन और राजनीतिक बलों ने दुनिया को, बेहतर और बदतर, दोनों रूपों में स्थायी रूप से बदल दिया है। वे यह तर्क भी देते हैं कि वैश्वीकरण की गति बढ़ रही है और व्यापार संगठन तथा कार्यप्रणाली पर इसका प्रभाव बढ़ता ही जाएगा।

नोअम चोमस्की का तर्क है कि सैद्धांतिक रूप में वैश्वीकरण शब्द का उपयोग, आर्थिक वैश्वीकरण के नव उदार रूप का वर्णन करने में किया जाता है।

हर्मन ई. डेली का तर्क है कि कभी कभी अंतराष्ट्रीयकरण और वैश्वीकरण शब्दों का उपयोग एक दूसरे के स्थान पर किया जाता है लेकिन औपचारिक रूप से इनमें मामूली अंतर है। शब्द अंतराष्ट्रीयकरण शब्द का उपयोग अंतराष्ट्रीय व्यापार, संबंध और संधियों आदि के महत्व को प्रदर्शित करने के लिए किया जाता है। अंतराष्ट्रीय का अर्थ है राष्ट्रों के बीच.

'वैश्वीकरण' का अर्थ है आर्थिक प्रयोजनों के लिए राष्ट्रीय सीमाओं का विलोपनय अंतराष्ट्रीय व्यापार (तुलनात्मक लाभ द्वारा शासित), अंतर क्षेत्रीय व्यापार (पूर्ण लाभ द्वारा शासित) बन जाता है।

इतिहास

शब्द 'वैश्वीकरण' का उपयोग अर्थशास्त्रियों के द्वारा 1980 से किया जाता रहा है, हालाँकि 1960 के दशक में इसका उपयोग सामाजिक विज्ञान में किया जाता था, लेकिन 1980 के दशक के उत्तरार्द्ध और 1990 तक इसकी अवधारणा लोकप्रिय नहीं हुई। वैश्वीकरण की सबसे पुरानी सैद्धांतिक अवधारणाओं को उद्यमी से मंत्री बने एक अमेरिकी–चार्ल्स

तेज रसेल द्वारा लिखा गया जिन्होंने 1897 में शब्द कॉर्पोरेट दिग्गजा की रचना की।

वैश्वीकरण को एक सदियों लंबी प्रक्रिया के रूप में देखा जाता है, जो मानव जनसंख्या और सभ्यता के विकास पर नजर रखती है, जो पिछले ५० वर्षों में नाटकीय ढंग से त्वरित हुई है। वैश्वीकरण के प्रारंभिक रूप रोमन साम्राज्य, पार्थियन साम्राज्य और हान राजवंश, के समय में पाए जाते थे, जब चीन में शुरू हुआ रेशम मार्ग पार्थियन साम्राज्य की सीमा तक पहुँच गया और आगे रोम की तरफ बढ़ गया।

इस्लामी स्वर्ण युग भी एक उदाहरण है, जब मुस्लिम अन्वेषकों और व्यापारियों ने पुरानी दुनिया में प्रारंभिक विश्व अर्थव्यवस्था की स्थापना की जिसके परिणाम स्वरुप फसलों व्यापार, ज्ञान और प्रौद्योगिकी का वैश्वीकरण हुआय और बाद में मंगोल साम्राज्य के दौरान, जब रेशम मार्ग पर अपेक्षाकृत अधिक एकीकरण था। व्यापक संदर्भ में वैश्वीकरण की शुरुआत १६ वीं शताब्दी के अंत से पहले हुई, यह स्पेन और विशेष रूप से पुर्तगाल में हुई।

१६ वीं शताब्दी, में पुर्तगाल का वैश्विक विस्तार विशेष रूप से एक बड़े पैमाने पर महाद्वीपों, अर्थव्यवस्था और संस्कृतियों से जुड़ा है। पुर्तगाल का अफ्रीका के अधिकांश तटों और भारतीय क्षेत्रों के साथ विस्तार और व्यापार वैश्वीकरण का पहला प्रमुख व्यापारिक रूप था।

विश्व व्यापार, की एक लहर उपनिवेशवाद और सांस्कृतिकग्राह्यता दुनिया के सभी कोनों तक पहुँच गई। वैश्विक विस्तार 16 वीं और 17 वीं शताब्दियों में वैश्विक विस्तार यूरोपीय व्यापार के प्रसार के माध्यम से जारी रहा जब पुर्तगाली और स्पैनिश साम्राज्य अमेरिका, तक फैल गया और अंततः फ्रांस और ब्रिटेन तक पहुँचा। वैश्वीकरण ने दुनिया भर में संस्कृतियों, खासकर स्वदेशी संस्कृतियों पर एक जबरदस्त प्रभाव डाला।

17 वीं सदी में वैश्वीकरण एक कारोबार बन गया जब डच ईस्ट इंडिया कंपनी (Dutch East India Company) की स्थापना हुई, जो

अक्सर पहला बहुराष्ट्रीय निगम कहलाती है। अंतराष्ट्रीय व्यापार में उच्च जोखिम के कारण, डच ईस्ट इंडिया कंपनी दुनिया की पहली कम्पनी बन गई, जिसने स्टॉक के जारी शेयरों के माध्यम से कंपनियों के जोखिम और संयुक्त स्वामित्व को शेयर कियाय यह वैश्वीकरण के लिए एक महत्वपूर्ण संचालक रहा।

ब्रिटिश साम्राज्य (इतिहास में सबसे बड़ा साम्राज्य) को इसके पूर्ण आकार और शक्ति के कारण वैश्वीकरण का दर्जा मिला था। इस अवधि के दौरान ब्रिटेन के आदर्शों और संस्कृति को अन्य देशों पर थोपा गया।

19 वीं सदी को कभी कभी वैश्वीकरण का प्रथम युग भी कहा जाता है। (बहरहाल, कुछ लेखकों के अनुसार, वैश्वीकरण को जिस रूप में हम जानते हैं, उसकी वास्तविक शुरूआत 16वीं शताब्दी में पुर्तगाली विस्तारवाद के साथ हुई।) यह वह काल था, जिसका वर्गीकरण यूरोपीय शाही शक्तियों, उनके उपनिवेशों और, बाद में, संयुक्त राज्य अमेरिका के बीच तेजी से बढ़ते अंतराष्ट्रीय व्यापार और निवेश के आधार पर किया गया।

यही वह काल था, जब उप –सहारा अफ्रीका के क्षेत्र और प्रशांत द्वीप विश्व प्रणाली में शामिल हो गए। वैश्वीकरण का प्रथम युग के टूटने की शुरूआत 20 वीं शताब्दी में प्रथम विश्व युद्ध के साथ हुई, और बाद में 1920 के दशक के अंत और 1930 के दशक की शुरुआत में स्वर्ण मानक संकट के दौरान यह ध्वस्त हो गया।

आधुनिक वैश्वीकरण

द्वितीय विश्व युद्ध के बाद से वैश्वीकरण मुख्य रूप से अर्थशास्त्रीयों, व्यापारिक हितों और राजनीतिज्ञों के नियोजन का परिणाम है जिन्होंने संरक्षणवाद और अंतराष्ट्रीय आर्थिक एकीकरण में गिरावट के मूल्य को पहचाना। उनके काम का नेतृत्व ब्रेटन वुड सम्मेलन और इस दौरान स्थापित हुई कई अंतराष्ट्रीय संस्थाओं ने किया, जिनका उद्देश्य वैश्वीकरण की नवीनीकृत प्रक्रिया का निरीक्षण, इसको बढ़ावा देना और इसके विपरीत प्रभावों का प्रबंधन करना था।

इन संस्थाओं में पुनर्निर्माण और विकास के लिए अंतराष्ट्रीय बैंक (विश्व बैंक) और अंतराष्ट्रीय मुद्रा कोष शामिल हैं। वैश्वीकरण में तकनीक के आधुनिकीकरण के कारण यह सुविधा हुई, जिसने व्यापार और व्यापार वार्ता दौर की लागत को कम कर दिया, मूल रूप से शुल्क तथा व्यापार पर सामान्य समझौते के तत्वावधान के अंतर्गत ऐसा हुआ है जिसके चलते कई समझौतों में मुक्त व्यापार पर से प्रतिबन्ध हटा दिया गया।

द्वितीय विश्व युद्ध के बाद से, अंतराष्ट्रीय व्यापार अवरोधों में अंतराष्ट्रीय समझौतों – के माध्यम से लगातार कमी आई है। Gatt के परिणामस्वरूप कई विशेष पहल की गईं और इसमें विश्व व्यापार संगठन (डब्ल्यूटीओ), जिसके लिए Gatt आधार है, शामिल है।

मुक्त व्यापार का संवर्धन

शुल्क में कमी या समाप्तिय कम या शून्य शुल्क के साथ मुक्त व्यापार क्षेत्र का निर्माण.

विशेष रूप से समुद्र नौवहन के लिए डिब्बाबंदीकरण के विकास के परिणामस्वरूप होने वाले परिवहन मूल्य में कमी.

पूँजी नियंत्रण में कमी या कटौती

- स्थानीय व्यवसाय के लिए सब्सिडी में कटौती, उन्मूलन, या सम्मिश्रण

मुक्त व्यापार पर प्रतिबंध

कई राज्यों में बौद्धिक संपदाके हार्मोनीकरण कानून अधिक प्रतिबंधों के साथ लागू हैं।

बौद्धिक संपदा प्रतिबंधों की पराराष्ट्रीय मान्यता (उदा. चीन से प्राप्त पेटेंट अमेरिका में मान्य होगा)।

उरुग्वे वार्ता (१६८४ से १६६५) में एक संधि हुई, जिसके अनुसार

व्यापारिक विवादों में मध्यस्थता करेगा और व्यापार के लिए एक एकीकृत मंच उपलब्ध कराएगा. अन्य द्विपक्षीय और बहुपक्षीय व्यापार समझौते जिसमें मास्ट्रिच संधि और उत्तरी अमेरिका मुक्त व्यापार समझौते (एन ऐ एफ टी ऐ) शामिल हैं, का लक्ष्य भी व्यापार के अवरोधों और मूल्यों को कम करना है।

विश्व निर्यात में वृद्धि हुई है जो १९७० में विश्व सकल उत्पाद के ८ .५ : से बढ़कर २००१ में १६.१ : हो गया।

वैश्वीकरण शब्द का उपयोग (सैद्धांतिक मायने में), इन विकासों के संदर्भ में विश्लेषण के लिए नोएम शोमस्की समेत कईयों के द्वारा किया गया।

आलोचकों ने देखा है कि समकालीन उपयोग में इस शब्द के कई अर्थ हैं, उदाहरण के लिए Noam Chomsky कहते हैं कि–

वैश्वीकरण के कई पहलू हैं जो दुनिया को कई भिन्न प्रकार से प्रभावित करते हैं जैसे–

औद्योगिक (उर्फ ट्रांस राष्ट्रीयकरण) – विश्व व्यापी उत्पादन बाजारों का उद्‌भव और उपभोक्ताओं तथा कंपनियों के लिए विदेशी उत्पादों की एक श्रृंखला तक व्यापक पहुँच। ट्रांस राष्ट्रीय निगमों के अन्दर और उनके बीच सामग्री और माल का आवागमन और श्रम आपूर्ति करने वाले गरीब देशों और लोगों के व्यय पर, संपन्न राष्ट्रों और लोगों की माल तक पहुँच।

वित्तीय विश्व व्यापी वित्तीय बाजार की उत्पत्ति और राष्ट्रीय, कॉर्पोरेट और उप राष्ट्रीय उधारकर्ताओं के लिए बाह्य वित्त पोषण करने के लिए बेहतर पहुँच।

आवश्यक रूप से नहीं, परंतु समकालीन वैश्विकता अधीन या गैर–नियामक विदेशी आदान–प्रदान का उदृभव है और सट्टा बाजार निवेशकों के मुद्रास्फीति और वस्तुओं, माल की कृत्रिम मुद्रा स्फीति की

तरफ बढ़ रहा है और कुछ मामलों में एशियाई आर्थिक उछाल के साथ सभी राष्ट्रों का इसकी चपेट में आना मुक्त व्यापार के द्वारा हुआ है।

आर्थिक–माल और पूंजी के विनिमय की स्वतंत्रता के आधार पर एक वैश्विक साझा बाजार की वास्तविकता।

राजनीतिक – राजनैतिक वैश्वीकरण विश्व सरकार का एक गठन है जो राष्ट्रों के बीच सबंध का नियमन करता है तथा सामाजिक और आर्थिक वैश्वीकरण से उत्पन्न होने वाले अधिकारों की गारंटी देता है। राजनीतिक रूप से, संयुक्त राज्य अमेरिका ने विश्व शक्तियों के बीच एक शक्ति के पद का आनंद उठाया है। ऐसा इसकी प्रबल और संपन्न अर्थव्यवस्था के कारण है।

वैश्वीकरण के प्रभाव के साथ और संयुक्त राज्य अमेरिका की अपनी अर्थव्यवस्था, की मदद से साथ चीन के जनवादी गणराज्य ने पिछले दशक में जबरदस्त विकास का अनुभव किया है।

यदि चीन प्रवृत्तियों द्वारा निर्धारित इसी दर से विकास करता रहा, तो बहुत संभव है कि अगले बीस वर्षों में वह विश्व नेताओं के बीच सत्ता की एक प्रमुख धुरी बन जाएगा. चीन के पास प्रमुख विश्व शक्ति के पद के लिए अमरीका का विरोध करने हेतु पर्याप्त धन, उद्योग और तकनीक होगी. यूरोपीय संघ, रूसी संघ और भारत पहले से ही स्थापित विश्व शक्तियों में हैं जिनके पास संभवतया भविष्य में दुनिया की राजनीति को प्रभावित करने की क्षमता है।

सूचनात्मक – भौगोलिक दृष्टि से दूरस्थ स्थानों के बीच सूचना प्रवाह में वृद्धि तार्किक रूप से फाइबर ऑप्टिक संचार, उपग्रहों के आगमन और इंटरनेट और टेलीफोन की उपलब्धता में वृद्धि के साथ यह एक तकनीकी परिवर्तन है, जो संभवतः वैश्वीकरण के आदर्शवाद से असंबद्ध या घ्इसमें सहायक है।

सांस्कृतिक –पार–सांस्कृतिक संपर्कों की वृद्धिय चेतना की नई

श्रेणियों का अवतरण और पहचान जैसे वैश्विकता–इसमें शामिल है सांस्कृतिक प्रसार, विदेशी उत्पादों और विचारों का उपभोग करने और आनंद उठाने की इच्छा, नई प्रौद्योगिकी और पद्धतियों को अपनाना और विश्व संस्कृति में भाग लेनाय भाषाओं की हानि (और इसी क्रम में विचारों की हानि), साथ ही देखें संस्कृति का रूपांतरण।

पारिस्थितिकी–वैश्विक पर्यावरण का आगमन चुनौती देता है जिसे अंतराष्ट्रीय सहयोग, के बिना हल नहीं किया जा सकता है, जैसे जलवायु परिवर्तन सीमा–पार जल और वायु प्रदूषण, समुद्र में सीमा से ज्यादा मछली पकड़ना. और आक्रामक प्रजातियों के प्रसार. विकासशील देशों में, कई कारखानों का निर्माण किया गया है, जहाँ वे स्वतंत्र रूप से प्रदुषण कर सकते हैं।

वैश्विकता और मुक्त व्यापार प्रदूषण बढ़ाने के लिए अन्योन्य क्रिया करते हैं और एक गैर पूंजीवादी विश्व में हमेशा से विकसित हो रही पूंजीवादी अर्थव्यवस्था के नाम पर इसे त्वरित करते हैं। हानि फिर से गरीब राष्ट्रों के हिस्से में आती है जबकि लाभ संपन्न राष्ट्रों के हिस्से में।

सामाजिक –कम प्रतिबंधों के साथ सभी राष्ट्रों के लोगों के द्वारा प्रवाह में वृद्धि हुई है। कहा जाता है कि इन देशों के लोग इतने संपन्न हैं कि वे अंतराष्ट्रीय यात्रा का खर्च वहन कर सकते हैं, जिसे दुनिया की अधिकांश जनसंख्या वहन नहीं कर सकती है। अभिजात्य और संपन्न वर्ग के द्वारा मान्यता प्राप्त एक भ्रमित लाभ, जो ईंधन और परिवहन की लागत में वृद्धि के साथ बढ़ता है।

परिवहन–हर साल यूरोप की सड़कों पर कम से कर कारें (ऐसा ही अमेरिकी सड़कों पर अमेरिकी कारों के लिए कहा जा सकता है) और प्रौद्योगिकी के समावेशन के माध्यम से दूरी व यात्रा के समय में कमी।

यह एक तकनीकी उन्नति है जो श्रम प्रधान बाजारों के बजाय सूचना में काम कर रहे लोगों के द्वारा मान्यता प्राप्त है, अधिक के बजाय कम लोगों की पहुँच में है और यदि यह वास्तव में वैश्वीकरण का प्रभाव

है तो यह समग्र मानवता के लिए लाभ के समान रूप से आबंटन के बजाय स्रोतों के असमान आबंटन को प्रतिबिंबित करता है।

अंतराष्ट्रीय सांस्कृतिक विनिमय

बहुसंस्कृतिवाद का प्रसार और सांस्कृतिक विविधता के लिए बेहतर व्यक्तिगत पहुँच (उदाहरण हॉलीवुड और बॉलीवुड फिल्मों के निर्यात के माध्यम से) हालाँकि, आयातित संस्कृति आसानी से स्थानीय संस्कृति को संपूरित करती है, यह संकरण या आत्मसातीकरण के माध्यम से विविधता में कमी का कारण है।

इसका सबसे प्रमुख रूपपश्चिमीकरण है, लेकिन संस्कृतियों का सिनिसिजेशन कई सदियों से अधिकांश पूर्व एशिया में अपना स्थान बना चुका है।

तर्क है कि पूंजीवादी वैश्वीकृत अर्थ व्यवस्था के रूप में संस्कृतियों का समरूपीकरण और वैश्विकता का आधिपत्य प्रभाव एकमात्र तरीका है जिससे देश अंतराष्ट्रीय मुद्रा कोष और विश्व बैंक के माध्यम से भाग ले सकते हैं यह संस्कृतियों में प्रशंसनीय अन्तर के बजाय विनाश का कारण होगा।

अंतराष्ट्रीय यात्रा और पर्यटनकुछ लोगों के लिए ही महान है, जो अंतराष्ट्रीय यात्रा और पर्यटन का खर्च वहन कर सकते हैं।

ब्रिटेन, कनाडा और संयुक्त राज्य अमेरिका, जैसे देशों ने अप्रवास सहित अधिकगैर–कानूनी अप्रवास, जिन्होंने 2008 में गैर–कानूनी आप्रवासियों को हटाया तथा गैर–कानूनी रूप से देश में प्रवेश कर गए लोगों को आसानी से हटाने के लिए कानूनों में संशोधन किया।

इनके अतिरिक्त अन्य ने इस बात को सुनिश्चित किया कि अप्रवास नीतियाँ अनुकूल अर्थव्यवस्था को प्रभावित करें, प्राथमिक रूप से उस पूँजी पर ध्यान दिया गया जो अप्रवासी अपने साथ देश में ला सकते हैं।

स्थानीय उपभोक्ता उत्पादों (जैसे– भोजन) का अन्य देशों (अक्सर उनकी संस्कृति में स्वीकृत) में प्रसार इसमें आनुवांशिक रूप से परिष्कृत जीव शामिल हैं।

वैश्विक वृद्धि अर्थव्यवस्था का एक नया और लाक्षणिक गुण है एक लाइसेंस युक्त बीज का जन्म जो केवल एक ही मौसम के लिए सक्षम होगा और अगले मौसम में इसे पुनः नहीं उगाया जा सकेगा–जो एक निगम के लिए गृहीत बाजार को सुनिश्चित करेगा।

संपूर्ण राष्ट्रों की खाद्य आपूर्ति एक कंपनी के द्वारा नियंत्रित होती है जो संभवतः विश्व बैंक या आईएमएफ ऋण शर्तों के माध्यम से.ऐसे के क्रियान्वयन में सफल है।

विश्व व्यापक फेड्स और पॉप संस्कृति जैसे पॉकेमॉन, सुडोकू, नूमा नूमा, ओरिगेमी, आदर्श श्रृंखला, यू ट्यूब, ऑरकुट, फेस बुक और माय स्पेस.

ये उन लोगों की पहुँच में हैं जो टी वी या इंटरनेट का उपयोग करते हैं, ये धरती की जनसंख्या का एक महत्वपूर्ण भाग छोड़ देते हैं।

विश्व व्यापक खेल की घटनाओं जैसे– फीफा विश्व कप और ओलिंपिक खेलों.

सार्वभौमिक मूल्य मूल्यों के समूह का निर्माण या विकास –संस्कृति का समरुपीकरण.

तकनीकी

एक वैश्विक दूरसंचार बुनियादी सरंचना का विकास और सीमा पार आंकडों का अधिक प्रवाह, साथ ही ऐसी तकनीकों का उपयोग जैसे इंटरनेट, संचार उपग्रहों, समुद्र के भीतर फाइबर ऑप्टिक केबल और वायरलेस टेलीफोन विश्व स्तर पर लागू मानकों की संख्या में वृद्धि य कॉपीराइट का कानून, पेटेंट और विश्व व्यापार समझौते।

कानूनी नैतिक

अंतराष्ट्रीय आपराधिक न्यायालय और अंतराष्ट्रीय न्याय आंदोलनों का निर्माण.

वैश्विक अपराध से लड़ने के लिए प्रयास और सहयोग हेतु जागरूकता को बढ़ाना तथा अपराध आयात.

यौन जागरूकता – वैश्वीकरण के केवल आर्थिक पहलुओं पर ध्यान केन्द्रित करना अक्सर आसान होता है। इस शब्द के पीछे मजबूत सामाजिक अर्थ छिपा है। वैश्वीकरण का मतलब विभिन्न देशों के बीच सांस्कृतिक बातचीत भी हो सकता है।

वैश्वीकरण के सामाजिक प्रभाव भी हो सकते हैं जैसे– लैंगिक असमानता में परिवर्तन और इस मुद्दे को लेकर पूरी दुनिया में लिंग विभेद (अक्सर अधिक क्रूर) के प्रकारों पर जागरूकता फैलाने का प्रयास किया जा रहा है। उदाहरण के लिए, अफ्रीकी देशों में लड़कियों और महिलाओं को लंबे समय से महिला खतना का शिकार बनाया जा रहा है – ऐसी हानिकारक प्रक्रिया अब पूरे विश्व के सामने आ चुकी है, अब इस प्रथा में कुछ कमी आ रही है।

दौलत में बढोतरी बहुत कम लोगों के पास हो रही है। मीडिया और अन्य बहुराष्ट्रीय विलायक समाज और उत्पादन के एक बड़े भाग को नियंत्रित करते हुए कुछ निगमों का नेतृत्व करते हैं।

मध्यम वर्ग में कमी और गरीबी में वृद्धि वैश्वीकृत और अविनियमित देशों में देखी जा सकती है। वैश्वीकरण दुनिया के इतिहास में सबसे बड़े संप्रभु ऋण अपराध, 2002 में संपूर्ण अर्जेंटीना के दिवालियेपन के लिए जिम्मेदार था।

फिर भी वैश्वीकरण ने इन बड़े निगमों में व्यापार और वित्त को लाभ पहुँचाया और बहुराष्ट्रीय बैंक 40 बिलियन डॉलर से अधिक नकद को

अर्जेंटीना से बाहर भेजने में सक्षम हुए, क्योंकि इस अविनियमित और वैश्वीकृत देश में उन्हें ऐसा करने से रोकने के लिए कोई विनियमन नहीं था।

वैश्वीकरण के विरोधी तर्क देते हैं कि बैंक नागरिकों को उनके अपने खातों में बंद कर देतें हैं, 60 प्रतिशत या इससे अधिक बेरोजगारी की दर और एक पूरे देश का बैंक दिवालिया हो जाना वैश्वीकरण के खिलाफ तर्क हैं।

वैश्वीकरण समर्थक (वैश्विकता)

आम तौर पर माना जाता है कि मुक्त व्यापार, पूँजीवाद और लोकतंत्र के विचार व्यापक रूप से वैश्वीकरण को बढ़ावा देते हैं। मुक्त व्यापार के समर्थकों का दावा है कि यह आर्थिक समृद्धि और अवसरों को विशेष रूप से विकासशील राष्ट्रों में बढाता है, नागरिक स्वतंत्रताओं को बढाता है, इससे संसाधनों के अधिक कुशल आवंटन में मदद मिलती है। तुलनात्मक लाभ के आर्थिक सिद्धांतों की सलाह के अनुसार मुक्त व्यापार संसाधनों के अधिक कुशल आवंटन को बढ़ावा देता है, साथ ही सभी देश व्यापार लाभ में शामिल होते हैं।

सामान्य रूप में, यह विकासशील देशों के निवासियों के लिए कम कीमतों, अधिक रोजगार, उच्च उत्पादन और उच्च जीवन स्तर को बढ़ावा देता है।

उदारवादी और अहस्तक्षेप पूँजीवाद के समर्थकों का कहना है कि विकसित देशों में लोकतंत्र और पूँजीवाद के रूप में राजनीतिक और आर्थिक स्वतंत्रता का उच्च अंश अपने आप में समाप्त हो जाता है तथा साथ ही संपत्ति के उच्च स्तर का उत्पादन करता है। वे वैश्वीकरण को उदारता और पूँजीवाद के लाभकारी प्रसार के रूप में देखते हैं।

लोकतांत्रिक वैश्वीकरण के समर्थक कभी कभी वैश्विकता समर्थक भी कहलाते हैंउनका मानना है कि वैश्वीकरण की पहली प्रावस्था

बाजार–उन्मुख थी, विश्व नागरिक नागरिकों की इच्छाओं का प्रतिनिधित्व करने वाले निर्माणात्मक विश्वस्तरीय राजनीतिक संस्थानों को इनका अनुसरण करना चाहिए।

अन्य वैश्विकतावादियों की भिन्नता यह है कि वे इस विचारधारा को आधुनिक रूप में परिभाषित नहीं करते हैं, लेकिन वे एक लोकतांत्रिक प्रक्रिया के माध्यम से इसे इन नागरिकों के स्वतंत्र चुनाव के लिए छोड़ देंगे.

सीनेटर डगलस रोशे, ओ.सी. जैसे– कुछ लोग वैश्वीकरण को स्वतंत्र वकालत संस्थानों के रूप में देखते हैं, जैसे सीधे–निर्वाचित संयुक्त राष्ट्र संसदीय विधानसभा जो अनिर्वाचित अंतराष्ट्रीय निकायों का निरीक्षण करते हैं।

वैश्वीकरण के समर्थकों का तर्क है कि वैश्वीकरण विरोधी आंदोलन अपने संरक्षणवादी दृष्टिकोण का समर्थन करने के लिए उपाख्यानात्मक का उपयोग करते हैं, जबकि विश्व भर के आँकड़े प्रबलता से वैश्वीकरण का समर्थन करते हैं।

विश्व बैंक के आंकड़ों के हिसाब से, 1981 से 2001 तक, १ डॉलर या उससे भी कम पर प्रतिदिन जीने वाले लोगों की संख्या 1.5 अरब से 1.1 अरब हो गई है।

इसी समय, दुनिया में जनसँख्या वृद्धि हुई, इसीलिए विकास शील राष्ट्रों में ऐसे लोगों का प्रतिशत 40 से कम होकर 20 हो गया। अर्थव्यवस्था में बहुत अधिक सुधार ने व्यापार और निवेश में बाधाओं को कम कियाय फिर भी, कुछ आलोचक तर्क देते हैं कि इसके बजाय गरीबी के मापन के लिए अधिक विस्तृत अध्ययन किए जाने चाहिए।

वैश्वीकरण से प्रभावित क्षेत्रों में प्रति दिन 2 डॉलर से कम पर जीने वालों का प्रतिशत बहुत अधिक कम हुआ है, जबकि अन्य क्षेत्रों में गरीबी की दर बहुत अधिक स्थिर बनी हुई है। चीन सहित, पूर्वी एशिया में,

प्रतिशत में 50.1फीसदी की कमी आई है जबकि उप–सहारा अफ्रीका में 2.2: फीसदी की वृद्धि हुई है।

आय में असमानता पूर्ण रूप से दुनिया के लिए ह्रासमान है। परिभाषाओं के मुद्दों और उपलब्ध आंकडों के कारण, चरम गरीबी में गिरावट की गति को लेकर असहमति है। जैसा कि नीचे वर्णित है, इस पर अन्य विवाद भी हैं।

अर्थशास्त्री जेवियर सेला–ई–मार्टिन 2007 के विश्लेषण में तर्क देते हैं कि यह गलत है, पूर्ण रूप से दुनिया में आय में असमानता का ह्रास हो गया है। आय में असमानता को लेकर पुरानी प्रवृति के बारे में क्या सही है, इस बात की परवाह न करते हुए, यह तर्क दिया गया है कि पूर्ण गरीबी में सुधार करना, सापेक्ष असमानता से अधिक महत्वपूर्ण है।

विकासशील विश्व में जीवन प्रत्याशा द्वितीय विश्व युद्घ के बाद से लगभग दोगुनी हो गई है और यह अपने तथा विकसित विश्व के बीच अन्तर को भरने की शुरुआत कर रही है और विकसित विश्व जहाँ सुधार बहुत कम मात्रा में हुआ है।

यहाँ तक की सबसे कम विकसित क्षेत्र उप–सहारा अफ्रीका में, जीवन प्रत्याशा द्वितीय विश्व युद्ध से 30 साल पहले बढ़ी, एड्स महामारी और अन्य बीमारियों से लगभग 50 साल पहले तक चरम तक पहुँची और वर्तमान समय के 47 सालों में इन बीमारियों में इसने काफी कमी की है। शिशु मृत्यु दर दुनिया के हर विकासशील क्षेत्र में कम हुई है।

लोकतंत्र में नाटकीय रूप से वृद्धि हुई है, 1900 में ऐसा कोई राष्ट्र नहीं था जिसके पास सार्वभौमिक मताधिकार हो, लेकिन 2000 में ऐसे राष्ट्रों की संख्या कुल की 62.5: थी।

नारीवाद में बांगलादेश जैसे राष्ट्रों में प्रगति हुई है, महिलाओं को रोजगार और आर्थिक सुरक्षा प्रदान की गई है।

जिन देशों में प्रति–व्यक्ति खाद्य आपूर्ति 2200 कैलोरी (9.200 प्रति

दिनसे कम है, वहाँ की जनसंख्या का अनुपात 1960 के मध्य में 56:से कम होकर 1990 में 10: से नीचे चला गया है।

श्रम शक्ति में बच्चों का प्रतिशत 1960 में 24: से गिरकर 2000 में 10: पर आ गया है।

विद्युत शक्ति, कारों, रेडियो और टेलीफोन, के प्रति–व्यक्ति उपभोग में वृद्धि हुई है, साथ ही जनसंख्या के एक बड़े अनुपात को साफ पानी की आपूर्ति होने लगी है।

पुस्तक विश्व की सुधरती हुई अवस्था इस बात का प्रमाण देती है कि इन और अन्य के प्रयासों से मानव की बेहतरी के मापकों में सुधार आया है और वैश्वीकरण इसके स्पष्टीकरण का एक हिस्सा है।

यह इस तर्क के लिए भी प्रतिक्रिया देती है कि पर्यावरणीय प्रभाव प्रगति को सीमित कर देंगे.

हालांकि वैश्वीकरण के आलोचक पश्चिमीकरण की शिकायत करते हैं, 2005 की एक यूनेस्को रिपोर्ट 25, दर्शाती है कि सांस्कृतिक विनिमय पारस्परिक बन रहा है। 2002 में चीन, ब्रिटेन और अमेरिका के बाद, सांस्कृतिक वस्तुओं का तीसरा सबसे बड़ा निर्यातक था। 1994 और 2002 के बीच, उत्तरी अमेरिका और यूरोपीय संघ दोनों का सांस्कृतिक निर्यात गिर गया, जबकि एशिया का सांस्कृतिक निर्यात बढ़ कर उत्तरी अमेरिका से भी अधिक हो गया।

वैश्वीकरण विरोधी (विश्व सरकार–एक महाराष्ट्रीय प्राधिकरण)

वैश्वीकरण विरोधी शब्द का प्रयोग उन लोगों तथा समूहों के राजनीतिक दृष्टिकोण का वर्णन करने के लिए किया जाता है, जो वैश्वीकरण के आदर्श उदारवादी स्वरुप का विरोध करते हैं।

वैश्वीकरण विरोध में ऐसी क्रियाएँ या प्रक्रियाएं शामिल हैं जो किसी

राज्य के द्वारा इसकी संप्रभुता के प्रदर्शन के लिए और लोकतांत्रिक फैसले के लिए की जाती हैं। वैश्वीकरण विरोध लोगों, वस्तुओं और विचारधारा के अंतराष्ट्रीय हस्तांतरण पर, रोक लगाने के लिए उत्पन्न हो सकता है, जो विशेष रूप से आईएमएफ या विश्व व्यापार संगठन जैसे संगठनों द्वारा सुनिश्चित किए जाते हैं और जो स्थानीय सरकारों और आबादी पर मुक्त बाजार कट्टरवाद के कट्टरपंथी विनियमन कार्यक्रम में लागू होते हैं।

इसके अतिरिक्त, कनाडा की पत्रकार नओमी क्लेन अपनी पुस्तक (जिसका शीर्षक है कोई स्थान नहीं, कोई चुनाव नहीं, कोई नौकरियाँ नहीं) में तर्क देती हैं कि वैश्वीकरण विरोध या तो एक सामाजिक आंदोलन को या एक सामूहिक शब्द को निरूपित कर सकता है, इसमें कई अलग सामाजिक आन्दोलन, जैसे– राष्ट्रवादी और समाजवादी शामिल हैं।

किसी भी अन्य मामले में प्रतिभागी, बड़ी बहुराष्ट्रीय अविनयमित राजनितिक शक्ति के विरोध में खड़ा होता है, क्यों कि व्यापर समोझौतों के माध्यम से निगम की प्रक्रियाएं कुछ उदाहरणों में नागरिकों के लोकतान्त्रिक अधिकारों, वातावरण विशेष रूप से वायु गुणवत्ता सूचकांक और वन वर्षा को क्षति पहुंचाती हैं।

साथ ही राष्ट्रीय सरकारों की संप्रभुता मजदूरों के अधिकारों को निर्धारित करती है जिसमें बेहतर वेतन, बेहतर कार्य स्थितियां या कानून शामिल हैं जो विकासशील देशों की सांस्कृतिक अभ्यासो और परम्पराओं का अतिक्रमण कर सकते हैं।

बहुत से लोग जिन पर वैश्वीकरण विरोधी होने की पहचान अंकित है वे इस शब्द को बहुत ही अस्पष्ट और अनुचित बताते हैं। पोडोनिक के अनुसार अधिकांश समूह जो इन विरोधों में भाग लेते हैं वे अंतराष्ट्रीय नेटवर्क का समर्थन प्राप्त करते हैं और वे सामान्यतया वैश्वीकरण के फॉर्म जारी करते हैं जो लोकतंत्र को बढ़ावा देते हैं। प्रतिनिधित्व, मानव अधिकार और समतावाद।

जोसफ स्तिग्लित्ज और एंड्रयू चार्लटन लिखते हैं इस दृष्टिकोण से युक्त सदस्य अपना वर्णन निम्न शब्दों के द्वारा करते हैं –विश्व न्याय आंदोलन, निगम–विरोधी वैश्वीकरण आन्दोलन, आंदोलनों का आन्दोलन (इटली में एक लोकप्रिय शब्द), वैश्वीकरण में परिवर्तन आन्दोलन (फ्रांस में लोकप्रिय), गणक–वैश्वीकरण आन्दोलन और ऐसे कई शब्द.

वर्तमान में आर्थिक वैश्वीकरण के आलोचक इसके दो पहलुओं को देखते हैं, एक जैव मंडल में नजर आ रही अपूरित क्षति और दूसरा कथित मानव लागत, जैसे गरीबी, असमानता, नस्लों की मिलावट, अन्याय में वृद्धि, पारंपरिक संस्कृति का क्षरण. आलोचकों के अनुसार ये सब वैश्वीकरण से सम्बंधित आर्थिक विरूपण के परिणाम हैं।

वे सीधे मेट्रिक्स को चुनौती देते हैं, जैसे सकल घरेलू उत्पाद, जिसका उपयोग विश्व बैंक जैसी संस्थाओं के द्वारा प्रख्यापित प्रगति को मापने के लिए किया जाता है और अन्य कारकों पर दृष्टि रखने के लिए भी इसका उपयोग किया जाता है जैसे– नई अर्थशास्त्र नींव के द्वारा निर्मित खुश ग्रह सूचकांक वे अंतर्संबंधित घातक परिणामों ––सामाजिक विघटन, लोकतंत्र का विघटन, वातावरण में अधिक तीव्र और व्यापक गिरावट, नये रोगों के प्रसार, गरीबी और अलगाव की भावना में बढोतरी को इंगित करते हैं। इनके बारे में ये दावा करते हैं कि वैश्वीकरण के ये परिणाम अनापेक्षित लेकिन सत्य हैं।

वैश्वीकरण और वैश्वीकरण विरोधी शब्दों का प्रयोग कई प्रकार से किया जाता है। नोअम चोमस्की कहता है कि–

आलोचकों का तर्क है कि–

गरीब देशों को कभी कभी नुकसान उठाना पड़ता हैं। हालाँकि यह सत्य है कि वैश्वीकरण अंतराष्ट्रीय स्तर पर देशों के बीच मुक्त व्यापार को बढ़ावा देता है, इसके ऋणात्मक परिणाम भी हैं क्योंकि कुछ देश अपने राष्ट्रीय बाजारों को बचाने की कोशिश करते हैं। गरीब देशों का मुख्य निर्यात आमतौर पर कृषि संबंधी सामान है। इन देशों के लिए मजबूत

देशों के साथ प्रतिस्पर्धा करना मुश्किल है क्योंकि वे अपने किसानों को आर्थिक सहायता प्रदान करते हैं। क्योंकि गरीब देशों में किसान प्रतिस्पर्धा नहीं कर सकते हैं, वे बाजार की तुलना में अपनी फसलों को कम कीमत पर बेचने के लिए मजबूर होते हैं।

विदेशी गरीब श्रमिकों का शोषण– मजबूत औद्योगिक शक्तियों द्वारा गरीब देशों की सुरक्षा में गिरावट के परिणाम स्वरुप इन देशों में सस्ते श्रम के रूप में लोगों का शोषण होता है। सुरक्षा में कमी के कारण, प्रबल औद्योगिक राष्ट्रों की कम्पनियां श्रमिकों को असुरक्षित स्थितियों में लंबे समय तक काम करने के लिए लुभाने हेतु पर्याप्त वेतन की पेशकश करती हैं। हालाँकि अर्थशास्त्री इस बात पर सवाल उठाते हैं कि प्रतियोगी नियोक्ता बाजार में श्रमिकों को अनुमति देना 'शोषण' माना जा सकता है।

सस्ते श्रम की प्रचुरता देशों को शक्ति तो दे रही है लेकिन राष्ट्रों के बीच असमानता को दूर नहीं कर पा रही है। यदि ये राष्ट्र औद्योगिक राष्ट्रों में विकसित हो जायें तो सस्ते श्रम की सेना विकास के साथ धीरे–धीरे गायब हो जायेगी. यह सच है कि श्रमिक अपना काम छोड़ने के लिए स्वतंत्र हैं, लेकिन कई गरीब देशों में, इसका मतलब उसके या उसके पूरे परिवार के लिए भुखमरी होगा अगर पिछला रोजगार भी उनके लिए अब उपलब्ध न हो।

सेवा कार्य में बदलाव– अपतटीय श्रमिकों की कम लागत निगमों के लिए उत्पादन को विदेशों में स्थानांतरित करना आसान बनाती है। अकुशल श्रमिकों को ऐसे सेवा क्षेत्र में लगाना जहाँ मजदूरी और लाभ कम है, लेकिन कारोबार उच्च है। इसने कुशल और अकुशल श्रमिकों के बीच आर्थिक अंतर को बढ़ाने में योगदान दिया है। इन नौकरियों की हानि ने मध्य वर्ग की धीमी गिरावट में योगदान दिया है जो संयुक्त राज्य अमेरिका में आर्थिक असमानता को बढ़ाने वाला मुख्य कारक है। वे परिवार जो कभी मध्यम वर्ग का हिस्सा थे, उन्हें नौकरियों में हुई भारी कटौतियों तथा अन्य देश से आउटसोर्सिंग ने अपेक्षाकृत निम्न स्थिति में ला दिया है। इसका यह भी तात्पर्य है कि निम्न वर्ग के लोगों को गरीबी

में अधिक कठिन समय का सामना करना पड़ता है क्यों कि उनके पास मध्यम वर्ग की तरह आगे बढ़ने के लिए रास्तों का अभाव है।

कमजोर श्रम संघों– हमेशा बढती हुई कम्पनियों की संख्या और सस्ते श्रम की अधिकता ने संयुक्त राज्य में श्रम संघों को कमजोर बनाया है। संघ अपनी प्रभावशीलता को खो देते हैं जब उनकी सदस्यता में कमी आने लगती है। इसके परिणाम स्वरुप संघों के पास निगमों की तुलना में कम शक्ति होती है, निगम कम मजदूरी के लिए श्रमिकों को बदल सकते हैं और उनके पास संघीय नौकरियों की पेशकश ना करने का विकल्प होता है।

दिसम्बर 2007 में, विश्व बैंक अर्थशास्त्री ब्रैंको मिलेनोविक ने विश्व में गरीबी और असमानता पर पहले से अधिक अनुभवजन्य अनुसंधान किया, क्योंकि उनके अनुसार क्रय शक्ति में सुधार इस बात को इंगित करता है कि विकास शील देश सोच से ज्यादा बुरी हालत में हैं। मिलेनोविक की टिप्पणी है कि देशों के अभिसरण या अपसरण पर विद्वानों के सैंकडों कागजात पिछले दशक में, जिनमें आय पर हमारी जानकारी के आधार प्रकाशित हुए, अब गलत आंकड़े है। नए आंकडों के साथ, अर्थशास्त्री गणना को संशोधित करेंगे और संभवतः नए निष्कर्ष तक पहुंचेगें इसके अलावा ध्यान देने योग्य बात यह है कि वैश्विक असमानता और गरीबी के अनुमानों के लिए बहुत अधिक टिप्पणियाँ हैं।

नई संख्याएँ वैश्विक असमानता को इतना अधिक दिखा रहीं हैं जितना कि घोर निराशावादी लेखकों ने भी नहीं सोचा था। पिछले महीने तक, वैश्विक असमानता, या विश्व के सभी व्यक्तियों के बीच वास्तविक आय में अंतर, लगभग 65 गिनी बिंदुओं का था––जहाँ 100 पूर्ण असमानता को तथा 0 पूर्ण समानता को दर्शाता है, यदि हर किसी की आय समान हो––असमानता का स्तर दक्षिण अफ्रीका की तुलना में कुछ अधिक है। लेकिन नई संख्याएँ विश्व असमानता को 70 गिनी अंक दर्शाती है–असमानता का ऐसा स्तर जिसे पहले कभी भी कहीं भी दर्ज नहीं किया गया।

वैश्वीकरण के आलोचक आमतौर पर इस बात पर जोर देते हैं कि वैश्वीकरण एक ऐसी प्रक्रिया है जो कि कॉर्पोरेट जगत के हितों के अनुसार मध्यस्थ है और प्रारूपिक रूप से वैकल्पिक वैश्विक संस्थाओं और नीतियों की सम्भावना को बढाती है। वे नीतियाँ जो पूरी दुनिया में गरीब और श्रमिक वर्ग के लिए नैतिक दावे करती हैं, साथ ही अधिक न्यायोचित तरीके से पर्यावरण से संबंधित है।

यह आन्दोलन बहुत बड़ा है इसमें चर्च समूह, राष्ट्रीय मुक्ति समूह, किसान, संघ जीवी, बुद्धिजीवी, कलाकार, सुरक्षावादी, अराजकतावादी, शामिल हैं जो पुनर्स्थानीकरण और अन्य लोगों के समर्थन में हैं। कुछ सुधारवादी हैं, (पूँजीवाद के अधिक मानवीय रूप के लिए तर्क देते हैं) जबकि अन्य क्रांतिकारी हैं (वे पूंजीवाद से अधिक मानवीय प्रणाली पर विश्वास करते हैं और उसी के लिए तर्क देते हैं) और अन्य प्रतिक्रियावादी हैं, जिनका यह मानना है कि वैश्वीकरण राष्ट्रीय उद्योग और रोजगार को नष्ट कर देता है।

हाल ही के आर्थिक वैश्वीकरण के आलोचकों के अनुसार इन प्रक्रियाओं के परिणाम स्वरुप देशों के बीच और उनके भीतर आय की असमानता बढ़ रही है। 2001 मे लिखे गए एक लेख से पता चला है कि 2001 में समाप्त हो रहे पिछले 20 वर्षों के दौरान 8 मेट्रिक्स में से 7 में आय में असमानता बढ़ी है।

इसके साथ ही, दुनिया के निचले तबके में 1980 के दशक के बाद से आय वितरण में संभवतः बिल्कुल कमी हो गई है. इसके अलावा, निरपेक्ष गरीबी पर विश्व बैंक के आंकड़ों को चुनौती दी गई है।

लेख में विश्व बैंक के इस दावे पर संशय व्यक्त किया गया है कि वे लोग जो प्रतिदिन एक डॉलर से कम पर जीवित रह रहे हैं, उनकी संख्या 1987 से 1998, में पक्षपाती पद्धति की वजह से 1.2 बिलियन पर स्थिर हो गई है।

एक चार्ट जिसने असमानता को बहुत ही दृश्य और सरल रूप दिया,

तथा कथित शैंपेन गिलास प्रभाव है। इसमें 1992 में संयुक्त राष्ट्र विकास कार्यक्रम की रिपोर्ट शामिल थी, जिसने वैश्विक आय के वितरण को बहुत ही असमान दिखाया, इसमें दुनिया की आबादी के सबसे अमीर 20ः दुनिया की आय के 82,7ः को नियंत्रित करते हैं।

उचित व्यापार के सिद्धांत कर्ताओं के आर्थिक तर्क में दावा किया गया है कि अप्रतिबंधित मुक्त व्यापार उन लोगों के लिए लाभकारी है जो गरीबों की कीमत पर वित्तीय उत्तोलन (यानी अमीरों) से युक्त हैं।

अमेरिकीकरण उच्च राजनीतिक शक्ति के एक काल और अमेरिकी दुकानों, बाजारों और वस्तुओं के दूसरे देशों में ले जाए जाने में महत्वपूर्ण वृद्धि से संबंधित है। तो वैश्वीकरण, एक और अधिक विविधतापूर्ण घटना है, जो एक बहुपक्षीय राजनीतिक दुनिया से सम्बंधित है और वस्तुओं व बाजारों को अन्य देशों में बढ़ावा देती है।

वैश्वीकरण के कुछ विरोधी इस प्रक्रिया को निगमीय हितों की वृद्धि के रूप में देखते हैं। उनका यह भी दावा है कि बढ़ती हुई स्वायत्तता और कॉर्पोरेट संस्थाओं की शक्ति देशों की राजनितिक नीतियों को आकार देती है।

अंतराष्ट्रीय सामाजिक मंच

यूरोपीय सामाजिक मंच, एशियाई सामाजिक मंच, विश्व सामाजिक मंच. 2001 में पहली डब्ल्यूएसएफ ब्राजील में पोर्टो एलेग्रे के प्रशासन की शुरुआत थी। वर्ल्ड सोशल फोरम का नारा था एक और दुनिया मुमकिन है. डब्ल्यूएसएफ चार्टर सिद्धांतों को मंचों हेतु एक ढांचा प्रदान करने के लिए अपनाया गया था।

डब्ल्यूएसएफ एक आवधिक बैठक बन गया। 2002 और 2003 में इसे फिर से पोर्टो एलेग्रे में आयोजित किया गया था और इराक पर अमेरिकी आक्रमण के खिलाफ दुनिया भर में विरोध के लिए एक मिलाप बिन्दु बन गया। 2004 में इसे मुंबई (पूर्व में बंबई, के रूप में जाना जाता

था, भारत) में ले जाया गया, ताकि यह एशिया और अफ्रीका की आबादियों के लिए अधिक सुलभ बनाया जा सके। पिछली नियुक्ति में 75000 प्रतिनिधियों ने भाग लिया।

इस दौरान, क्षेत्रीय मंचों ने डब्ल्यूएसएफ के उदाहरण का अनुसरण करते हुए इसके चार्टर के सिद्धांतों को अपनाया. पहला यूरोपीय सामाजिक मंच नवंबर 2002 में फ्लोरेंस में आयोजित किया गया था। नारा था युद्ध के विरुद्ध, नस्लवाद के खिलाफ और नव उदारवाद के खिलाफ। इसमें 60000 प्रतिनिधियों ने भाग लिया और यह युद्ध के खिलाफ एक विशाल प्रदर्शन के साथ खत्म हुआ। (आयोजकों के अनुसार प्रदर्शन में 1,000,000 लोग थे।) दो अन्य ESFs पेरिस और लंदन में क्रमशः 2003 में और 2004 में हुए।

सामाजिक मंचों की भूमिका के बारे में हाल ही में आन्दोलन के पीछे कुछ चर्चा की गई है। कुछ इसे एक लोकप्रिय विश्वविद्यालय के रूप में देखते हैं। उनके अनुसार यह लोगों को वैश्वीकरण की समस्याओं के लिए जागृत करने का एक अवसर है। अन्य लोग पसंद करेंगे कि प्रतिनिधि अपने प्रयासों को आंदोलन के समन्वयन और संगठन पर केंद्रित करें और नए अभियानों का नियोजन करें।

यद्यपि अक्सर यह तर्क दिया जाता है कि प्रभावी देशों (विश्व के अधिकांश) में डब्ल्यूएसएफ एक गैर सरकारी संगठन मामले से कुछ ज्यादा है, इन्हे उत्तरी एन जी ओ व दाताओं के द्वारा चलाया जाता है जो गरीबों के लोकप्रिय आंदोलनों के लिए शत्रुतापूर्ण हैं।

भारतीय अर्थव्यवस्था पर प्रभाव

दुनिया के सभी देशों का सामाजिक, आर्थिक, सांस्कृतिक आदि के आधार पर एक–दूसरे से जुड़ने की प्रक्रिया वैश्वीकरण का मोटे तैर पर अर्थ है। डेविड हेल्ड इसका परिभाषा परस्पर निर्भरता के रूप में करते हैं, क्योंकि सामाजिक और आर्थिक संबंधों ने दुनिया को बाँध दिया है। आज विश्व में वैश्वीकरण के प्रति कई दृष्टिकोण हैं,जो इसके स्वरुप,

परिणाम और प्रभाव का विशद् विवेचना करते हैं। इन परिप्रेक्ष्यों के माध्यम से हम वैश्वीकरण के अर्थ को सही मायने में जान पाएंगे। इनमें से एक दृष्टिकोण के. ओहमी जैसे– अति भूमण्डलवादी विचारकों का है। जिनके अनुसार बहुराष्ट्रीय निगम और अंतराष्ट्रीय बाजार शक्तिशाली हो चुके हैं तथा अव्यक्तिक ताकतें विश्व को नियंत्रित करते हैं।

परन्तु संशयवादी भूमंडलीकरण को एक मिथक मानते हैं। इनका कहना है कि 19वीं सदी में व्यापार में अपेक्षाकृत अधिक वृद्धि हुयी, श्रमिकों का संख्या तेजी से बढ़ा और अंतराष्ट्रीय प्रणाली के रूप में राज्यों के एकीकरण का अपेक्षाकृत उच्च स्तर पर आर्थिक अंतर–निर्भरता बढ़ी।

साथ ही एडम स्मिथ के तुलनात्मक लाभ के सिद्धांत का प्रचार हुआ, आज हम जो अनुभव कर रहे हैं, वह इन प्रक्रियाओं का बढ़ता हुआ स्तर है। अति भूमण्डलवादी के विपरीत संशयवादी आर्थिक शक्ति के बजाय राजनीतिक शक्ति को ज्यादा महत्त्व देते हैं। इनका मानना है कि बाजार शासन नहीं करता है बल्कि राज्य सभी आर्थिक कार्यकलापों का नियमन करता है।

तीसरा और सबसे संतुलित दृष्टिकोण परिवर्तनवादियों द्वारा दिया जाता है,जिनका विश्वास है कि भूमंडलीकरण दुनिया में परिवर्तन ला रहा है अर्थात सामाजिक, आर्थिक और राजनीतिक परिवर्तनों को लाने में यह एक प्रमुख शक्ति है।

नव–मार्क्सवादियों द्वारा भूमंडलीकरण की उत्पत्ति और स्वरुप के बारे में एक भिन्न दृष्टिकोण प्रस्तुत किया जाता है–जो ये मानते हैं कि वैश्वीकरण सम्राज्यवाद का एक नया रूप है और यह उदारवादी संकीर्ण नीतियों का विस्तार है।

इनका यह भी मानना है कि विकसित पश्चिमी देश इसका इस्तेमाल कर रहे हैं ताकि अपनी अर्थव्यवस्था को भविष्य के संकट से बचाया जा सके। इससे एकतरफा फायदा केवल विकसित देशों को ही मिलेगा। उदारवादी आर्थिक संस्थायें (विश्व बैंक, आईएमएफ आदि) किसी देश

को ऋण तभी देते हैं जब वह उसके शर्तों को मान ले। 1991 में अपनाया गया भारतीय आर्थिक सुधार इसका उदाहरण है। 1982 में मैक्सिको को भी इसी अनुभव से गुजरना पड़ा था।

भारतीय अर्थशास्त्री अमर्त्य सेन वैश्वीकरण को ऐतिहासिक प्रक्रिया मानते हुए कहते हैं कि यह अनिवार्य रूप से पश्चिमी नहीं है। साथ ही ये इसके सुधार की आवश्यकता पर बल देते हैं। वहीं जगदीश भगवती मुक्त व्यापार के समर्थक हैं, इनका मानना है कि मुक्त व्यापार ने अर्थव्यवस्था के विकास में व्यापक रूप से मदद की है।

वैश्वीकरण से चीन और भारत जैसे कई विकासशील देशों ने फायदा उठाया है तो वही अफ्रीका के अल्पविकसित देशों को खामियाजा भी भुगतना पड़ा है।

अब हम वैश्वीकरण के स्वरुप को जान चुके हैं, तो सवाल आता है कि भारतीय अर्थव्यवस्था पर इसका क्या प्रभाव पड़ा है?

1991 में आर्थिक सुधार को अपनाकर भारतीय अर्थवतावस्था में कई सुधार किये गए और बाधाओं को हटाकर अर्थव्यवस्था को विश्व के लिए खोला गया। यह सुधार अपने में तीन अवयवों को समेटा हुआ है–वैश्वीकरण, उदारीकरण और निजीकरण।

अर्थव्यवस्था के विकास के दर को बढ़ाना,अतीत में प्राप्त लाभों का समायोजन करना,उत्पादन इकाइयों की प्रतिस्पर्धात्मक क्षमता को बढ़ाना इसके मुख्य उद्देश्य रहे हैं। इस उद्देश्य की प्राप्ति के लिए कई प्रमुख परिवर्तन किये गए, जैसे– कि लाइसेंस व्यवस्था की समाप्ति, निजी निवेश के लिए एमएनसी को प्रोत्साहन, विदेशी विनिमय पर लगी रुकावटों को समाप्त करना,कीमत तथा वितरण संबंधी सारे रुकावटों को हटाना और एमआरटीपी अधिनियम को समाप्त करना आदि। इस तरह इस आर्थिक नीति को पुरानी आर्थिक नीति का यू–टर्न का संज्ञा दिया जा सकता है।

संक्षेप में उपर्युक्त तीनों शब्दों के अर्थ को इस प्रकार व्यक्त कर सकते हैं–आर्थिक उदारीकरण में सभी व्यक्तियों को अपनी आवश्यकतानुसार निजी आर्थिक निर्णय लेने की आजादी होती है। निजीकरण उदारीकरण से ही जुड़ा हुआ प्रक्रिया है। वैश्वीकरण के तहत देशों के व्याप्त आर्थिक दूरियाँ धीरे–धीरे कम हो जाती है और आवागमन की सभी तरह की रुकावटें हटा ली जाती है।

इन सुधारों के फलस्वरूप,जहाँ विकास की दर 1951 से 1991 तक 4: के वार्षिक औसत से बढ़ती रही थी वहीं 1991 के बाद यह 2002–03 को छोड़कर 5.5: से अधिक रही। अगर प्रति व्यक्ति आय की बात करें तो यह 1991 से पहले 2: के दर से बढी वहीं बाद में 3.5: हो गया।

सकल राष्ट्रीय उत्पाद (जीडीपी) की संरचना में भी बदलाव देखने को मिला। 1990–91 में कृषि का योगदान 34.9 : था जो अब घटकर 21: के आस–पास आ गया है।

इस दौरान सेवा क्षेत्र में काफी वृद्धि हुयी है। सकल उत्पाद में सेवा क्षेत्र के योगदान को देखते हुए भारतीय अर्थव्यवस्था विकसित देशों के अर्थव्यवस्था जैसा लगने लगा है लेकिन एक विपरीत प्रभाव जो भारत पर पड़ा है, वह है कि जिस रफ्तार से सेवा क्षेत्र अपना योगदान सकल उत्पाद में दे रहा है उसी रफ्तार से रोजगार का अवसर मुहैया नहीं करा पा रहा है अर्थात आज भी दो–तिहाई लोगों की निर्भरता कृषि पर बना हुआ है।

अगर हम बात औद्योगिक विकास का करें तो 1990–91 में जो 4. 3: के आस–पास रहता था अब 9: को पार कर गया है। बचत का दर बढ़ा है। अगर निष्कर्षतः कहा जाए तो हमने वैश्वीकरण के जरिये आर्थिक संवृद्धि तो जरूर किया है,लेकिन विकास के उस लक्ष्य को नहीं पा सके जो गुणात्मकता का प्रतीक होती है।

आर्थिक सुधार के 20 सालों बाद आज भी हम कई चुनौतियों से जूझ रहे हैं। जैसे–गरीबी, किसानों की मजबूर दशा, बेरोजगारी, मानव–पूंजी

निर्माण और ग्रामीण–विकास आदि। इन सभी के स्तर पर उस लक्ष्य को नहीं पाया जा सका है जिसका कल्पना हम किये थे।

इस कारण जरुरत है समावेशी विकास का ताकि अर्थव्यवस्था के हर क्षेत्रक का बराबर विकास हो सके, समाज के हर तबके को लाभ का समुचित बँटवारा हो सके। इसके लिए हमें सरकार पर इस बात का दबाव बनाना चाहिए कि वे ऐसी नीतियों को मंजूरी दे जिससे हर उस शख्स का भी विकास हो सके,जिसकी पहुँच सीमित है। ऐसा संभव है अगर हम सभी मिलकर एक सचेत और तार्किक जनमत की तरह विकास मुद्दे को लेकर आंदोलन करें और दबाव समूह के माध्यम से सरकार को बाध्य करें।

15

राष्ट्रीय हित और वर्गीकरण

राष्ट्रीय हित से आशय किसी देश के आर्थिक, सैनिक, साम्स्कृतिक लक्ष्यों एवं महत्वाकाक्षाओं से है। राष्ट्रीय हित अंतराष्ट्रीय राजनीति में महत्त्वपूर्ण स्थान रखता है, क्योंकि राज्यों के आपसी संबंधों को बनाने में इनकी विशेष भूमिका होती है। किसी भी राष्ट्र की विदेश नीति मूलतः राष्ट्रीय हितों पर ही आधारित होती है, अतः उसकी सफलताओं एवं असफलताओं का मूल्यांकन भी राष्ट्रीय हितों में परिवर्तन आता है जिसके परिणामस्वरूप विदेश नीति भी बदलाव के दौर से गुजरती है।

परिभाषा

राष्ट्रीय हितों सम्बन्धित अन्य जानकारी से पूर्व इन्हें परिभाषित करना अनिवार्य है जो इस प्रकार से है–

चार्ल्स लर्च व अब्दुल सईद – राष्ट्रीय हित व्यापक, दीर्घकालीन एवं सतत् उद्देश्यों पर आधारित होते हैं जिनकी प्राप्ति हेतु राज्य, राष्ट्र व सरकार में सब अपने को प्रयत्न करता हुआ पाते हैं।

वनर्न वॉन डाईक – राष्ट्रीय हित की रक्षा या उपलब्धि राज्य परस्पर मुकाबले में करना चाहते हैं। राष्ट्रीय हित की परिभाषा ही नहीं बल्कि इसके उद्देश्यों को लेकर भी विद्वान एकमत नहीं है। कुछ विद्वान इन्हें विदेश नीति के उद्देश्यों से जुड़ा मानते हैं तो कुछ इसके मूलभूत

मूल्यों से जुड़ा मानते हैं। पहली श्रेणी के विद्वानों के अनुसार यह स्थाई, अपरिवर्तित तथा शक्ति से जुड़ी अवधारणा है, लेकिन दूसरे इन्हें राष्ट्र के कल्याण, राजनैतिक विश्वास के संरक्षण, सीमाओं से सुरक्षा, क्षेत्रीय अखण्डता व राष्ट्रीय जीवन पद्धति से जुड़ा मानते हैं। परन्तु वास्तविक स्थिति यह है कि राष्ट्रीय हित व्यापक सन्दर्भ के रूप में लिए गए हैं।

वर्गीकरण

विभिन्न विद्वानों ने राष्ट्रीय हितों को कई श्रेणियों में बांटा है। उदाहरण स्वरूप, विद्वान इन्हें प्रथम कोटि के हित, गौण हित, स्थाई हित, अस्थाई हित, सामान्य हित, विशिष्ट हित आदि में वर्गीकृत करते हैं। लेकिन मूलतः इन्हें दो प्रमुख श्रेणियों में रखना ज्यादा स्पष्ट चित्रण प्रस्तुत करता है –

(क) प्रमुख हित

(ख) गौण हित

जहां तक प्रमुख हितों की बात है प्रत्येक राष्ट्र तीन प्रमुख हितों के आधार पर अपनी विदेश नीति के उद्देश्य तय करते हैं। ये तीन प्रमुख हित हैं–

(१) राष्ट्रीय सुरक्षा अखण्डता

(२) आर्थिक विकास

(३) अनुकूल विश्व व्यवस्था

प्रत्येक राष्ट्र के प्रमुख उद्देश्यों में इन तीनों कारकों का होना इसलिए आवश्यक है कि प्रथम पर राज्य का मूल आधार अस्तित्व टिका हुआ है।

दूसरे पर उसका सुचारू विकास तथा तीसरे का महत्व इसलिए है कि इन हितों की पूर्ति एक विशिष्ट विश्व परिवेश में ही सम्भव है, एकान्तवास में नहीं। अतः कोई भी राष्ट्र इन तीन प्रमुख हितों के सन्दर्भ

में ही अपनी विदेश नीति या राज्यों के साथ पारस्परिक संबंध स्थापित करता है।

गौण हित प्रमुख हितों की भांति महत्वपूर्ण तो नहीं होते लेकिन किसी भी राष्ट्र को सत्ता में बनाये रखने हेतु आवश्यक होते हैं। इन हितों के लिए राष्ट्र अपना सर्वस्य या युद्धों तक जाने के लिए तैयार नहीं होता, परन्तु फिर भी इनकी पूर्ति हेतु प्रयास करता है। इन हितों के माध्यम से राष्ट्र अपने सामाजिक, सांस्कृतिक, विरासत आदि द्वारा स्थापित आकांक्षाओं की पूर्ति करता है। इसके अतिरिक्त, अपने विदेशों में स्थापित कार्यों को पूर्ण करने की कोशिश करता है। इनके माध्यम से विदेशों में बसे अपने नागरिकों के हितों की पूर्ति के प्रयास भी करता है। अतः इन हितों की पूर्ति हेतु भी राष्ट्र काफी प्रयास करते हैं।

परन्तु जैसा उपर कहा है कि कुल मिलाकर राष्ट्रहित गतिशील होते हैं, स्थाई नही। इसीलिए जितने ज्यादा से ज्यादा हो सकें उतने सम्भावित हितों की पूर्ति हेतु राष्ट्र प्रयासरत रहते हैं।

अभिवृद्धि के साधन

राष्ट्रीय हितों के संदर्भ में जो भी बातें कही जाए, अन्ततः सत्य यह है कि सभी राष्ट्र इनकी अभिवृद्धि हेतु भरसक प्रयत्न करते हैं। इस संदर्भ में राष्ट्र विभिन्न साधनों का उपयोग करते हैं जिनमें से प्रमुख निम्नलिखित हैं–

राजनय

किसी भी राष्ट्र की विदेश नीति का कार्यान्वयन राजनय के माध्यम से ही होता है। राजनय अपने आप में नैतिक अनैतिक नहीं होता बल्कि अपने राष्ट्र हितों के अनुरूप होता है। न ही यह एक वस्तुनिष्ठ स्थिति है, बल्कि यह व्यक्तिपरक व्यवस्था है जिसका आकलन प्रत्येक राष्ट्र अपने–अपने दृष्टिकोण के अंतर्गत करता है। राजनय अपने देश के विदेशों में स्थापित दूतावासों व वाणिज्य केन्द्रों के अतिरिक्त विदेश मंत्रालय, राजनैतिक

नेतृत्व व कई अन्य व्यक्तियों व संस्थाओं की भागीदारी के अनुरूप कार्यान्वित होता है। राजनय द्वि–पक्षीय एवं बहुपक्षीय दोनों प्रकार के होते हैं। राजनय के स्वरूप भी स्थितियों के अनुरूप नये–नये सन्दर्भों में प्रस्तुत होते हैं।

प्रचार

प्रचार भी राष्ट्रीय हितों में वृद्धि एवं पूर्ति का महत्त्वपूर्ण तरीका है। प्रचार दूसरे राष्ट्रों के तर्कों को गलत सिद्ध करने तथा अपनी बात को फैलाने का हमेशा तरीका रहा है, लेकिन 20वीं शताब्दी में ही प्रचार को एक मुख्य साधन के रूप में उपयोग किया गया है।

इसका अति स्पष्ट रूप दो विश्व युद्धों के बीच के काल में देखने को मिला जब विभिन्न विचारधाराओं – साम्यवाद, नाजीवाद, फासिज्म – के माध्यमों से राष्ट्रों ने अपनी शक्ति स्थापित एवं संवर्धन हेतु इनका उपयोग किया। शीतयुद्ध काल में भी दोनों महाशक्तियों ने अपने–अपने वर्चस्व को बनाने हेतु राष्ट्रों के मध्य साम्यवादी व पूंजीवादी विकास के प्रतिमानों को अपनाने हेतु प्रतिस्पर्धा पैदा की।

शीतयुद्धोत्तर युग में भी एक मात्र शक्ति द्वारा भूमण्डलीकरण, उदारीकरण, मुक्त बाजार व्यवस्था आदि केवल राष्ट्रों के पास बचे विकल्प के रूप में तथा अपनी विदेश नीति की हस्तक्षेप की नीतियों को न्यायोचित स्थापित करने हेतु अत्यधिक प्रचार किया जा रहा है।

इस प्रकार दो प्रमुख कारणों से पिछली शताब्दी में प्रचार का काफी प्रयोग हुआ है। पहला कारण रहा है संचार साधनों में आई क्रांति जिसने प्रचार को बहुत शीघ्रता, विश्वसनीय व आसानी से उपलब्ध करा दिया।

दूसरा शायद अति आधुनिकतम हथियारों की उत्पत्ति से बल प्रयोग के विकल्प की समाप्ति ने भी इस साधन को अधिक महत्वपूर्ण बना दिया है। कारण जो भी रहे हों परन्तु वर्तमान में उपलब्ध संचार क्रांति के तरीकों ने प्रचार को विदेश नीति के प्रभावी तन्त्र के रूप में प्रस्तुत किया है।

राजनैतिक युद्ध

राजनैतिक युद्ध भी राष्ट्रहितों की अभिवृद्धि का एक महत्त्वपूर्ण साधन रहा है। यह न तो युद्ध है परन्तु न ही शान्ति। इसके द्वारा राजनय के माध्यम से राज्यों के मध्य दण्डात्मक स्थिति बनाना या आर्थिक प्रतिबन्ध लगाना जिससे विरोधियों पर दबाव की स्थिति बनी रहती है। वर्तमान अंतराष्ट्रीय राजनीति में विभिन्न तरीकों द्वारा राजनैतिक युद्ध की स्थिति पैदा की जाती है –

(१) किसी समुदाय को भ्रमित प्रचार द्वारा विभाजित करना।

(२) विरोधी राज्य में अल्पसंख्यकों को समर्थन देकर राज्य में राजनैतिक अस्थिरता पैदा करना।

(३) दूसरे राज्यों के महत्त्वपूर्ण उद्योगों, संचार केन्द्रों, यातायात के साधनों आदि में तोड़–फोड़ की कार्यवाही द्वारा व्यवधान उत्पन्न करना।

(४) राजनेताओं की हत्या कराकर जन साधारण का मनोबल गिराना।

(५) सरकार का तख्ता पलटने वालों को सक्रिय समर्थन देना

(६) सीमा पार से आतंकवादी गतिविधियां चलाना आदि।

आर्थिक साधन

वर्तमान युग अन्तःनिर्भरता का युग है। प्रत्येक राष्ट्र, कितना ही शक्तिशाली हो या कितना ही छोटा हो, सभी को परस्पर एक दूसरे पर निर्भर रहना पड़ता है। कोई भी सम्पूर्ण रूप से आत्म निर्भर नहीं है। परन्तु प्रत्येक राष्ट्र अपने राष्ट्रीय हितों की पूर्ति हेतु वे राष्ट्र अपने संसाधनों के बल पर अपने राष्ट्रीय हितों की अभिवृद्धि करते हैं।

इन्हीं संसाधनों के प्रयोग से बड़ी शक्तियां विदेशों में सैन्य अड्डे स्थापित करने, विकासशील देशों में सत्ता परिवर्तन, सस्ता कच्चा माल प्राप्त करने, कमजोर राष्ट्रों की नीतियों को प्रभावित करने, राज्यों की

मुद्रा के अवमूल्यन करने, व्यापार की शर्तें तय करने आदि में सफलता प्राप्त कर लेती हैं। इस संदर्भ में आर्थिक रूप से शक्तिशाली राष्ट्र अन्य देशों के प्रति दो प्रकार के साधनों का प्रयोग करते हैं – मुख्य आर्थिक तन्त्र तथा गौण आर्थिक तंत्र। मुख्य आर्थिक तंत्र का प्रयोग निम्न तरीकों से किया जाता है –

- आयात शुल्क लगाना।
- अंतराष्ट्रीय अनुबंधों को अपने पक्ष में रखना।
- कम मूल्य पर निर्यात करना।
- कर्ज या अनुदान देकर।
- विदेशी सहायता प्रदान करना आदि।

गौण आर्थिक तन्त्र के आधार पर प्रयुक्त होने वाले साधनों के अंतर्गत – रियासत, बहिष्कार, नाकेबन्दी आते हैं। इन्हीं आर्थिक साधनों के द्वारा राष्ट्र अपने राष्ट्रीय हितों में अभिवृद्धि करते हैं।

साम्राज्यवाद

1945 से पूर्व अत्याधिक बड़ी शक्तियों ने साम्राज्यवाद का सहारा लेकर अपने राष्ट्रीय हितों की अभिवृद्धि की थी। सामान्य तौर पर जब कोई राष्ट्र दूसरे राज्य की सीमा व जनता पर जबरदस्ती कब्जा कर लें तो उसे साम्राज्यवाद कहते हैं।

इसकी व्याख्या हेतु अलग–अलग विद्वानों ने अलग–अलग सिद्धान्तों का प्रतिपादन किया है। साम्राज्यवाद के स्वरूप को कई रूपों में देखा जा सकता है। यह बड़े राज्यों द्वारा कभी आर्थिक कारणों, यथास्थिति बनाये रखने, राष्ट्रीय प्रतिष्ठा आदि कई कारणों से प्रेरित होती है।

साम्राज्यवाद की नीतियों के द्वारा राष्ट्रों को आर्थिक लाभ, शक्ति निर्माण तथा अविकसित देशों के कल्याण आदि प्राप्त होते हैं। इससे शक्तियों के राष्ट्रीय हितों की पूर्ति होती है। परन्तु यदि वास्तव में देखा

जाए तो कुछ चन्द राष्ट्रों के हितों के पूर्ति हेतु साम्राज्यवाद से ज्यादातर राष्ट्रों का शोषण, अन्याय, पिछड़ापन, गरीबी, भुखमरी आदि बढ़ती है। इसलिए 1945 के बाद के वर्षों में क्षेत्रीय साम्राज्यवाद समाप्त प्राय हो गया है।

उपनिवेशवाद व नव उपनिवेशवाद

उपनिवेशवाद के माध्यम से 18वीं व 19वीं शताब्दी में यूरोप की बड़ी ताकतों ने तीसरी दुनिया के ज्यादातर देशों पर राज्य किया है। इसके अंतर्गत विदेशी राज्यों पर बाह्य शक्तियों का शासन चलाया जाता रहा है जो स्थानीय लोगों के सभी विषयों पर अपना नियंत्रण रखते हैं। पूरी राजनैतिक व्यवस्था उनके हाथ में होती थी। सरकार विदेशी ताकतों द्वारा ही चलाई जाती थी।

भू–भाग पर भी पूर्ण नियंत्रण बाह्य शक्तियों का ही होता था। स्थानीय लोगों की स्वतन्त्रताएं भी उन्हीं के इशारे पर चलती थी। परन्तु स्वतन्त्रता आन्दोलन के लम्बे संघर्ष ने 1950 व 1960 के दशकों में सभी को आजाद करा दिया तथा उपनिवेशी व्यवस्था का प्रायः अन्त हो गया।

1945 के बाद उपनिवेशवाद का स्थान 'नव उपनिवेशवाद' ने ग्रहण कर लिया। अब क्षेत्रीय व राजनैतिक रूप से तो राज्य स्वतन्त्र हो गए, लेकिन आर्थिक रूप से अभी भी गुलाम बने रहे। आर्थिक संसाधनों की दृष्टि से 30 प्रतिशत जनसंख्या 70 प्रतिशत संसाधनों का उपयोग करती है तथा 70 प्रतिशत जनता मात्र 30 प्रतिशत संसाधनों का प्रयोग करती हैं।

आज भी कच्चे माल की कीमतें, व्यापार की शर्तें, आर्थिक आदान–प्रदान, तकनीकी हस्तांतरण आदि सभी तीसरी दुनिया के देशों के विरुद्ध हैं। अब इन राष्ट्रों का शोषण अप्रत्यक्ष रूप से होने लगा है। आज बहुराष्ट्रीय कम्पनियों, आर्थिक सहायता, पूंजीनिवेश कच्चे माल का आयात व तैयार–शुदा माल का निर्यात, दोयम दर्जे का तकनीकी हस्तांतरण आदि के माध्यम से विकसित देश आज भी विकासशील राज्यों का शोषण

कर रहे हैं। विभिन्न गैर जरूरी मुद्दों जैसे– बाल श्रम, पर्यावरण, मानवाधिकार आदि के नाम पर आज भी इनके साथ व्यापारिक व अन्य आर्थिक संबंधों में भेदभाव किया जाता है। अतः इन आर्थिक लाभों के कारण शक्तिशाली राष्ट्र अपने राष्ट्रीय हितों की पूर्ति एवं संवर्धन कर रहे हैं।

युद्ध

युद्ध को भी अन्तिम विकल्प के रूप में राष्ट्र अपने राष्ट्रीय हितों के संवर्द्धन हेतु प्रयोग कर लेते हैं। युद्धों हेतु विभिन्न कारण व इसके विभिन्न स्वरूप होते हैं। परन्तु वर्तमान युग में हथियारों की मारक क्षमता एवं उनके विध्वंसक स्वरूप के कारण राष्ट्र युद्धों के प्रयोग से बचते हैं, परन्तु इसका यह अर्थ नहीं है कि युद्धों का त्याग कर दिया गया। बड़ी शक्तियां आज भी अपने राष्ट्र हितों की पूर्ति हेतु इसके प्रयोग से नहीं चूकती हैं। उदाहरण के रूप में वर्तमान समय में भी अमेरिका ने अफगानिस्तान व ईराक पर युद्ध करके अपनी एकमात्र वर्चस्व वाली महाशक्ति होने का परिचय दिया।

अतः उपरोक्त साधनों के माध्यम से शक्तियां अपने राष्ट्रीय हितों में वृद्धि करती रहती है। यह शक्ति संवर्द्धन शान्तिपूर्ण तरीकों से लेकर युद्ध तक के अनेक निर्धारण तत्वों के द्वारा किया जाता है।

लेकिन वर्तमान अन्तनिर्भरता के युग में कुछ राष्ट्रों के राष्ट्रीय हितों का संवर्द्धन अन्य राज्यों की कीमत पर होता है। इसीलिए राष्ट्रों को अपनी विदेश नीति का आधार बनाते समय दूसरे राष्ट्रों के हितों को भी देखना चाहिए। इसी प्रकार राष्ट्रीय हितों के उपयोग से विश्व में दूरगामी व निरन्तर शांति व सुरक्षा की स्थापना हो सकती है।

16

विदेश–नीति की महत्ता

आधुनिक विश्व में राष्ट्रीय की अपेक्षा अंतराष्ट्रीय गतिविधियों को अधिक महत्व दिया जा रहा है। विश्व भर के 150 राष्ट्रों में किसी न किसी प्रकार का पारस्परिक संबंध अवश्य होना चाहिए।

निःसंदेह किसी भी राष्ट्र के प्रशासन में घरेलू विषयों का महत्व है परन्तु एक सुदृढ़, शक्तिशाली राष्ट्र बनने की इच्छा रखने के लिए दूसरे राष्ट्र से सम्बन्ध बनाना भी उतना ही महत्वपूर्ण है। विज्ञान, तकनीक द्वारा यातायात के माध्यमों से समस्त विश्व के देश एक दूसरे के निकट आ गए हैं।

तीव्र वेग से चलने वाले वायुयानों ने विभिन्न राष्ट्रों के मध्य की दूरी मिटा दी है। राजनैतिक दृष्टि से भी भिन्न–भिन्न राष्ट्रों को संगठित किए जाने का प्रयास हो रहा है। संयुक्त राष्ट्र संघ और अन्य राष्ट्रीय, अंतराष्ट्रीय संस्थाएं राष्ट्रों के पारस्परिक संबंधों में महत्वपूर्ण योगदान दे रही हैं।

अंतराष्ट्रीय मामलों में रुचि और सक्रिय भूमिका निभाने वाले राष्ट्र विश्व में अपने प्रयासों के लिए प्रशंसा के पात्र बनते है। भारत पिछले कुछ दशकों से विश्व के विभिन्न विषयों में क्रियात्मक भूमिका निभा रहा है। स्वतंत्रता से पूर्व भी श्री जवाहर लाल नेहरू ने विश्व स्तर के अनेक विवाद

तथा उपनिवेशवाद, पूंजीवाद, प्राचीन राजनैतिक प्रणालियों के बहिष्कार संबंधी आंदोलन में सक्रिय भूमिका निभाई थी।

उनके लेखों, कथनों का उस समय के आन्दोलनों पर गहन प्रभाव पड़ा था। उनके लेखों ने न केवल भारतीय युवकों को बल्कि समस्त एशिया के युवकों को भी अन्याय के विरुद्ध आवाज उठाने के लिए प्रेरित किया था। दक्षिण–पूर्वी एशिया और अफ्रीका के स्वतंत्रता आन्दोलनों का विशेष श्रेय उनको ही जाता है। उपनिवेशवादी शक्तियाँ उन्हें अपनी उन्नति का एक गंभीर खतरा मानती थी।

विन्देश नीति से तात्पर्य उन कार्य प्रणालियों और निर्णयों से है, जो राष्ट्रीय घटनाओं और राष्ट्रीय महत्व के विषयों पर एक राष्ट्र निर्धारित करता है। इनसे संबंधों की प्रगाढ़ता और राष्ट्रों में पारस्परिक सहयोग की भावना में प्रगति होती है।

गृह–नीति की अपेक्षा विदेशी नीति को अधिक महत्ता दी गई है। इसलिए नही कि यह विदेशी राजनीति के विशेषज्ञों द्वारा स्पष्ट की जाती है, बल्कि इसलिए कि राष्ट्रीय हित और प्रतिष्ठा के लिए विभिन्न देशों की वर्तमान सामाजिक राजनैतिक स्थिति और युद्ध नीति तथा परिवर्तनकारी क्रियाओं की समझ आवश्यक है। विदेशी मामलों के संबंध में निर्णय लेने की प्रक्रिया अत्यंत जटिल और बहुमुखी होती है।

इनके संबंध में देश के राजनयिकों का नजरिया साफ एवं स्पष्ट होना चाहिए तभी वे निर्णय ले सकते हैं अथवा प्रतिक्रया व्यक्त कर सकते है। उनके निर्णयों की न्यायोचितता का समर्थन सम्पूर्ण राष्ट्र द्वारा किया जाना चाहिए। विदेश नीति निर्माता का कार्य केवल राष्ट्रीय लक्ष्य का चयन ही नहीं बल्कि नीति–निर्माण और लक्ष्य तक पहुँचने के लिए नीतियों का कार्यान्वयन भी है।

विदेश नीति से संबंधित आधारभूत तत्वों की चर्चा करने के उपरांत भारत जैसे विकासशील देश के उदाहरण से इसकी महत्ता को सिद्ध किया जा सकता है। भारत की जनसंख्या विश्व की जनसंख्या का

सातवाँ भाग है। यद्यपि यह देश वित्तीय दृष्टि से निर्धन तथा आर्थिक और वैज्ञानिक दृष्टि से अविकसित है, परन्तु विभिन्न अंतराष्ट्रीय विषयों पर सक्रिय भूमिका निभाने की इसकी परम्परा अत्यंत प्राचीन है।

पुराने समय से ही भारत में अनेक शांति आंदोलन की उत्पत्ति हुई है यद्यपि भारतीय लोगों के शांति प्रिय स्वभाव के कारण उन्हें कई बार विदेशी आक्रमणों का सामना भी करना पड़ा है। भारतीय संस्कृति अंहिसा के सिद्धांतों पर आधारित है। राष्ट्र को ऐसे नेतृत्व की उगवश्यकता रहती है जो विदेशों में अपने देश की स्पष्ट छवि और उत्तम प्रभाव को बनाए रखने में सफल हो सकें।

निरूसंदेह विदेशी और घरेलू विषयों को एक समान नहीं समझा जा सकता। राष्ट्र का नेतृत्व इस ढंग से होना चाहिए ताकि दोनों प्रकार के विषय अच्छी तरह से निभाए जा सकें। देश की आंतरिक दृढ़ता अन्य देशों के साथ सामंजस्यपूर्ण संबंधों पर आधारित होती है।

उसकी आंतरिक दृढ़ता का प्रभाव बाह्म संसार पर पड़ना चाहिए, अन्यथा वह अपने आंतरिक मामलों में दूसरे देशों के साथ सहयोग और समर्थन संबंध में आश्वस्त नहीं हो सकता है। इसलिए किसी देश में सरकार का दायित्व केवल आंतरिक प्रशासन ही नहीं बल्कि विदेशी मामलों में सक्रिय भागीदारी भी है।

अंतराष्ट्रीय स्तर पर विभिन्न राष्ट्रों में प्रतिस्पर्धा होती है। प्रत्येक राष्ट्र दूसरे को अपना विरोधी समझता है। परन्तु राष्ट्रों के मतभेद का प्रमुख कारण उनके सिद्धांतों, नीतियों में अन्तर होना है। राष्ट्रीय विषयों की अपेक्षा अंतराष्ट्रीय विषयों में बढ़–चढ़ कर भाग लेने का महत्व अधिक है क्योंकि जब एक नेता किसी विशेष अंतराष्ट्रीय स्थिति में अपने विचार प्रकट करता है तो उसके निर्णय को तब अंतराष्ट्रीय दृष्टिकोण से परखा जाता है।

अन्य राष्ट्र उसके साथ सहमत भी हो सकते है और असहमत भी। अपने राष्ट्रों का विदेशी नीतियों के संबंध शानदार और सफलतापूर्वक

नेतृत्व करने वाले महान नेताओं ने विश्व के इतिहास में अपना विशेष स्थान बनाया है। विज्ञान, तकनीक के वर्तमान विकास से लगभग सभी राष्ट्र एक दूसरे पर निर्भर हो गए है।

श्रम विभाजन, विभिन्न राष्ट्रीय स्रोतों के विषय में अंतराष्ट्रीय सहयोग को प्रोत्साहन मिला है। विश्व के किसी भी देश को पूर्णतः आत्म निर्भर नही कहा जा सकता है। यहाँ तक कि सबसे धनी देश भी अनेक आवश्यक वस्तुओं, सामग्रियों और आध्यात्मिक रूप से अन्य देशों पर निर्भर होता है।

अंतराष्ट्रीय विषयों पर किसी देश की अग्रणीयता का सीधा संबंध उसकी विदेश–नीति के उद्देश्यों से होता है। सामान्यतः उनके उद्देश्य राष्ट्रीय हित से जुड़े होते हैं। लेकिन ये राष्ट्रीय हित इतने संकीर्ण नहीं होते है कि अन्य देश उन्हें निजी स्वार्थ से प्रेरित मानें।

प्रत्येक नीति की अपनी एक कूटनीति होती है। हमारे राष्ट्रीय हित अंतराष्ट्रीय सहमति और पारस्परिक सद्भावना पर आधारित होने चाहिए। विदेश नीति के संबंध में अन्य देशों के संदेह की संभावना नहीं होनी चांहिए। उचित विदेश नीति के द्वारा आपसी सौहार्द और सहयोग के वातावरण का निर्माण होता है।

भारत की विदेश नीति के निर्माण में जितना योगदान पं. नेहरू का है, उतना किसी और का नही है। उन्होंने स्वतंत्रता के पूर्व ही भारत की विदेश नीति के मूल सिद्धांत निर्धारित किए थे, जो स्वतंत्रता के बाद अब असाधारण रूप से सफल है। इन सिद्धांतो के बल पर ही भारत विश्व के मामले में महत्वपूर्ण भूमिका बुना सका है।

भारत ने निशस्त्रीकरण की नीति अपनाकर विश्व में प्रशंसा प्राप्त की। आज न केवल विश्व के लगभग 100 देश निशस्त्रीकरण गुट में शामिल है, बल्कि अमरीका और सोवियत संघ जैसी महाशक्तियों के सम्मुख भारत एक नवीन राह दिखाने में भी सफल रहा है।

एक प्रजातांत्रिक देश की विदेश नीति को जनता का समर्थन प्राप्त होना आवश्यक है। वह दृढ़ समर्थन जिसे झूठे प्रचार, तथ्यों आदि से नष्ट नहीं किया जा सकें। जनता द्वारा मान्य प्रतिनिधियाँ की सहमति से ही विदेश नीति तैयार की जानी चाहिए।

किसी देश की विदेश नीति राष्ट्र–कल्याण पर आधारित होनी चाहिए। वह कार्यपालिका अथवा न्यायपालिका के प्रभुत्व से मुक्त होनी चाहिए। उन देशों के साथ हमारे संबंध अच्छे होने चाहिए जिससे हमारी आवश्यकताएँ पूरी हो सकें। इस प्रकार आज के युग में विदेश नीति की महत्ता बहुत अधिक है।

17

भारत की विदेश नीति के सामने वर्तमान चुनौतियां

देशों की विदेश नीतियों के रणनीतिक उद्देश्य तथा भौगोलिक निर्देश अंतराष्ट्रीय संवाद की रूपरेखा को मोटे तौर पर परिभाषित करते हैं। फिर भी विदेश नीति लगातार बदलती और दुरुस्त होती रहती है।

उसे घरेलू बाध्यताओं तथा वैश्विक संपर्क की संभावनाओं एवं क्षमताओं के अनुसार और भी दुरुस्त किया जाता है ताकि उसके राष्ट्रीय हितों को तत्कालीन सरकार की धारणा के अनुसार सर्वश्रेष्ठ तरीके से साधा जा सके। भारत भी अपवाद नहीं है और गुट निरपेक्षता हो या प्रमुख शक्तियों को चुनकर उनके साथ गठबंधन करना हो, राष्ट्रीय हित के मामलों तथा विदेश नीति के मूल उद्देश्य पर आजादी के बाद से अभी तक समूचे राजनीतिक वर्ग का एकसमान मत रहा है।

छोटे या लंबे समय में संभावित लाभों के मुताबिक परिवर्तन किए गए हैं। किंतु मई 2014 में प्रधानमंत्री नरेंद्र मोदी के सत्तासीन होने के बाद से विदेश नीति में विस्तार की शैली, तरीकों तथा घटकों में नाटकीय परिवर्तन हुआ है। इसके परिणामों से कुछ लोग असहमत हो सकते हैं किंतु परिवर्तन सामने दिख रहे हैं।

प्रधानमंत्री मोदी ने "इंडिया फर्स्ट" को सारगर्भित तरीके से विदेश

नीति का प्रमुख उद्देश्य बना दिया और अपने शपथ ग्रहण समारोह में दक्षेस नेताओं को न्योता देकर "पड़ोस" को प्राथमिकता देते हुए संपर्क आरंभ किया, जिसे कई पर्यवेक्षकों ने उत्कृष्ट और असाधारण लेकिन आवश्यक शुरुआत का नाम दिया।

विदेश मंत्री सुषमा स्वराज के अनुसार 170 से अधिक विदेशी प्रतिनिधियों के साथ इस दौरान बातचीत की गई। क्षेत्रीय तथा वैश्विक मामलों में और अधिक प्रभाव डालने की कोशिश कर रहे भारत जैसे देश के लिए अहम है कि उसे पड़ोसी देशों से सहयोग मिलता रहे। कोई और रास्ता ही नहीं है क्योंकि कोई भी अपने पड़ोसी चुन नहीं सकता, वे तो भूगोल तथा इतिहास से उसे मिलते हैं। हमारे मामले में आतंकवाद को प्रायोजित करने वाले पाकिस्तान के अड़ियल रवैये के बावजूद प्रयास जारी रहने चाहिए।

प्रधानमंत्री नरेंद्र मोदी द्वारा सद्भावना भरी कूटनीति दिखाए जाने अथवा बहुचर्चित 'सर्जिकल स्ट्राइक' या आतंकवाद पर नोटबंदी का कथित असर होने के बावजूद पाकिस्तान ने और हमले किए हैं, यह जानते हुए भी हमारा रुख अभी तक यही रहा है।

नीति निर्माता अंतराष्ट्रीय स्तर पर पाकिस्तान का पर्दाफाश करना और उसे अलग–अलग करना चाहते थे। हालांकि इसमें कुछ सफलता मिलने का दावा किया जा सकता है, लेकिन यह पाकिस्तान को उसके कुत्सित इरादों से तथा भारत विरोधी हमलों एवं गतिविधियों में लिप्त रहने से रोकने के लिए काफी नहीं रहा है।

उल्टे पाकिस्तान ने विशेष रूप से तालिबान से घिरे अफगानिस्तान के संदर्भ में रणनीतिक रूप से अपनी बेहतर स्थिति का पहले अमेरिका तथा पश्चिम और अब रूस से लाभ उठाया है।

चीन भी हर मुश्किल में उसका दोस्त बना रहा है और वैश्विक चिंताओं को नजर–अंदाजा कर हर परिस्थिति में पाकिस्तान का साथ निभाता रहा है। हमारे अन्य पड़ोसी भी अक्सर क्षेत्रीय ताकतों विशेषकर

चीन से अधिक से अधिक लाभ लेने के लिए दांव खेलते रहते हैं। उनके राष्ट्रीय हितों के लिहाज से देखा जाए तो ऐसी अस्थिर कूटनीति समझ में आती है, लेकिन इसके फेर में हमारी सुरक्षा तथा राष्ट्रीय हितों से समझौता हो जाता है। इस उपक्षेत्र में भारत को दबाकर रखने अथवा नीचा दिखाने की इच्छा वाली किसी प्रमुख शक्ति से शह पाए बगैर क्या हमारा कोई भी पड़ोसी इस तरह अवज्ञा कर सकता है।

विदेश नीति के मामले में भारत की सबसे बड़ी चुनौती केवल यह नहीं होगी कि अपने पड़ोसियों तथा आसियान एवं पश्चिम एशिया समेत दूरवर्ती पड़ोसियों को किस तरह संभाला जाए बल्कि विश्व की प्रमुख शक्तियों के साथ अपने संबंधों को दुरुस्त करना भी चुनौती होगी क्योंकि वे शक्तियां अपना–अपना प्रभाव जमाने के लिए होड़ करती रहती हैं तथा किसी न किसी के जरिये यह काम करना चाहती हैं जबकि इतने बड़े आकार, आर्थिक एवं सैन्य शक्ति, मानव संसाधन तथा रणनीतिक लाभ के कारण भारत ऐसी भूमिका में नहीं आ सकता। ऐसी परिस्थितियों में कोई अपने सिर पर मंडराते सायों से छुटकारा कैसे पाए?

चीन की वैश्विक महत्वाकांक्षाएं तो हैं ही, उसके साथ संबंध बनाए रखना बाकी सभी संबंधों की तुलना में सबसे अधिक कठिन रहा है। चीन ने अपनी वित्तीय एवं सैन्य ताकत के जरिये तथा दरियादिली से खैरात बांटकर भारत के पड़ोस में अपना मजबूत प्रभाव जमा लिया है, जो हमारी विदेश नीति के उद्देश्यों की राह में बाधक बन सकता है।

चीन की 'स्ट्रिंग ऑफ पर्ल' रणनीति उसकी चीन–पाकिस्तान आर्थिक गलियारा परियोजना और बेल्ट एंड रोड परियोजनाओं के लिए सटीक बैठती है। वास्तव में इससे चीन का प्रभाव और भी आगे तक चला जाता है, जो रणनीतिक रूप से हमारे लिए असहजता भरा हो सकता है।

चीन ने नेपाल और श्रीलंका के साथ अपने रक्षा संबंध और भी मजबूत किए हैं। इसका मुकाबला करना है तो क्षेत्र में हितधारकों को उसी प्रकार का लेकिन और भी आकर्षक तथा व्यावहारिक प्रोत्साहन देना होगा।

जहां तक चीन–भारत संबंध हैं तो प्रत्यक्ष तौर पर सब कुछ 'सहयोग–प्रतिस्पर्द्धा' का नमूना लग रहा है। लेकिन चीन मौके की ताक में भारत की तरफ देख रहा है और रूस जैसे भारत के पारंपरिक साझेदारों को दूर ले जाने की कोशिश भी कर रहा है।

रणनीतिक वैश्विक मंच पर जगह पाने के भारत के दावे का चीन द्वारा लगातार किया जा रहा विरोध परमाणु आपूर्तिकर्ता समूह में शामिल होने तथा संयुक्त राष्ट्र सुरक्षा परिषद में स्थायी सदस्यता पाने के हमारे प्रयासों को विफल करता रहेगा। चीन–पाकिस्तान–रूस के बीच कुछ समय पहले हुई बैठकें तथा भारतीय सैन्य प्रतिष्ठानों पर आतंकी हमले होने के बावजूद रूस–पाकिस्तान सैन्य अभ्यास इसका उदाहरण हैं।

रूस के साथ भारत के रिश्ते बहुत पुराने और विविधता भरे हैं, लेकिन अमेरिकी प्रशासन के साथ भारत की बढ़ती निकटता ने रूसियों को प्रकट रूप से तालिबान और अफगानिस्तान के कारण ही सही, पाकिस्तान के साथ रिश्ते बढ़ाने का बहाना दे दिया है। इसके संकेत कम से कम सात–आठ वर्ष से मिल रहे थे। लेकिन क्या अब मामला ऐसी जगह पहुंच गया है, जहां से वापसी नहीं हो सकती।

कुछ वर्ष पहले तक यह मान लिया गया था कि रूसी प्रशासन पाकिस्तान की बातों में नहीं आएगा। लेकिन हकीकत यह है कि ऐसा हो चुका है और अब उसका सामना करने और उन्हें अलग करने की जरूरत है। यह भी सच है कि "भरोसेमंद और पुराने दोस्त" या "रूसी–हिंदी भाई भाई" जैसे भावनात्मक जुमलों से स्थिति पहले की तरह नहीं की जा सकती, लेकिन भारत के साथ सख्त आर्थिक रिश्ते उन्हें ऐसा करने पर मजबूर कर सकते हैं क्योंकि खनिजों तथा हीरों के अलावा सैन्य उपकरणों तथा असैन्य परमाणु प्रतिष्ठानों के लिए भारत अब भी उसके सबसे बड़े बाजारों में शामिल है।

कारोबार से ज्यादा समझ आने वाली भाषा कोई नहीं। इसके अलावा यदि ट्रंप–पुतिन समीकरण आगे जाकर कारगर साबित होते हैं तो चीन और पाकिस्तान दोनों के मामले में भारत के साथ रूसियों की

भावनात्मक दूरी कम हो सकती है। लेकिन हम संबंधों के बारे में अपने प्रयासों के लिए हम इन कल्पनाओं के भरोसे नहीं बैठ सकते। अगर रूसियों के साथ कहीं भी भरोसे की कमी और गलतफहमी है तो हमें कूटनीतिक संकेतों के फेर में पड़कर मामला बिगाड़ने के बजाय सीधे उनके नेतृत्व से बात कर उसे दूर करना होगा।

जहां तक अमेरिका की बात है, हालांकि भारत के साथ रणनीतिक रिश्ते और भी मजबूत करने के लिए दोनों पक्षों का समर्थन है, लेकिन ट्रंप प्रशासन की आसक्ति और प्रतिबद्धता 'कोरे पन्ने' की तरह यानी पूर्वग्रह रहित है और अमेरिका में भारतीय समुदाय का मजबूत प्रभाव तथा राष्ट्रपति ट्रंप की कारोबारी रुख रखने वाली टीम उसे भारत की ओर केंद्रित रखने में सहायक हो सकती है।

रोजगार और विनिर्माण वापस अमेरिका में लाने तथा कर ढांचों में प्रस्तावित बदलावों की नीतियों से भारत में अमेरिकी वित्तीय निवेश में कमी आने की आशंका तो है, जिससे भारतीय अर्थव्यवस्था को कुछ दिक्कत हो सकती है। यहां एक बार फिर वही बात आती है कि प्रतिस्पदधा भरा तथा दूसरों की तुलना में अधिक फायदे एवं प्रोत्साहन भरा बाजार बने रहना हमारे लिए आवश्यक है और इसके लिए हमें नियमों को पिछली तिथि से लागू करने से बचना होगा क्योंकि इससे विदेशी निवेशकों के मन में शंकाएं उत्पन्न हो गई हैं।

चीन के बढ़ते प्रभाव का उत्तर देने के लिए यदि अमेरिकी एशिया प्रशांत एवं हिंद महासागर क्षेत्रीय सहयोग की अपनी रणनीतिक योजना के अनुरूप भारत में अधिक स्थान चाहते हैं तो लघु अवधि में यह फायदेमंद हो सकता है।

अमेरिका के साथ भारत के रक्षा संबंध बढ़ते रहेंगे क्योंकि अमेरिका में सैन्य–औद्योगिक तालमेल इसके पीछे प्रमुख शक्ति है, लेकिन टकराव होने पर किसी भी प्रकार का झटका नहीं लगे, इसके लिए विशेष रूप से पुर्जों की विश्वसनीय आपूर्ति सुनिश्चित करनी होगी।

हमें भारत–अमेरिका–जापान त्रिपक्षीय संवाद के साथ संपर्क और भी बढ़ाना चाहिए या बेहतर होगा कि समान क्षेत्रीय उद्देश्यों वाले समूह में ऑस्ट्रेलिया को भी शामिल कर चतुर्पक्षीय संपर्क बढ़ाया जाए।

आतंकवाद विशेषक पाकिस्तान प्रायोजित आंतकी समूहों की ओर से आतंकवाद दशकों से भारत के लिए सबसे बड़ा खतरा रहा है। संयुक्त राष्ट्र में अंतराष्ट्रीय आतंकवाद पर समग्र संधि (सीसीआईटी) कराने के भारत के प्रयास प्रमुख देशों की प्रतिबद्धता कम होने के कारण विफल रहे हैं।

आईएसआईएस, अलकायदा और उसकी विभिन्न शाखाओं तथा चरमपंथी इस्लामी गुटों के खिलाफ लड़ाई विशेष रूप से पश्चिम एशियाई देशों के साथ खुफिया जानकारी की अधिक साझेदारी तथा सहयोग के जरिये ही करनी होगी और इसके लिए "लुक वेस्ट" नीति को "एक्ट वेस्ट" नीति में बदलना होगा, जिससे पाकिस्तान के साथ उनकी नजदीकी और समर्थन कम हो सकता है।

चीन जैसे देश स्वयं भी आतंकवाद से पीड़ित होने के बावजूद मसूद अजहर जैसे पाकिस्तानी आतंकवादियों को बचाते रहेंगे और रूस का इरादा पाकिस्तान को आतंकवाद का प्रायोजक देश घोषित करने का नहीं है। इससे भारत विरोधी आतंकी हरकतों को जारी रखने की पाकिस्तान की मंशा और भी मजबूत हो गई है, जिसका सामना करने के लिए व्यापक और सार्थक अंतराष्ट्रीय गठबंधन जरूरी हैं।

2017 में दुनिया बदलेगी और विशेष रूप से प्रमुख शक्तियों के बीच नए द्विपक्षीय समीकरण बन सकते हैं, जिनका आतंकवाद के खिलाफ लड़ाई, वैश्विक अर्थव्यवस्था एवं व्यापार, अभी जारी संघर्षों या धीमे–धीमे सुलग रहे टकरावों पर प्रभाव सकारात्मक हो सकता है या नहीं हो सकता है, लेकिन होगा जरूर। भारत को प्रासंगिक बने रहने के लिए जोखिमों की थाह लेनी होगी और अपना रुख तय करना होगा।

18

भारत और पंचशील का सिद्धांत

शांतिपूर्ण सह–अस्तित्व के पांच सिद्धांत, जिन्हें लोकप्रिय शब्दावली में पंचशील के नाम से जाना जाता है। वर्तमान युग में शांति, सुरक्षा और सहयोग के शक्ति स्तंभ हैं। इसके मूल प्रवर्तक हमारे पहले प्रधानमंत्री पंडित जवाहरलाल नेहरू और चीन के प्रथम प्रधानमंत्री चाऊ एन लाई थे। 28 जून,1954 को नई दिल्ली में दोनों प्रधानमंत्रियों की बातचीत के बाद भारत और चीन ने जो संयुक्त बयान जारी किया था, उसी से ये पांच सिद्धांत पहली बार चर्चा में आए। भारत और चीन के बीच संबंधों के छह दशक पूरे हो रहे हैं। इसके लिए चीन 28 जून को एक बड़े समारोह का आयोजन कर रहा है। उपराष्ट्रपति हामिद अंसारी के नेतृत्व में एक उच्चस्तरीय शिष्टमंडल इसके लिए बीजिंग जा रहा है।

मानव कल्याण तथा विश्वशांति के आदर्शों की स्थापना के लिए विभिन्न राजनीतिक, सामाजिक तथा आर्थिक व्यवस्था वाले देशों में पारस्परिक सहयोग के अंतर्गत ये पाँच सिद्धांत निहित हैं–

(1) एक दूसरे की प्रादेशिक अखंडता और प्रभुसत्ता का सम्मान करना।

(2) एक दूसरे के विरुद्ध आक्रामक कार्यवाही न करना।

(3) एक दूसरे के आंतरिक विषयों में हस्तक्षेप न करना

(4) समानता और परस्पर लाभ की नीति का पालन करना तथा

(5) शांतिपूर्ण सह अस्तित्व की नीति में विश्वास रखना।

पंचशील के ये सिद्धांत भारत और चीन के लिए नए नहीं हैं। भारत के पुरातन धर्मग्रंथों में परस्पर सम्मान, सहिष्णुता, शांतिपूर्ण सह–अस्तित्व, सत्यनिष्ठा और न्यायनिष्ठा के सिद्धांतों का उल्लेख हुआ है। इसी तरह, महान चीनी विचारक कन्फ्यूशियस ने 'मतभेदों के बीच परस्पर आत्मीयता' और मानवीय व्यवहार के सिद्धांतों की रूपरेखा पेश की है। देखा जाए, तो भारत और चीन के आपसी रिश्ते भी उसी दौर के हैं।

चीन के लोगों की दृष्टि में भारत गौतम बुद्ध की पावन धरती है। महात्मा बुद्ध के विचार दोनों देशों को सदियों से जोड़ते रहे हैं। औपनिवेशिक शासन के दौर में भी भारत और चीन एक–दूसरे के करीब आए। महात्मा गांधी ने कहा था, 'मैं उस दिन की आकांक्षा करता हूं, जब एक आजाद चीन और एक आजाद हिन्दुस्तान अपनी भलाई के लिए, एशिया की भलाई के लिए और दुनिया की भलाई के लिए सहयोग और मैत्री के साथ काम करेंगे।' भारतीय राष्ट्रीय कांग्रेस ने नेताजी सुभाषचंद्र बोस की पहल पर एक मेडिकल मिशन डॉक्टर द्वारिका नाथ कोटनीस के नेतृत्व में चीन भेजा था। चीन के लोग आज भी कोटनीस को याद करते हैं। भारत और चीन एशियाई महाद्वीप के दो महान राष्ट्र हैं। इस विशाल भू–भाग में संसार की कुल आबादी का 40 फीसदी हिस्सा निवास करता है। दोनों विकासशील राष्ट्र हैं। समय के साथ दोनों ही बदल रहे हैं। सोवियत संघ के विघटन और समाजवाद के विसर्जन के बाद दुनिया से शीत युग का अंत हो गया है और इस बदलते राजनीतिक परिदृश्य में भारत और चीन का कद सबसे अधिक बढ़ा है।

अमेरिका के बाद चीन और भारत की अर्थव्यवस्था संसार की दूसरी और तीसरी अर्थव्यवस्था में शुमार होने लगी है। 1984 में सर्वाधिक तरजीही राष्ट्र, यानी एमएफएन पर हस्ताक्षर के बाद वर्ष 2000 में भारत और चीन के बीच द्विपक्षीय व्यापार 2.9 अरब डॉलर था और इसके बाद 2010 में बढ़कर 61.7 अरब डॉलर हो गया। 2008 में चीन ने भारत के

साथ 51.8 अरब डॉलर का व्यापार करके अमेरिका को भी पीछे छोड़ दिया था। भारत और चीन का आर्थिक सहयोग निरंतर बढ़ रहा है। इस सहयोग के चलते वे आर्थिक ही नहीं, दूसरे क्षेत्रों में भी एक–दूसरे के नजदीक आए हैं। इसी का परिणाम था कि जून 2003 में चीन ने सिक्किम को भारत का अविभाज्य अंग मान लिया था।

भारत ने तिब्बत को चीन का अविभाज्य अंग माना है और भारत ने चीन को सुरक्षा परिषद का सदस्य बनाए जाने के लिए सतत, अविचल और निरंतर प्रयास किया। आज भी इसी सिलसिले को और आगे बढ़ाने की जरूरत है। अफगानिस्तान से नाटो सैनिकों की वापसी के बाद आशंका है कि कश्मीर में घुसपैठिए आतंकवादियों और चरमपंथियों की गतिविधियां बढ़ेंगी, जो दक्षिण एशिया (चीन समेत) की आंतरिक सुरक्षा के लिए गंभीर चुनौती होगी। लिहाजा पाकिस्तान के प्रति चीन को अपने पुराने रवैये में भी परिवर्तन लाना होगा और कश्मीर के मुद्दे पर सयुंक्त राष्ट्र संघ में भारत के पक्ष में आवाज उठानी होगी। इस बिंदु तक दोनों देशों की नजदीकियां बढ़ाकर ही पहुंचा जा सकता है। पिछले दिनों प्रधानमंत्री नरेंद्र मोदी के शपथ–ग्रहण समारोह के अवसर पर दक्षेस देशों के शासनाध्यक्षों को आमंत्रित किया गया था। इसके साथ ही मॉरीशस और अफगानिस्तान के शासन प्रमुखों को भी आयोजन में सम्मिलित किया गया था। लेकिन इसी समारोह में तिब्बत की निर्वासित सरकार के मुखिया एलओबी आंग भी आमंत्रित थे, जबकि इस निर्वासित सरकार को भारत सरकार ने कभी मान्यता नहीं दी।

बावजूद इसके कि यह सरकार भारत की भूमि से ही चलती है। आजकल अमेरिका भी इस तरह के आयोजनों में तिब्बत की निर्वासित सरकार के नेताओं से परहेज बरतता है। जाहिर है, ऐसी घटनाओं का साया आने वाले समय में भारत–चीन रिश्तों पर न पड़े, इसके लिए हमें ध्यान रखना होगा। इसी बिंदु पर चीन की सरकार ने अपने विदेश मंत्री वांग जी को राष्ट्रपति प्रणब मुखर्जी और प्रधानमंत्री नरेंद्र मोदी से मुलाकत के लिए जिस तरह से भेजा, वह बताता है कि चीन भविष्य के

लिए काफी उम्मीद बांध रहा है। इसे भारत–चीन आर्थिक सहयोग के लिए एक नया प्रस्थान बिंदु भी कहा जा सकता है। चीन से रिश्तों पर बात करते समय हमें पाकिस्तान की स्थिति पर भी विचार करना चाहिए। आज का पाकिस्तान तालिबानीकरण की जद में है।

तालिबानीकरण का खतरा आज चीन के सिक्यिग और चीनी तुर्किस्तान तक फैला हुआ है। भारत और अफगानिस्तान उसके हिंसक, खूंख्वार और अमर्यादित आचरण को ङोलते रहे हैं, अब चीन को भी तालिबान के पोंगापंथी जंगजू से लड़ना पड़ सकता है। इस मसले पर भारत और चीन परस्पर सहयोग को विकसित कर एशिया की सुरक्षा को मजबूत कर सकते हैं। पंचशील सिद्धांतों की 60वीं वर्षगांठ ने भारत और चीन, दोनों को ही अतीत से सीखते हुए आगे बढ़ने का मौका दिया है। यह इन दोनों देशों ही नहीं, पूरे एशिया व पूरी दुनिया के लिए महत्वपूर्ण मौका है। इक्कीसवीं सदी को एशिया की सदी बनाने का रास्ता यहीं से निकलेगा।

19

बहुपक्षीय आर्थिक संबंध

आलोच्य अवधि के दौरान बहुपक्षीय संबंधों की कार्यसूची पर आमतौर से अंतर्राष्ट्रीय वित्तीय संकट, खाद्य वस्तुओं के ऊंचे दामों और ऊर्जा के मूल्यों में उतार–चढ़ाव का प्रभाव पड़ा। भारत ने असेम (एशिया–यूरोप बैठक), बिमस्टेक (बहुक्षेत्रीय तकनीकी और आर्थिक सहयोग के लिए बंगाल की खाड़ी के प्रयास), ब्रिक (भारत, ब्राजील और दक्षिण अफ्रीका), आईओआर–एआरसी (क्षेत्रीय सहयोग के लिए हिंद महासागर परिधीय राष्ट्र संगठन), एसीडी (एशिया सहयोग वार्ता) आदि संगठनों के साथ सक्रिय भागीदारी जारी रखी। जहां कहीं वित्तीय संकट और अन्य महत्वपूर्ण मुद्दों, जैसे खाद्य, सुरक्षा, ऊर्जा सुरक्षा, जलवायु परिवर्तन और स्थायी विकास के बारे में भारत को अपना पक्ष प्रस्तुत करना पड़ा तो उसने उपरोक्त संगठनों के साथ भागीदारी और सहयोग का ध्यान रखा। प्रथम आईओआर–एआरसी फिल्म समारोह का आयोजन मार्च, 2007 में तेहान में सातवीं आईओरआर–एआरसी मंत्रीपरिषद में भारत द्वारा घोषित उपायों के हिस्से के सिलसिले में किया गया।

सचिव (ईआर) ने 10–11 मार्च, 2008 के दौरान रियो–द–जेनेरियों में आयोजित ब्रिक देशों के उपविदेश मंत्रियों की तैयारी बैठक में भारतीय शिष्टमंडल का नेतृत्व किया। बैठक का आयोजन मई, 2008 में ब्रिक विदेश मंत्रियों की पहली औपचारिक बैठक की कार्यसूची तैयार करना था।

भारत ने इस अवधि के दौरान दूसरे बिमस्टे और तीसरे इब्सा सम्मेलन, का आयोजन नई दिल्ली में किया। प्रधानमंत्री डॉ. मनमोहन सिंह ने पेचिंग में असेम सम्मेलन, वाशिंगटन में जी–20 देशों के शिखर सम्मेलन में भारतीय शिष्टमंडल का नेतृत्व किया और ब्रिक देशों के राष्ट्र/शासनाध्यक्षों के साथ अनौपचारिक बातचीत की। भारत और आसियान के बीच व्यापक आर्थिक सहयोग समझौते (सीईसीए) के अंतर्गत ''वस्तुओं में व्यापार'' के बारे में समझौते के लिए बातचीत का पूरा होना भारत 'पूर्वाभिमुखी नीति' की एक अन्य महत्वपूर्ण उपलब्धि रही।

भारतीय तकनीकी और आर्थिक सहयोग कार्यक्रम एवं विकास भागीदारी

भारतीय तकनीकी और आर्थिक सहयोग (आईटीईसी) कार्यक्रम भारत के तकनीकी और आर्थिक सहयोग प्रयासों के अंतर्गत एक प्रमुख कार्यक्रम है। भारत की बढ़ती आर्थिक शक्ति और अंतर्राष्ट्रीय भूमिका को देखते हुए, भागीदार देशों के लिए भारत के तकनीकी सहयोग और विकास सहायता में बढ़ोतरी की गई और उसका विस्तार किया गया। इसमें क्षमता निर्माण, प्रौद्योगिकी हस्तांतरण और अनुभवों के आदान–प्रदान पर विशेष बल दिया गया। इस सहयोग के दायरे में 158 विकासशील देश शामिल थे, जिनमें 139 देश आईटीईसी के अंतर्गत एशिया, अफ्रीका, मध्य एशिया, पूर्वी यूरोप और लैटिन अमेरिका से संबंद्ध थे जबकि 19 देश एससीएएपी (अफ्रीकी देशों के लिए विशेष राष्ट्रमंडल सहायता कार्यक्रम) के अंतर्गत अफ्रीका से संबंद्ध थे। 158 विकासशील देशों में करीब 5000 व्यवसायियों ने भारत में सरकारी और निजी क्षेत्र के संस्थानों द्वारा सिविल और सैन्य प्रशिक्षण कार्यक्रमों के अंतर्गत संचालित 200 से अधिक पाठ्यक्रमों में हिस्सा लिया।

ये व्यवसायी सरकारी और अन्य क्षेत्रों से संबंद्ध थे। अफ्रीका, आईओआर–एआरसी, सीआईएस, अफगानिस्तान, लाओ पीडीआर और यमन के लिए प्रबंधन, डब्ल्यूटीओ मुद्दों, श्रम, लेखा परीक्षा आदि विभिन्न विषयों में विशिष पाठ्यक्रम भी आयोजित किए गए। सूचना प्रौद्योगिकी,

लेखा परीक्षा, कानूनी विशेषज्ञता, औषधि विज्ञान, सांख्यिकी और जनसांख्यिकी, लोक प्रशासन, वस्त्र और कृषि जैसे विविध क्षेत्रों में भारतीय विशेषज्ञों को परामर्श एवं सहायता के लिए नियुक्त किया गया। वर्ष के दौरान सूचाना प्रौद्योगिकी, लघु एवं मध्यम उद्यमों, सिविल निर्माण और व्यवसायिक प्रशिक्षण के क्षेत्र में विश्व के विभिन्न भागों में अनेक परियोजनाएं चलाई गई। भूकंप, चक्रवात, बाढ़ आदि से पीड़ित देशों की मानवीय सहायता भी पहुंचायी गयी।

निवेश और प्रौद्योगिकी संवर्द्धन (आईटीपी)

आर्थिक कूटनीति भारत की विदेश नीति का एक महत्वपूर्ण घटक है। दिन–व–दिन परस्पर निर्भर और परस्पर संबद्ध होते जा रहे विश्व में आर्थिक कूटनीति पर विशेष ध्यान केंद्रित किया गया। मंत्रालय ने आईटीपी डिवीजन के जरिए विदेशी निवेश और व्यापार को प्रोत्साहित एवं सुगम बनाने के लिए गहन प्रयास किए। आईटीपी ने विदेशी निवेश संबर्द्धन बोर्ड की नीति संबंधी बैठकों और औद्योगिक नीति एवं संवर्द्धन विभाग तथा अर्थव्यवस्था में सुधार और उदारीकरण संबंधी अन्य नीतिगत बैठकों और निवेश प्रक्रिया सरलीकरण संबंधी बैठकों में हिस्सा लिया। आईटीपी डिवीजन ने भारत में प्रत्यक्ष विदेशी निवेश बढ़ाने के सरकार के प्रयासों में पूरक भूमिका निभाई।

उसने निवेशक समुदाय से संपर्क किया और निजी क्षेत्र, शीर्ष व्यापार मंडलों और विदेश स्थित भारतीय मिशनों के माध्यम से प्रोत्साहन गतिविधियों का आयोजन किया और उनके लिए धन की व्यवस्था की। विशेष प्रकाशनों के जरिए देश की छवि को निवेश के अनुकूल प्रस्तुत करते हुए विदेशी निवेश के लक्ष्य को और बढ़ावा दिया गया। इन प्रकाशनों में "इंडिया बिजनेस पार्टनर : इंवेस्टर फ्रेंडली डेस्टिनेशन" आदि शामिल थे। इसके अतिरिक्त आईटीपी डिविजन की वेब साइट (बाहरी वेबसाइट जो एक नई विंडों में खुलती हैं) का भी सहारा लिया गया।

लैटिन अमेरिका, अफ्रीका और एशिया में विकासशील देशों को

अनुदान और लाइन ऑफ क्रेडिट (एलओसी) (ऋण सहायता) सहित विकास सहायता हमारी आर्थिक कूटनीति का महत्वपूर्ण घटक है। सहायता करने वाली भारतीय कंपनियों को इन विकासशील देशों में परियोजनाओं के अनुबंध और वस्तुओं की आपूर्ति के आर्डर मिले। वहीं दूसरी ओर एलओसी यानी ऋण सहायता से इन क्षेत्रों में ढांचागत विकास में मदद मिली, जिससे भारत के प्रति काफी सद्भाव पैदा हुआ। 2008–09 के दौरान 16 विकासशील देशों के लिए 74.4 करोड़ अमरीकी डॉलर मूल्य के 17 ऋण मंजूर किए गए।

भारत के विकास के लिए ऊर्जा सुरक्षा के महत्व को देखते हुए मार्च, 2009 में पृथक ऊर्जा सुरक्षा डिविजन बनाया गया ताकि ऊर्जा मंत्रालयों और विदेश स्थित भारतीय मिशनों के साथ समन्वय स्थापित किया जा सके। इस डिविजन ने पेट्रोलियम गैस मंत्रालय के साथ मिलकर कार्यक्रम आयोजित किए। इनमें नवंबर, 2008 में हाइड्रोकार्बन के बारे में भारत–सीआईएस गोल मेज सम्मेलन और पेट्रोटेक–2009, भारत के ऊर्जा विकल्पों के बारे में सेमिनारों का आयोजन/सह–आयोजन, अधिक ऊर्जा वाले देशों और देशों और क्षेत्रों के बारे में अध्यनों का संचालन जैसे कार्यक्रम शामिल थे। अन्य मंत्रालयों और वाणिज्य एवं उद्योग मंडलों द्वारा आयोजित ऊर्जा सुरक्षा संबंधी सेमिनारों/सम्मेलनों में भी डिविजन की सक्रिय भागीदारी रही। इसने विदेश में ऊर्जा सहयोग और अवसरों के लिए काम करने वाली भारतीय कंपनियों को भी सहायता पहुंचायी। डिविजन ने तेल और बुनियादी सुविधाओं से संबद्ध सार्वजनिक क्षेत्र के प्रतिष्ठानों के वरिष्ठ प्रतिनिधियों के साथ मिलकर ऊर्जा के बारे में कार्यदल के गठन की भी पहल की।

नीति आयोजना और अनुसंधान

नीति आयोजना और अनुसंधान यानी पीपी एंड आर डिविजन ने नीति अनुसंधान और विश्लेषण में विशेषज्ञता रखने वाले संस्थानों और व्यक्तियों के साथ घनिष्ठ सहयोग बनाए रखा और देश के विभिन्न भागों में स्थित शैक्षिक संस्थानों/विचारकों को वित्तीय सहायता प्रदान की

ताकि वे हमारी विदेश नीति की आयोजन, प्रारूपण और कार्यान्वयन के लिए बहुमूल्य जानकारी जुटाने के वास्ते सम्मेलनों, सेमिनारों का आयोजन कर सके, अनुसंधान पेपर तैयार कर सकें, भारत के विदेश संबंधों और सुरक्षा से संबंधित मुद्दों के बारे में विद्वानों का आदान–प्रदान कर सकें।

नीति आयोजना और अनुसंधान डिविजन ने कैबिनेट को मासिक विवरण भेजना जारी रखा। डिविजन ने मंत्रालय की वार्षिक रिपोर्ट का संपादन और प्रकाशन भी किया। यह रिपोर्ट अंतर्राष्ट्रीय संबंधों के विभिन्न पहलुओं के बारे में सरकार के दृष्टिकोण सहित राजनीतिक, आर्थिक और सांस्कृतिक क्षेत्रों में शेष विश्व के साथ भारत के परस्पर संपर्क का सार–संग्रह है।

वाणिज्यदूत, पासपोर्ट और वीजा सेवाएं

वर्ष के दौरान अमृतसर, देहरादून और कोयम्बटूर में 3 नये पासपोर्ट कार्यालय खोले गए। सभी 37 पासपोर्ट कार्यालय कंप्यूटरीकृत है और वे मशीन–मुद्रित तथा मशीन पठित पासपोर्ट जारी करते हैं।

2008–09 के दौरान कुल 53.15 लाख पासपोर्ट जारी किये गए, जिसमें 2007–08 में जारी पासपोर्ट की तुलना में करीब 6.5 प्रतिशत बढ़ोतरी हुई। सभी पासपोर्ट कार्यालयों से अर्जित धन भी बढ़कर 606 करोड़ रुपये पर पहुंच गया और उसमें 2007–08 की तुलना में करीब 5.5 प्रतिशत की बढ़ोतरी हुई।

मंत्रालय लोगों की सुविधा और आराम के लिए शीघ्रता और आसानी के साथ पासपोर्ट जारी किए जाने के वास्ते अनेक उपाय कर रहा है। जिला स्तर पर जिला पासपोर्ट प्रकोष्ठ कायम किये गए हैं ताकि प्राप्ति और जांच की प्रक्रिया की कार्यक्षमता बढ़ाई जा सके। सभी पासपोर्ट कार्यालयों में पासपोर्ट के आवेदन ऑन लाइन प्रस्तुत करने की प्रणाली शुरू की गई है। 2008 के दौरान आवेदकों की सहायता तथा उनकी शिकायतों/कठिनाइयों का तेजी से समाधान करने के लिए सुविधा काउंटरों और हेल्प डेस्कों की भी स्थापना की गई।

भारत सरकार द्वारा पासपोर्ट सेवा परियोजना प्रारंभ की गई है। जिससे उम्मीद की जा रही है कि पुलिस जांच के बाद तीन दिन के भीतर नये पासपोर्ट कर दिए जाएंगे और पासपोर्ट संबंधी सभी अन्य सेवाएं एक दिन में उपलब्ध करा दी जायेंगी। प्रायोगिक परियोजना जुलाई–अगस्त, 2009 तक चंडीगढ़ और बैंगलोर में प्रारंभ हो जाने की उम्मीद है। 2010 तक इसे समूचे देश में लागू कर दिया जायेगा।

मंत्रालय ने विदेश स्थित 140 भारतीय मिशनों/चौकियों के संदर्भ में सीपीवी डिविजन, नई दिल्ली में मशीन पठित पासपोर्टों के केंद्रीकृत मुद्रण के लिए एक परियोजना सफलता पूर्वक कार्यान्वित की है। प्रायोगिक परियोजना के हिस्से के रूप में अब अभी कूटनीतिक और सरकारी पासपोर्ट ई–पासपोर्ट के रूप में जारी किए जा रहे हैं। प्रायोगिक परियोजना से प्राप्त अनुभव के आधार पर 2009 के अंत तक सामान्य श्रेणी में भी ई–पासपोर्ट प्रणाली शुरू किये जाने का प्रस्ताव है। 2008 के दौरान मिस्र, अलसल्वाडोर, होंडुरास, निकारागुआ, दक्षिण अफ्रीका और तुर्की के साथ वीजा–छूट समझौतों पर हस्ताक्षर किये गए।

ब्राजील, आस्ट्रेलिया, ईरान और मिस्र के साथ प्रत्यर्पण संधियों पर हस्ताक्षर किए गए। चेन्नई, हैदराबाद, कोलकाता और गोवाहाटी स्थित मंत्रालय के शाखा सचिवालय कार्यालयों में 15 जून, 2008 से दस्तावेज के सत्यापन और टिप्पण की प्रक्रिया भी शुरू की गई है। वर्ष के दौरान मंत्रालय द्वारा 1,70,000 व्यक्तिगत और शैक्षिक दस्तावेज तथा 1,71,000 वाणिज्यिक दस्तावेज का सत्यापन किया गया। इसके अतिरिक्त 80,000 दस्तावेज अपॉस्टल किये गए, ताकि उनका इस्तेमाल विदेश में सदस्य देशों द्वारा किया जा सके।

प्रशासन

वर्तमान में विदेश में 171 रेजिडेंट इंडियन मिशन और चौकियां काम कर रही हैं। वर्ष के दौरान आइसलैंड में एक रेजिडेंट भारतीय मिशन की स्थापना की गई। निकट भविष्य में नाइजर, माली और ग्वाटेमाला में तीन

नये मिशन खोले जायेंगे। भारत के बढ़ते कूटनीतिक दायित्वों को देखते हुए मंत्रालय को कार्मिकों की कमी के संकट का सामना करना पड़ रहा है। इसे देखते हुए 10 वर्ष की एक योजना विकसित की गई है। इसके अंतर्गत मंत्रालय में चरणबद्ध तरीके से 514 अतिरिक्त चौकियां कायम की जायेंगी।

राजभाषा नीति और विदेश में हिंदी के प्रचार का कार्यान्वयन

10 जनवरी, 2008 को विश्व हिंदी दिवस मनाया गया। केंद्रीय हिंदी संस्थान, दिल्ली विश्वविद्यालय और जवाहरलाल नेहरू विश्वविद्यालय ने अध्ययनरत विदेशी विश्वविद्यालयों के लिए हिंदी में निबंध प्रतियोगिता आयोजित की गई।

बाहरी प्रचार

बाहरी प्रचार डिविजन की मुख्य गतिविधियों में तात्कालिक पड़ोसी देशों और विश्व के अन्य प्रमुख देशों के साथ भारत के संबंधों के बारे में सूचना संप्रेषण पर ध्यान केंद्रित किया गया। डिविजन ने मुख्यालयों में सभी इस्तेमाल कर्ताओं के लिए मीडिया निगरानी परियोजना के प्रथम चरण का शुभारंभ किया। इसका उद्देश्य मंत्रालय के लिए मीडिया स्रोतों की निगरानी को सुचारू रूप प्रदान करना है। इस परियोजना के अंतर्गत प्रिंट, वेब और इंटरनेट आधारित मीडिया पर व्यवस्थित ढंग से निगरानी रखी जाती है और इस्तेमाल कर्ताओं को वास्तविक समय आधार पर 5 दैनिक उत्पाद प्रदान किए जाते हैं।

डिविजन ने ईरान के राष्ट्रपति श्री अहमद निजाद, सीरिया के राष्ट्रपति डॉ. बशर अल–असद, मिस्र के राष्ट्रपति होस्ने मुबारक, नेपाल के प्रधानमंत्री श्री पुष्पकमल दहल ''प्रचंड'', भूटान के प्रधानमंत्री श्री लियोन्चेन जिग्मी वाई. थिन्ले और रूसी परिसंघ के राष्ट्रपति श्री अनातोली मेदवेदेव की यात्राओं से उत्पन्न अवसरों का लाभ उठाया और महत्वपूर्ण द्विपक्षीय, क्षेत्रीय तथा अंतर्राष्ट्रीय मुद्दों के बारे में भारत के दृष्टिकोण को उजागर किया। डिविजन ने इन यात्राओं के दौरान विदेशी नेताओं के

साथ संयुक्त संवाददाता सम्मेलनों का भी आयोजन किया। भारत से संबंद्ध महत्वूपर्ण अंतर्राष्ट्रीय मुद्दों के बारे में सरकारी प्रवक्ता और मंत्रालय के अन्य वरिष्ठ अधिकारियों द्वारा विशेष संवाददाता सम्मेलनों का भी नियमित रूप से आयोजन किया गया। राष्ट्रपति की ब्राजील, मेडिको, चिली, वियतनाम और इंडोनेशिया यात्रा प्रधानमंत्री की भूटान, जापान (जी–8 सम्मेलन), श्रीलंका (15वां सार्क सम्मेलन), अमेरिका और फ्रांस (संयुक्त राष्ट्र महासभा और सिविल परमाणु सहयोग समझौता), चीन, ओमान और कतर (द्विपक्षीय) यात्राय उपराष्ट्रपति की कजाकिस्तान और तुर्कमेनिस्तान यात्रा तथा विदेश मंत्री की सऊदी अरब, पाकिस्तान, रूस, आस्ट्रेलिया, मिस्र और अमेरिका यात्रा के बारे में विदेश प्रचार डिविजन द्वारा मीडिया प्रतिनिधिमंडलों की सुविधाएं प्रदान की गई।

जन कूटनीति

जन कूटनीति डिविजन भारत के भीतर और बाहर संपर्क गतिविधियों को अंजाम देने और व्यापक जनसमुदाय के समक्ष भारत की विदेश नीति को प्रभावकारी ढंग से प्रस्तुत करने के अपने लक्ष्य को पूरा करने के लिए भारत और विदेश में अनुसंधानकर्ताओं, विचारकों, सिविल सोसाइटी, मीडिया और उद्योग के सहयोग से काम करता है।

पिछले वर्ष डिविजन ने भारत की विदेश नीति को प्रभावकारी ढंग से प्रस्तुत करने और अन्य देशों के साथ द्वितीय स्तर पर वार्तालाप करने के लिए अनेक सेमिनारों और सम्मेलनों का आयोजन किया। डिविजन द्वारा आयोजित गतिविधियों में भारत और विदेश से बड़ी संख्या में शिक्षाविद्वों, अनुसंधानकार्ताओं, वरिष्ठ अधिकारियों, उद्योग प्रतिनिधियों और मीडिया कर्मियों ने हिस्सा लिया। डिविजन की प्रमुख गतिविधियों में नेपाल, अफगानिस्तान, कजाकिस्तान, पाकिस्तान और इथियोपिया के साथ हमारे संबंधों के बारे मे सम्मेलनों का आयोजन शामिल था। डिविजन ने शीत युद्ध की समाप्ति, पूर्वोत्तर के विकास, आतंकवाद ओर जलवायु परिवर्तन जैसे विविध विषयों पर सम्मेलनों का भी आयोजन किया। अन्य देशों के नीति और जनमत निर्माताओं को आधुनिक भारत

और हमारी चिंताओं तथा हितों से परिचित कराने के लिए डिविजन ने ब्रिटेन, मारीशस, दक्षिण अफ्रीका, तजाकिस्तान और ताईवान के शिष्ट मंडलों और 16 देशों से पीआईओ पत्रकारों के शिष्टमंडल की यात्राओं का आयोजन किया।

डिविजन द्वारा तैयार किए गए वृत्त चित्रों में भारत के हितों और देश की संस्कृति एवं धरोहर को प्रदर्शित किया गया। डिविजन द्वारा बनाए गए कुछ वृत्त चित्रों को अंतर्राष्ट्रीय समारोहों में प्रदर्शित किया गया और उन्हें विशेष पुरस्कार/विशेष उल्लेख से सम्मानित किया गया। डिविजन की प्रमुख पत्रिका 'इंडिया पर्स्पेक्टिव' में विविध विषयों पर सामग्री प्रकाशित की जाती है। पत्रिका ने वर्ष के दौरान अपने प्रकाशन के 20 वर्ष पूरे किए। वर्ष के दौरान पत्रिका का एक वार्षिक अंक और भारतीय प्रकाशन एवं भारतीय सिनेमा के बारे में दो विशेषांक प्रकाशित किए गए।

विदेश सेवा संस्थान

भारत सरकार ने 1986 में विदेश सेवा संस्थान (एफएसआई) की स्थापना की थी। इसका प्रमुख लक्ष्य विदेश मंत्रालय की भारतीय विदेश सेवा की व्यवसायिक प्रशिक्षण जरूरतों को पूरा करना है। विदेश सेवा संस्थान के नये भवन का औपचारिक उद्‍घाटन 14 नवंबर, 2007 को माननीय विदेश मंत्री श्री प्रणव मुखर्जी द्वारा किया गया था।

संस्थान ने अपनी गतिविधियों का विस्तार करते हुए विदेश मंत्रालय के सभी स्तरों के कर्मचारियों और अधिकारियों, अन्य सिविल सेवाओं और विदेशी राजनायिकों तथा संवाददाताओं के लिए पाठ्यक्रमों को उनमें शामिल किया है। एफएसआई विदेश मंत्रालय के स्टाफ, आईएफएस परिवीक्षाधीन अधिकारियों, निदेशकों और संयुक्त सचिवों (2009 से) के लिए प्रशिक्षण पाठ्यक्रमों का आयोजन और संचालन करता है। इसके अतिरिक्त यह अन्य सिविल सेवाओं, विदेशी राजनायिकों और कूटनीतिक पत्रकारों के लिए भी पाठ्यक्रमों का संचालन करता है। 1979–80 बैच के संयुक्त सचिव स्तर के आईएफएस अधिकारियों के लिए अनिवार्य मध्यवर्ती सेवाकालीन प्रशिक्षण कार्यक्रम का आयोजन एफएसआई द्वारा

इंडियन स्कूल ऑफ बिजनेस, हैदराबाद के सहयोग से 13 अप्रैल से 01 मई, 2009 के दौरान किया गया।

2007 और 2008 बैंचों के आईएफएस परिवीक्षाधीन अधिकारियों के लिए प्रशिक्षण कार्यक्रमों का आयोजन एफएसआई द्वारा 2007–09 के बीच किया गया, जिनमें आईआईएम, बैंगलोर जिला प्रशिक्षण और अन्य क्षेत्र यात्राओं के साथ संबद्धता भी शामिल थी। प्रशिक्षण पाठ्यक्रम सफलता पूर्वक पूरा कर लेने के बाद 2007 बैच के परिवीक्षाधीन अधिकारियों के लिए बिमल सान्याल पुरस्कार समारोह आयोजित किया गया। 2008 बैच के आईएफएस परिवीक्षाधीन अधिकारियों ने अपना मिशन उन्मुखी पाठ्यक्रम 2009 में पूरा किया, जिसके अंतर्गत 10 परिवीक्षाधीन अधिकारियों ने भूटान की यात्रा की।

विदेशी राजनायिकों के लिए व्यवसायिक पाठ्यक्रम (पीसीएफडी), जो विदेशी राजनायिकों के लिए एफएसआई का प्रमुख पाठ्यक्रम है, की शुरूआत 1992 में हुई थी। यह पाठ्यक्रम (4–6 सप्ताह की अवधि का) हर वर्ष करीब तीन बार आयोजित किया जाता है। 47वें पीसीएफसी का आयोजन फरवरी–मार्च, 2009 में किया गया और इसमें 100 से अधिक देशों में 1500 से अधिक विदेशी राजनायिकों को एफएसआई में प्रदर्शित किया जा रहा है। एफएसआई और यूक्रेन के विदेश सेवा संस्थान के बीच एक समझौता ज्ञापन पर हस्ताक्षर किये गए, जिसके अंतर्गत दोनों संस्थानों के बीच सहयोग का संस्थागत फ्रेमवर्क कायम करने का प्रावधान है। बांग्लादेश, रोमानिया और चीन के शिष्टमंडलों ने एफएसआई का दौरा किया। इब्सा (भारत, ब्राजील, दक्षिण अफ्रीका) देशों के राजनायिक संस्थानों के डीनों की दूसरी बैठक सितंबर, 2008 में एफएसआई में आयोजित की गई। इस अवसर पर "भारत ब्राजील दक्षिण अफ्रीका सहयोग : चुनौतियां और अवसर" विषय पर एक सेमिनार का भी आयोजन किया गया।

मित्र देशों के विशेष अनुरोधों के जबाव में एफएसआई ने अफगानिस्तान, कनाडा, इराक, लाओस, मालद्वीप (मालद्वीप के राजनायिकों

के लिए एक विशेष पाठ्यक्रम 14 जुलाई, 2009 को प्रारंभ हुआ और 12 अगस्त, 2009 को संपन्न हुआ), नार्वे, फलीस्तीन, सूडान और वियतनाम के राजनायिकों के लिए विशेष पाठ्यक्रमों को भी आयोजन करता है। आसियान देशों के लिए प्रशिक्षण प्राठ्यक्रमों का आयोजन 2006 से एक वार्षिक विशेषता बन गया है। भारत में विशेषज्ञतापूर्ण संस्थानों और शैक्षिक निकायों के साथ सक्रिय संपर्क के अलावा एफएसआई ने अन्य देशों के 34 विदेश सेवा संस्थानों के साथ संस्थागत संपर्क कायम किये हैं। पिछले एक वर्ष के दौरान एफएसआई ने प्रमुख भारतीय और विदेशी विशेषज्ञों तथा विशिष्ट व्यक्तियों द्वारा कई विशेष व्याख्यानों का आयोजन किया। राष्ट्रीय रक्षा कालेज में 48वें पाठ्यक्रम में हिस्सा ले रहे विदेश रक्षा अधिकारियों ने एफएसआई का दौरा किया और उनके लिए एक व्याख्यान आयोजित किया गया।

विशिष्ट राजनायिकों को शामिल करके बनाई गई तथा श्री आबिद हुसैन की अध्यक्षता वाली आबिद हुसैन समिति ने 2009 में एक रिपोर्ट को अंतिम रूप दिया, जिसमें विदेश सेवा संस्थान को और उन्नत बनाने के बारे में उपयोगी सिफारिशें की गई हैं।

विदेश सेवा संस्ध्थान का अध्यक्ष डीन होता है, जो विदेश मंत्रालय में सचिव के रैंक का अधिकारी है। यह संस्थान विदेश सेवा के अधिकारियों को बुनियादी प्रशिक्षण प्रदान करता है। एफएसआई में बड़ी संख्या में मेहमान शिक्षक भी शामिल हैं, जो शैक्षिक और अनुसंधान समुदाय, विचारकों, भारत सरकार के अन्य मंत्रालयों/विभागों, मीडिया, सार्वजनिक जीवन, उद्योग और व्यापार से संबद्ध विशेषज्ञों और सेवानिवृत्त लोकसेवकों में से चुने जाते हैं।

भारतीय सांस्कृतिक संबंध परिषद

भारतीय सांस्कृतिक संबंध परिषद (आईसीसीआर) का प्रमुख उद्देश्य भारत और अन्य देशों के बीच सांस्कृतिक संबंध कायम करना, बहाल करना और सुदृढ़ करना तथा आपसी समझ–बूझ बढ़ाना है। परिषद की

प्रमुख परियोजना, रवीन्दर नाथ टैगोर केंद्र (आरटीसी), का उद्घाटन 01 जून, 2008 को पूर्व विदेश मंत्री श्री प्रणब मुखर्जी द्वारा किया गया।

परिषद ने प्रमुख सम्मेलनों, जैसे भारत–अफ्रीका शिखर सम्मेलन, इब्सा शिखर सम्मेलन, अरब लीग बैठक आदि के अवसर पर बड़े पैमाने पर सांस्कृतिक गतिविधियों का आयोजन किया जिनमें विदेशी और भारतीय मंडलियों ने हिस्सा लिया। परिषद ने दक्षिण एशिया सांस्कृतिक समारोह, मल्हार समारोह और भारत में रहने वाले विदेशी कलाकारों द्वारा भारतीय शास्त्रीय नृत्य। 'भारत में रूसी वर्ष' मनाया जाना 2008 की एक महत्त्वपूर्ण विशेषता थी। इसके अंतर्गत अनेक उच्चस्तरीय सांस्कृतिक कार्यक्रम आयोजित किए गए। इसके अरिरिक्त परिषद ने विभिन्न देशों से 50 सांस्कृतिक टोलियों की मेजबानी की और दिल्ली तथा अन्य शहरों में उनके कार्यक्रमों का आयोजन कराया। परिषद ने स्वयंसेवी संगठनों और सांस्कृतिक संस्थानों को वित्तीय सहायता भी प्रदान की ताकि वे विस्तृत रूप से सांस्कृतिक गतिविधियों का भी आयोजन कर सकें। विशिष्ट आगन्तुक कार्यक्रम के अंतर्गत परिषद ने विभिन्न देशों से 19 जाने–माने कलाकारों को आमंत्रित किया।

विदेश स्थित 21 भारतीय सांस्कृतिक केंद्रोंत ने भारत की नरम शक्ति को जोर ढंग से प्रोत्साहित करना जारी रखा। वर्ष के दौरान बीजिंग में भारतीय दूतावास की रिंग ने काम करना शुरू कर दिया और बैंकाक, कोआलालम्पुर, टोकियो और ढाका में नए विस्तारित सांस्कृतिक केंद्र खोलने की तैयारी की गई।

परिषद ने विदेश में सीरिया, मिस्र, नीदरलैंड, अर्जेंटिना और हंगरी में अनेक सांस्कृतिक समारोहों का आयोजना किया, जिनमें विविध प्रकार के सांस्कृतिक कार्यक्रम शामिल थे। आईसीसीआर के अध्यक्ष द्वारा 31 मार्च, 2009 को मॉस्को में 'रूस में भारतीय वर्ष' का उद्घाटन किया। परिषद ने 93 सांस्कृतिक शिष्टमंडलों को प्रायोजित किया जिन्होंने 73 देशों की यात्रा की। इसके अलावा विदेश स्थित अनेक प्रतिभाशाली कलाकारों को भी प्रायोजित किया गया और उन्हें यात्रा अनुदान प्रदान

किया गया। परिषद ने विभिन्न विदेशी विश्वविद्यालयों में भारतीय अध्ययन संबंधी 21 दीर्घावधि और 12 अल्पावधि पीठों का संचालन भी जारी रखा।

भारतीय सांस्कृतिक संबंध परिषद का एक महत्त्वपूर्ण क्षेत्र विदेशी विद्यार्थियों को भारतीय विश्वविद्यालय में प्रवेश की सुविधा प्रदान करना है। 2008–09 में परिषद ने विभिन्न कार्यक्रमों के अंतर्गत करीब 3200 विदेशी विद्यार्थियों को छात्रवृत्तियां प्रदान की। इनमें 1778 नई छात्रवृत्तियां और 500 अफगान अध्ययन छात्रवृत्तियां शामिल थीं।

वर्ष के दौरान परिषद ने कटक और शिलांग में दो नए क्षेत्रीय कार्यालय खोले ताकि पूर्वोत्तर और पूर्वी भारत में अपनी पहुंच बढ़ा सके। परिषद ने प्रमुख प्रदर्शनों का भी आयोजन किया, जिनमें भारतीय और विदेशी कला एवं मूर्तिकला का प्रदर्शन किया गया। 5 भाषाओं में 6 पत्रिकाएं प्रकाशित की और भारत में 24 अंतर्राष्ट्रीय सम्मेलनों के आयोजन में विभिन्न संगठनों/संस्थानों को सहायता भी प्रदान की। भारत की राष्ट्रपति ने 18 नवंबर, 2008 को मिस्र के राष्ट्रपति महामहिम मोहम्मद हुस्ने मुबारक को अंतर्राष्ट्रीय सद्भाव के लिए 1995 के जवाहर लाल नेहरू पुरस्कार से सम्मानित किया। मौलाना अब्बुल कलाम स्मारक व्याख्यान 2009 श्री मार्टिन लूथर किंग तृतीय द्वारा दिया गया। इसका विषय थाः ''एक नई अहिंसक क्रांति''।

भारतीय विश्व कार्य परिषद

भारतीय विश्व कार्य परिषद (आईसीडब्ल्यूए) ने 2008 में एक वैचारिक संगठन के रूप में अपना विकास जारी रखा और भारत में विदेश मामलों के बारे में विचार–विमर्श के एक महत्त्वपूर्ण मंच की भूमिका निभाई। आईसीडब्ल्यूए ने द्विपक्षीय सहयोग के लिए 6 समझौता ज्ञापनों पर हस्ताक्षर किए। इनमें अफगानिस्तान के विदेश मंत्रालय के सामरिक अध्ययन केंद्र (सीएसएस), न्यूजीलैंड इंस्टिट्यूट ऑफ इंटरनेशनल अफेयर्स (एनआईआईए) वेलिंगटन, आस्ट्रेलिनय इंस्टिट्यूट अफेयर्स (एआईआईए)

मेलबोर्न, अमीरात सेंटर फोर स्ट्रेटेजिक स्टडीज एंड रिसर्च (ईसीएसएसआर) अबु धाबी, एशिया सेंटर ऑफ बंगलौर और ग्रामीण और औद्योगिक विकास अनुसंधान केंद्र (सीआरआरआईडी), चंडीगढ़ के साथ समझौता ज्ञापन शामिल है। परिषद ने भारत–सेंट्रल एशिया फाउंडडेशन (आईसीएएफ), आईसीडब्ल्यूए और अंतर्राष्ट्रीय संबंध विभाग, अल–फराबी कजाख नेशनल यूनिवर्सिटी, अल्माटी, कजाकिस्तान के बीच एक संयुक्त अध्ययन प्रायोजित किया, जिसका विषय था "राजनीतिक आधुनिकीकरण की समकालीन प्रक्रियाः मध्य एशियाई देशों और भारत के अनुभव।" परिषद ने 7 व्याख्यानों, 4 सेमिनारों/सम्मेलनों, 6 द्विपक्षीय वार्ताओं और 14 संदर्भ सामग्री सम्मेलनों, पुस्तक विमोचन/परिचर्चाओं का आयोजन किया। आईसीडब्ल्यूए पुस्तकालय का इस्तेमाल बड़ी संख्या में विद्वानों और विद्यार्थियों द्वारा किया जाना जारी रहा।

प्रवासी भारतीय मामले मंत्रालय की उपलब्धियां

प्रवासी भारतीय नागरिकता योजना– सरकार ने 2 दिसंबर, 2005 से प्रवासी भारतीयों को भारत की नागरिकता देने की योजना (ओसीआई स्कीम) प्रारंभ की थी। इसका उद्देश्य भारतीय मूल के व्यक्तियों को आजीवन वीजा मुक्त भारत यात्रा सुविधा और विभिन्न प्रकार के आर्थिक शैक्षिक और सांस्कृतिक लाभ प्रदान करना था। 31 जुलाई तक सरकार द्वारा करीब 4.56 लाख ओसीआई दस्तावेज जारी किए गए।

प्रवासी कामगार संसाधन केंद्र (ओडब्ल्यूआरसी)– भावी प्रवासियों को अनियमित, अवैध प्रवास से जुड़े खतरों और प्रवासी रोजगार प्राप्त करने के समय बरती जाने वाली सावधानियों, प्रवासी उत्तप्रवासियों की जरूरतों पर आधारित जानकारी दने के लिए प्रवासी कामगार संसाधन केंद्र की स्थापना की गई है। यह केंद्र सातों दिन और 24 घंटे टोल फ्री हेल्पलाईन टेलीफोन नंबर की सहायता से कार्य करता है।

प्रवासी रोजगार संवर्धन परिषद (सीपीओई)– वैश्वीकरण के दौर में बाजार की आवश्यकताओं पर शोध, अंतर्राष्ट्रीय बाजार में रोजगार

अवसरों को पहचानने, हितधारकों तक बाजार की जानकारी को पहुंचाने, कौशलता में कमी के अंतर की भरपाई करने और इन अंतरों को बाटने के लिए आवश्यक कार्रवाई करने, बाजार के बदलाव के अनुसार कूटनीति तैयार करने और भावी उत्प्रवासियों को वैश्वीकरण के कारण पैदा हुए अवसरों का लाभ उठाने के लिए एक "थिंक टैंक" के रूप में कार्य करने के लिए प्रवासी रोजगार संवर्धन परिषद का गठन किया गया है।

प्रवासी भारतीय सुविधा केंद्र (ओआई एफसी)– प्रवासी भारतीय सुविधा केंद्र एक अलाभकारी संस्था है। यह केंद्र भारत मे प्रवासी भारतीयों के निवेश को प्रोत्साहित करने के लिए एकल खिड़की के रूप में काम करता है और प्रवासी भारतीयों को विविध प्रकार की व्यापार परामर्श सेवाएं और ज्ञान नेटवर्किंग की सुविधा प्रदान करता है।

भारतीय मूल के प्रवासियों के लिए विश्वविद्यालय– प्रवासी भारतीयों के बच्चों के लिए लाभ के लिए सरकार ने भारतीय मूल के व्यक्तियों/प्रवासी भारतीयों के लिए बंगलौर में एक विश्वविद्यालय की स्थापना करने का फैसला किया है जो अंतर्राष्ट्रीय स्तर के पाठ्यक्रमों का संचालन करेगा। इसकी स्थापना मणिपाल अकेडमी ऑफ हायर एजुकेशन ट्रस्ट, मणिपाल द्वारा की गई है। विश्वविद्यालय में 50 प्रतिशत सीटें पीआईओ/एनआरआई विद्यार्थियों के लिए होगी और शेष 50 प्रतिशत सीटें भारतीय छात्रों के लिए होंगी।

प्रवासी भारतीय केंद्रों की स्थापना– सरकारत ने तीन प्रवासी केंद्रों की स्थापना दुबई, कोआलालमपुर और वाशिंगटन में की है। ये केंद्र प्रवासी भारतीय कामगारों को चिकित्सकीय, कानूनी और आर्थिक परामर्श उपलब्ध कराते हैं। अबुधाबी और वाशिंगटन में परामर्शदाता (सामुदायिक कार्य) की नियुक्ति पहले ही की जा चुकी है।

प्रवासी भारतीयों की भारत विकास फाउंडेशन– प्रवावी भारतीयों की भारत विकास फाउंडेशन, एक अलाभकारी न्यास के रूप में कार्य करती है। यह एक पंजीकृत संगठन है जो प्रवासी भारतीय

परोपकारिता को भारत के समाजिक विकास में योगदान के लिए एक भरोसेमंद खिड़की प्रदान करता है। फाउंडेशन का लक्ष्य प्रवासी भारतीयों को परोपकारिक गतिविधियों में सुविधा पहुंचाना है।

इसके लिए नवीन परियोजनाओं और साधनों का सहारा लिया जाता है, जैसे ग्रामीण उद्यमियों के लिए लघु ऋण, महिलाओं के आर्थिक सशक्तीकरण के लिए स्वयं सहायता समूह, प्राथमिक शिक्षा में उत्कृष्ट पद्धति उपाय और ग्रामीण वितरण में प्रौद्योगिकी संबंधी उपाय।

ज्ञान का वैश्विक–भारतीय नेटवर्क

ज्ञान का वैश्विक भारतीय नेटवर्क (ग्लोबल आई एन के) एक ऐसा इलैक्ट्रॉनिक मंच है जो वैज्ञानिक समेत विभिन्न क्षेत्रों में काम कर रहे भारतीय मूल के लोगों को आपस में जोड़ेगा और केवल उसी देश में ही नहीं बल्कि पूरे विश्व में अपने क्षेत्र में विशेष स्थान दिलाएगा। यह नेटवर्क एक महत्वपूर्ण 'वास्तविक वैचारिक' बिंदु के रूप में काम करेगा।

इसका अंतिम लक्ष्य विकास के बारे में विचारों का सृजन, विकास की चुनौतियों को पूरा करने में महत्त्वपूर्ण तत्वों की पहचान और मौलिक एवं प्रौद्योगिक संबंधी उपायों के जरिए समाधानों का विवरण और उनकी रूपरेखा तैयार करना है।